高等职业教育学前教育类"十三五"规划教材　关学增·总主编

学前儿童卫生与保健
XUEQIANERTONGWEISHENGYUBAOJIAN

于　洋　主　编
朱丽娜　副主编

河南大学出版社
HENAN UNIVERSITY PRESS
·郑州·

图书在版编目(CIP)数据

学前儿童卫生与保健/于洋主编.—郑州:河南大学出版社,2017.12(2019.1重印)
ISBN 978-7-5649-3167-4

Ⅰ.①学… Ⅱ.①于… Ⅲ.①学前儿童－卫生保健－高等职业教育－教材 Ⅳ.①R179

中国版本图书馆CIP数据核字(2017)第323200号

责任编辑 柳 涛 李 慧
责任校对 秦 程
封面设计 吉宏飞

出版 河南大学出版社
   地址:郑州市郑东新区商务外环中华大厦2401号 邮编:450046
   电话:0371－86059701(营销部) 网址:www.hupress.com
排版 郑州和尔文化传播有限公司
印刷 郑州市运通印刷有限公司
版次 2018年1月第1版   印次 2019年1月第3次印刷
开本 787mm×1092mm 1/16   印张 14
字数 323千字   定价 32.00元

(本书如有印装质量问题,请与河南大学出版社营销部联系调换)

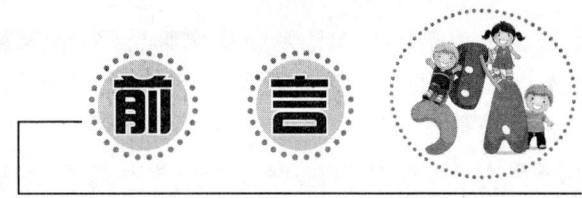

前言

随着社会的发展与进步,人们对教育问题越来越重视。学前儿童教育作为基础教育的重要组成部分,为我国学校教育和终身教育奠定了基础之基础。学前儿童教育事业的发展满足了社会对学前儿童教育多样化的需求,对巩固普及九年义务教育成果、提高普及九年义务教育水平、发展整个教育事业都具有十分重要的战略意义。学前儿童身心的健康承载着学前儿童教育的最终目的,因此学前儿童卫生与保健成为实现整个学前儿童教育的重要因素之一。由此可见,"学前儿童卫生与保健"这门课程在幼儿师资培养中有着不可或缺的重要地位。

为了适应我国当前学前儿童教育的迅速发展,进一步提高学前儿童教育的综合质量,按照我国"十三五规划"中幼儿教育改革与发展的要求,我们根据教育部颁布的《中华人民共和国教育法》《幼儿园教育指导纲要(试行)》以及幼儿师范学校课程方案等文件精神,以培养学前教育专业学生的创新精神和加强技能实训为重点,以促进学生主动探索学习为突破口,编写了《学前儿童卫生与保健》这本学前专业基础教程。

本书系统地阐述了幼儿生长发育规律、幼儿解剖生理特点、幼儿心理卫生及其教育、幼儿生活与教育之间的相互关系,提出正确的幼儿护理模式,增进幼儿健康、促进幼儿身心正常生长发育的卫生要求和保健措施,为幼儿健康成长打下良好的基础。全书共包括九个章节。前四章属于基础理论部分,以幼儿生长发育及心理发展为主要线索,充分阐述如何根据幼儿的生理、心理特点开展健康护理工作。第五章至第九章介绍了合格的托幼机构的工作和任务,其中第五章为学前儿童的健康饮食护理,第六章和第七章从托幼机构教育工作的角度提出学前儿童一日生活的卫生与保健及学前儿童意外伤害的护理与急救技术,第八章和第九章主要介绍了托幼机构的卫生保健制度及环境的创设。

本书面向高等职业院校学前教育专业学生,注重科学性、系统性,强调实践操作,是一本理论和实践结合的教材。在教材编写过程中,对幼教机构进行了实地调研,选取了其中较有代表性的内容,力求做到教材内容系统有条理且通俗易懂,便于学生理解。

为使本书选取的内容更科学、更贴近幼儿保健工作实际,实现与行业对接,课题组充分发挥校企合作的优势,聘请知名医院的营养师、医师,幼儿教育机构的保健师、心理师,兄弟院校的专业教师及来自行业企业的专家,与本校专业教师共同组成编委会。在编写过程中,校企双方共同研究选取编写内容,制定编写大纲,分工明确、合作紧密。

本书由于洋担任主编,朱丽娜担任副主编。具体编写分工如下:第一章由于洋(郑州城市职业学院)编写,第二章由朱丽娜(郑州城市职业学院)编写,第三章由邱家勇(河南科技大学第一附属医院呼吸内科医师)和李霞(新密市市直第三幼儿园保健室主任)合编,第四章由于洋和种明慧(郑州升达经贸管理学院)合编,第五章由吕飞(郑州市第十六人民医院营养科营养师)和于洋合编,第六章马玉珂(郑州城市职业学院)编写,第七章由李霞和于洋合编,第八章与第九章由马玉珂编写。

由于本教材综合性强,知识内容跨度大,编写人员认知侧重不同,书中难免存在疏漏和不当之处,敬请各位同人批评指正,多提宝贵意见。

编 者

2017 年 6 月

目 录

第一章　学前儿童生理卫生与保健 　1
　第一节　运动系统 …………………………………… 2
　第二节　呼吸系统 …………………………………… 9
　第三节　循环系统 …………………………………… 13
　第四节　消化系统 …………………………………… 17
　第五节　泌尿系统 …………………………………… 22
　第六节　内分泌系统 ………………………………… 24
　第七节　免疫系统 …………………………………… 26
　第八节　神经系统 …………………………………… 28
　第九节　感觉器官 …………………………………… 36
　第十节　皮肤 ………………………………………… 41
　第十一节　生殖系统 ………………………………… 43

第二章　学前儿童的生长发育及评价 　46
　第一节　生长发育概述 ……………………………… 47
　第二节　影响学前儿童生长发育的因素 …………… 50
　第三节　学前儿童生长发育的测量及评价 ………… 51

第三章　学前儿童身体的疾病及其预防 　61
　第一节　学前儿童的常见病及预防 ………………… 62
　第二节　学前儿童常见传染病的预防 ……………… 74

第四章　学前儿童的心理卫生与保健 　89
　第一节　学前儿童的健康心理与保健 ……………… 90
　第二节　学前儿童常见的心理问题及预防 ………… 95

第五章　学前儿童的营养卫生 　109
　第一节　学前儿童需要的主要营养素 ……………… 110

第二节　学前儿童膳食的配制 …………………………………… 120
　　第三节　膳食管理制度 …………………………………………… 125

第六章　学前儿童一日生活的卫生与保健　128
　　第一节　保健概述 ………………………………………………… 128
　　第二节　学前儿童生活活动的卫生与保健 ……………………… 130
　　第三节　学前儿童教育活动的卫生与保健 ……………………… 139
　　第四节　学前儿童体育锻炼的卫生与保健 ……………………… 141

第七章　学前儿童的安全与急救　145
　　第一节　托幼机构的安全管理与安全教育 ……………………… 146
　　第二节　学前儿童常见意外伤害的处理 ………………………… 151

第八章　幼儿园卫生保健工作制度　166

第九章　托幼机构的建筑与设备卫生　176
　　第一节　托幼机构的建筑卫生 …………………………………… 177
　　第二节　托幼机构设备用具的卫生 ……………………………… 181

附录　187
　　附录1　中国7岁下儿童生长发育参照标准 ……………………… 187
　　附录2　中国居民膳食营养素参考摄入量表（DRIs）…………… 199
　　附录3　学前儿童常见急性传染病的传播途径、主要症状和护理 ……
　　　　　　……………………………………………………………… 201
　　附录4　学前儿童常见出疹性传染病的鉴别要点 ……………… 202
　　附录5　儿童入园（所）健康检查表 ……………………………… 203
　　附录6　儿童转园（所）健康证明 ………………………………… 204
　　附录7　托幼机构工作人员健康检查表 ………………………… 205
　　附录8　卫生保健工作记录（登记）表 …………………………… 206
　　附录9　卫生保健资料统计表 …………………………………… 209
　　附录10　托幼机构环境和物品预防性消毒方法 ………………… 213

参考文献　215

第一章

学前儿童生理卫生与保健

- 掌握人体各系统的解剖学知识及相关的生理知识；
- 掌握学前儿童各器官的生理特点及保健要点；
- 掌握学前儿童身体各系统的保健要求。

- 人体的基本形态和基本结构；
- 人体八大系统、感觉器官的组成；
- 学前儿童八大系统、感觉器官的特点；
- 学前儿童八大系统、感觉器官的保健要点。

人体是由形态、功能各异的细胞构成。细胞是构成人体结构和功能的基本单位。细胞由细胞膜、细胞质和细胞核构成，许多形态和功能相同或相似的细胞和细胞间质共同构成组织。人体的基本组织有上皮组织、结缔组织、肌肉组织和神经组织。由多种组织结合在一起，形成具有一定形态和功能的结构成为器官，如脑、耳、心、胃、肠等。许多在结构和功能上有密切联系的器官按一定的顺序结合在一起共同执行某种特定功能称为系统，如运动系统、循环系统。人体是一个统一的整体，在神经与体液的调节下，各器官、系统相互协调配合，共同完成各种生理活动。

案例评析

有一位母亲十分注意孩子的教育，她经常让孩子做全身性运动，并教孩子用左手写字、画画、拿东西，用左脚单脚跳等；同时她还经常与孩子做游戏，拿一些新奇的玩具，从孩子的左耳侧缓缓向前移动，高度与耳、眼保持大体一致的水平，让孩子迅速猜出视野中的玩具；有时在孩子做游戏、画画、吃饭时，她会时不时地播放些曲调优美、轻柔、明快但没有歌词的曲子；这位母亲还会找许多相似的东西，让孩子辨别它们的不同之处；这位母亲教孩子认识"梨"字时，她首先会给孩子一个梨子，让他摸摸、看看、尝尝，从多方位形成对梨子的印象。经过这位母亲的耐心教育，孩子上学时表现得十分好，不仅数学学得好，

而且语文、音乐、绘画都很出色,处处都受到老师的表扬,人们都赞扬他是一个"小神童"。

分析上面一段话,谈谈文中母亲为什么要这样做?

分析:文中这位母亲所做的是为了开发孩子的右脑。因为神经生理学研究表明,"人有一个头,但有两个脑袋",即左右脑的功能是不同的,以前由于习惯,人们的左脑得到开发,而右脑没有得到开发,实际上开发右脑潜能和协调左右脑对于儿童智力发展有很大作用,文中母亲正是注意到了这一点。首先这位母亲有意识地安排孩子左手、左脚活动,进行左视野训练,这些都直接训练了大脑右半球;孩子做全身性运动,有利于左、右脑的协调发展;辨别相似事物的不同之处,对于孩子细心观察习惯的养成很有帮助,而细心观察能达到活化右脑的目的;这位母亲在对孩子进行语言教育时注意形象化,教孩子认识"梨"这个字的同时,使其看到、摸到并尝到梨子,同时会用"黄的""甜的"等词,这样的教育很好地协调了左、右脑的功能。可以说,正是这位母亲对孩子右脑的开发及左右脑功能的协调,才使孩子成了"小神童"。

第一节　运 动 系 统

运动系统由骨、骨连结和骨骼肌三部分组成,是人们从事劳动和运动的主要器官。它构成人体的基本轮廓,并有支持人体体重、维持人体姿势、保护内脏器官和造血等功能。可以活动的骨连结叫关节;骨和骨连结组成人体的支架,叫作骨骼。肌肉跨过关节,由两端的肌腱与骨相连,并包围着骨骼。肌肉收到大脑发出的信号而收缩,通过肌腱牵拉骨骼,以关节为支点,产生相应的动作。

一、骨骼

正常人体有 206 块骨(图 1-1),分为头颅骨、躯干骨、上肢骨、下肢骨四个部分,全身骨骼以脊柱为中心,支撑着身体。从正面看,一个人的躯干是挺直的,从侧面看脊柱有四道生理性弯曲。这些弯曲可以减轻运动时对脑的冲击力,保护脑组织,能够平衡身体,并能负重。儿童的骨骼的数量却比成人多,因为儿童的一些骨骼还没有愈合,如儿童的骶骨有 5 块,长大成人后才合为 1 块。

1. 骨的分类

人体的骨按其形状可分为长骨、短骨、扁骨和不规则骨。

(1) 长骨,分为中间部稍细的骨干和两端膨大的骺。骨干呈管状,内有髓腔,容纳骨髓。骨干和骺在幼年时隔以骺软骨,成年后骺软骨化,骨干与骺合为一体。长骨主要分布于四肢,在肌肉牵引下进行大幅度的运动。

(2) 短骨,形状近似立方形,多在承受压力较大而运动又复杂的部位,彼此稳固连接,如腕骨和跗骨等。

(3) 扁骨,多呈板状,薄而弯曲,组成容纳重要器官的腔壁,起保护作用,如脑颅骨保护脑,有的扁骨供肌肉的附着,如肩胛骨。

(4) 不规则骨,形状不规则,如椎骨。有的不规则骨内又含空气的空腔,称为含气骨,

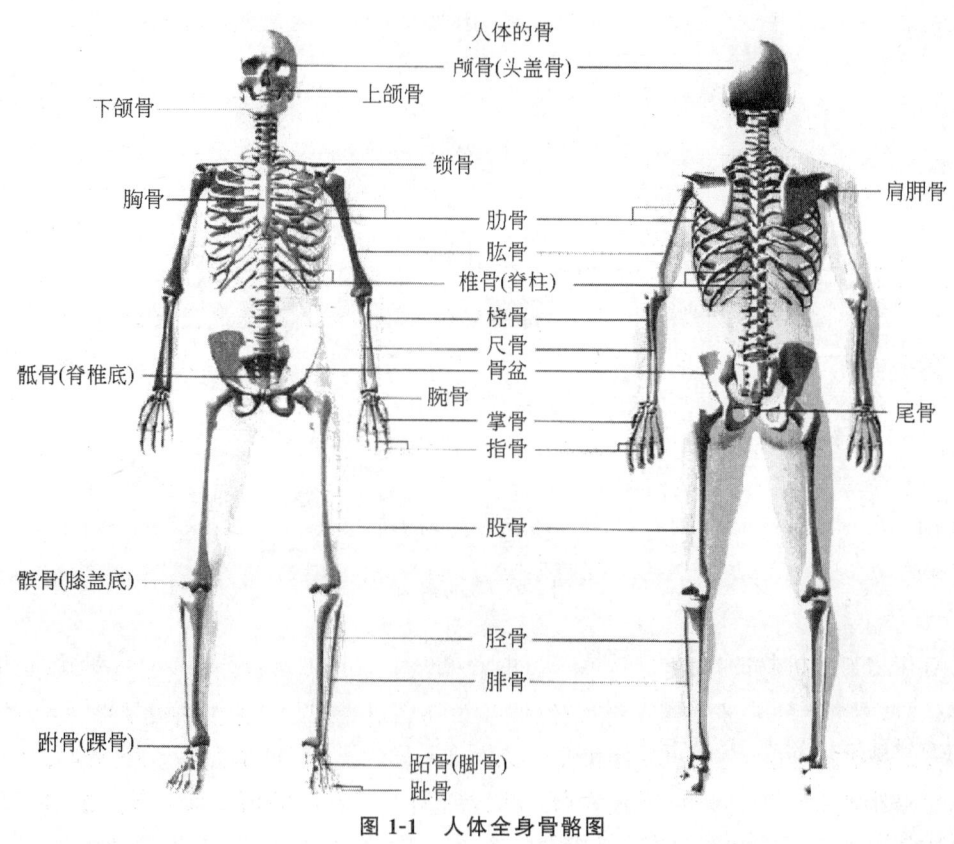

图 1-1 人体全身骨骼图

发音时能起共鸣作用,并可减轻骨的重量,如上颌骨。

2. 骨的构成

骨主要由骨质、骨髓和骨膜三部分构成(图1-2),里面容有丰富的血管和神经组织。长骨的两端是呈蜂窝状的骨松质,中部是致密坚硬的骨密质,骨中央是骨髓腔,骨髓腔及骨松质的缝隙里容着的是骨髓。在胎儿和新生儿时期,所有的骨髓均有造血功能,呈红色,称红骨髓。六岁后,长骨髓腔内的红骨髓逐渐被脂肪组织代替,失去造血功能,呈黄色,称黄骨髓。成年后,红骨髓只见于骨松质的腔隙内,终身保持造血功能。骨膜是覆盖在骨表面的结缔组织膜,里面有丰富的血管和神经,起营养骨质的作用;同时,骨膜内还有成骨细胞,能增生骨层,有能使受损的骨组织愈合和再生的作用。

造骨组织和蚀骨细胞这两种骨细胞会不断地反复进行建造和破坏骨骼的工作。如果两者的比例大于1,比如人类的婴儿和青少年两大成长期,骨头便有可能延长、变粗、变致密。

3. 骨的化学成分

骨是由有机物和无机物组成的。有机物主要是蛋白质,使骨具有一定的韧度;而无机物主要是钙质和磷质,使骨具有一定的硬度。人体的骨就是这样由若干比例的有机物及无机物组成,因此,人骨既有韧度又有硬度,只是所占的比例有所不同;人在不同年龄,

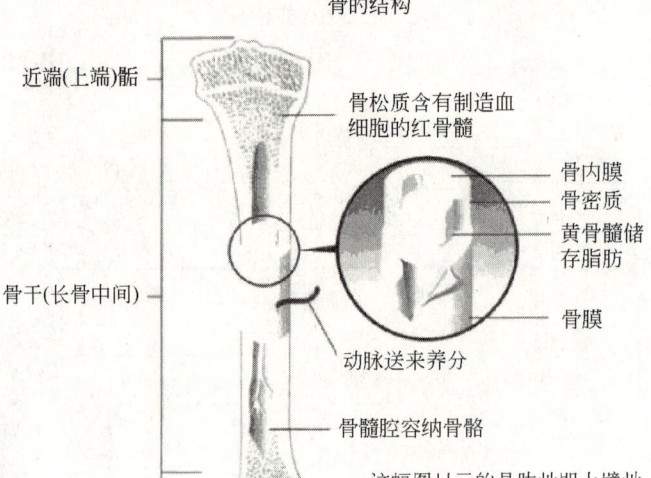

图1-2 骨的结构

骨的有机物与无机物的比例也不同。以儿童及少年的骨为例,有机物的含量比无机物多,故他们的骨柔韧度及可塑性比较高;而老年人的骨,无机物的含量比有机物多,因此他们的骨硬度比较高,容易折断。

4. 骨的生长

人体内大多数的骨是通过软骨成骨的途径完成骨的生长发育的,即在胚胎早期先形成软骨的雏形,以后在软骨的中间部分开始钙化,出生后骨两端的骺软骨也逐渐钙化(图1-3),儿童时期骺软骨不断增生和骨化,使骨不断增长。12～18岁期间,骺软骨生长速度很快,四肢骨尤其明显,18岁后,骺软骨生长减慢;到了成年,骺软骨层亦全部钙化,

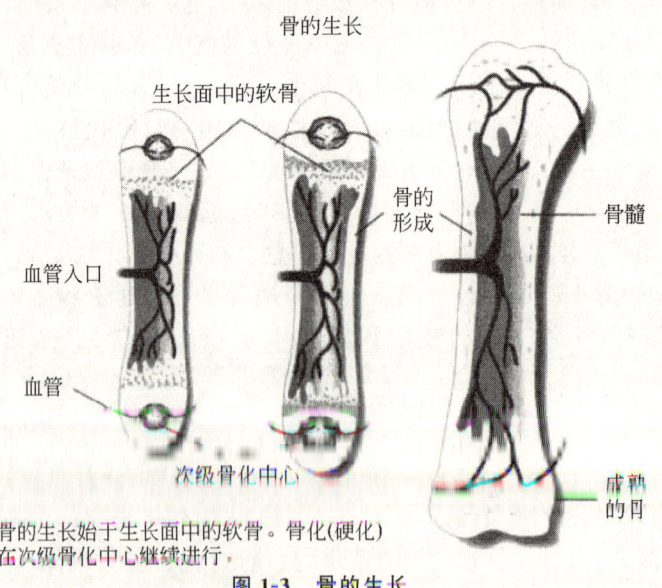

图1-3 骨的生长

骨的长度就不再增加了。

二、肌肉

肌肉可分为骨骼肌、平滑肌和心肌。骨骼肌能接受大脑的指令而收缩、舒张,使人体产生各种运动,因此又称为随意肌。面部的表情肌附着于皮肤,能自如活动,也属骨骼肌。平滑肌分布于内脏器官,不受意识支配,又称不随意肌。心肌只存在于心脏,能自动、有节律地收缩、舒张,产生有节律的搏动。

肌肉的主要成分包括水和蛋白质等物质。成年人肌肉约占体重的40%。年龄越小,肌肉所占体重比例越低,肌肉中水分越多。

肌肉收缩产生力量,力量来源于肌肉中的蛋白质、葡萄糖等储备的能量。经常锻炼,可使肌肉丰满,能源储备充足,力量增强。

三、骨连结

骨连结主要有以下三种形式。

1. 直接连结

如颅骨,骨与骨之间有骨缝,随年龄增长,骨缝逐渐骨化。

2. 半直接连结

如椎骨,骨与骨之间的连结物是橡胶样的软骨,使脊柱既能支撑身体,又有弹性,能在一定范围内活动。

3. 关节

关节是四肢骨之间及躯干骨之间连结的主要形式。

关节包括关节面、关节囊和关节腔。关节面包括关节头和关节窝,两者相互嵌合,表面有软骨,可减少活动时产生的摩擦和震动。包围着关节面的纤维组织,叫关节囊,能保护关节;关节囊外有韧带,起固定关节的作用;关节囊与关节面之间的间隙,称关节腔,充满滑液,能润滑关节。

机体不同部位的关节,结构不尽相同,因此,活动范围及牢固程度也不同。如髋关节的关节窝很深,关节头呈球状,大部分嵌合在一起,因此,牢固性很强而活动范围较小,使大腿的活动远不及上肢灵活,但能牢固地支撑身体。上肢的肩、肘、腕部关节因关节窝较浅,活动范围较大,能内伸外展、旋转自如,但牢固性较差,受外力作用时,容易脱臼。

四、学前儿童运动系统的特点

(一)学前儿童几种主要骨骼的发育

1. 颅骨

颅骨的发育随脑的发育而长大。在头颅的生长过程中,颅骨领先于面骨。婴儿出生时颅骨骨缝尚分开,于3~4个月时闭合;前囟为顶骨和额骨边缘形成的菱形间隙,其对边中点连线长度在出生时为1.5~2.0cm,后随颅骨发育而增大,6个月后逐渐骨化而变小,在1～1.5岁时闭合;后囟为顶骨和枕骨边缘形成的三角形间隙,其出生时很小或已闭合,最迟应在出生后6～8周闭合;囟门闭合的时间,反映婴儿颅骨骨化的程度。

面骨、鼻骨、下颌骨的发育稍晚,1～2岁时面骨变长,下颌骨向前凸出,面部相对变长,整个头颅的垂直直径增加,使婴儿期的颅骨增大,面部较短的圆胖脸型逐渐向儿童期面部较长的脸型发展。

2. 脊柱

脊柱的增长反映脊椎骨的发育,婴儿出生后第一年脊柱增长快于四肢,1岁以后四肢增长快于脊柱。生理弯曲的形成与直立姿势有关,新生儿时脊柱仅轻微后凸,当3个月抬头时出现颈椎前凸,此为脊柱第一个弯曲;6个月会坐时出现胸椎后凸,为脊柱第2个弯曲;1岁后能行走时出现腰椎前凸,为第3个脊柱弯曲。在小儿从卧位向坐位、站位、行走发展时,随脊柱的增长形成上述3个自然弯曲,有利于身体平衡。7岁前形成的弯曲还不是很固定,当儿童躺下时,弯曲可消失;至6～7岁韧带发育后,这些弯曲才能固定下来;一般在18～25岁,才能完全固定(图1-4)。

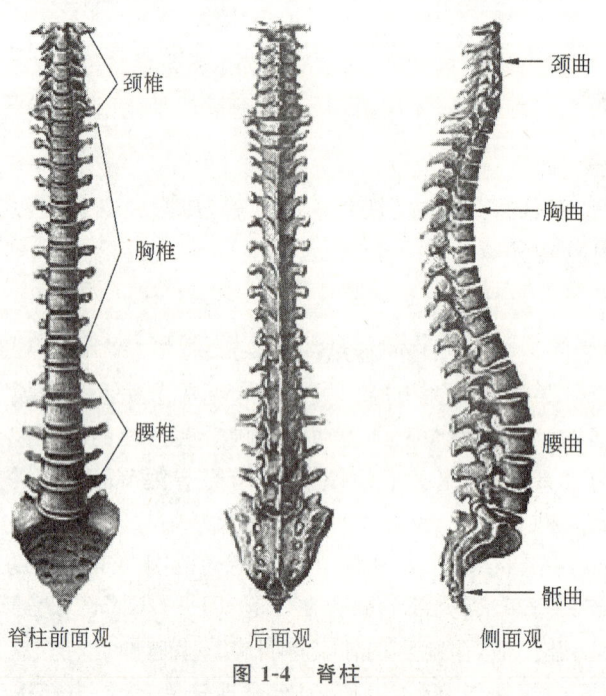

图1-4 脊柱

在脊柱未完成定型以前,不良的体姿可以导致脊柱变形,发生不该有的弯曲,脊柱的功能也将受到影响。因此,学前儿童在幼儿园应注意做到十个字的要求:头正,身直,胸舒,臂开,足安。

3. 胸骨

学前儿童胸骨尚未愈合,胸骨柄、胸骨体、胸骨剑突连在一起不太牢固,20～25岁才完全闭合(图1-5)。

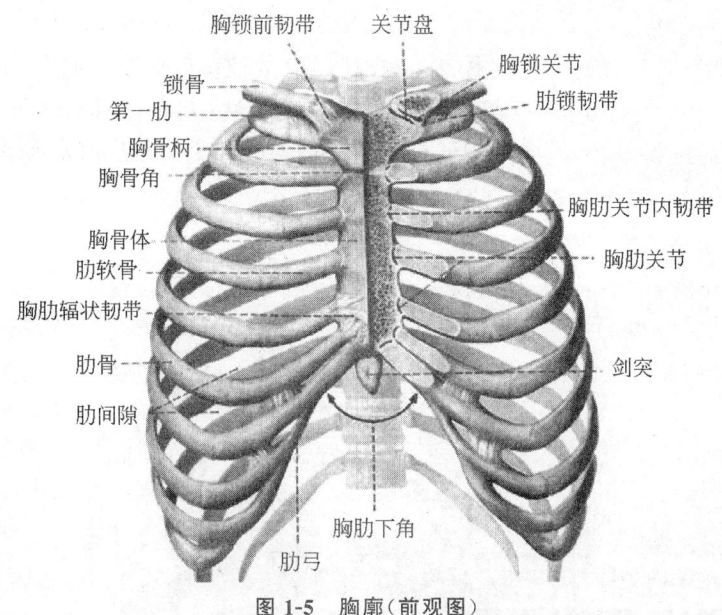

图 1-5　胸廓（前观图）

4. 腕骨

人的腕骨共八块，即手舟骨、月骨、三角骨、豌豆骨、大多角骨、小多角骨、头状骨和钩骨。新生儿的腕骨全部是软骨，以后钙化中心依一定顺序出现。正常婴儿在出生4～6个月后，出现头状骨及钩骨，2～3岁时出现三角骨，4～6岁时出现月骨，5～8岁时出现豌豆骨。整个腕骨10～13岁骨化完成。掌指骨18岁前骨化完成。

将个体的腕部骨骼钙化程度与正常标准进行比较，即可得出个体的骨骼发育年龄，简称"骨龄"。骨龄的测定是为了了解儿童的发育状况。

5. 盆骨

学前时期儿童骨盆尚未定型，髋骨仍未能联成一块，而是由软骨将髂骨、耻骨、坐骨等相连在一起，一般要到19～24岁时才成为一块整体。女性盆骨如图1-6所示。

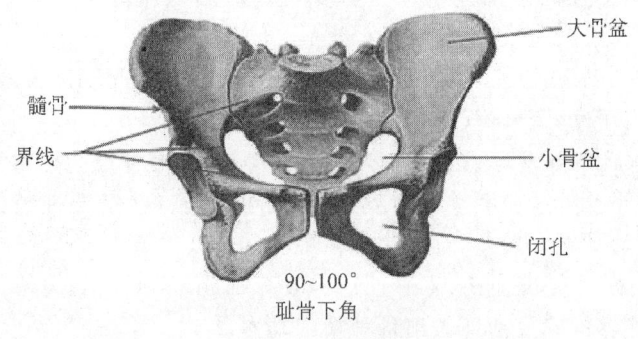

图 1-6　女性盆骨

6. 足弓

足弓是由跗骨、跖骨的拱形砌合,以及足底的韧带、肌腱等具有弹性和收缩力的组织共同构成的一个凸向上方的弓(图1-7)。婴幼儿到了站立和行走时,才开始出现足弓。学前儿童足弓周围韧带较松、肌肉细弱,若长时间站立、行走,足底负重过多,易引起足弓塌陷,特别是肥胖儿更易发生扁平足。轻度扁平足感觉不明显,重者在跑、跳或行走时,会出现足底麻木或疼痛等现象。

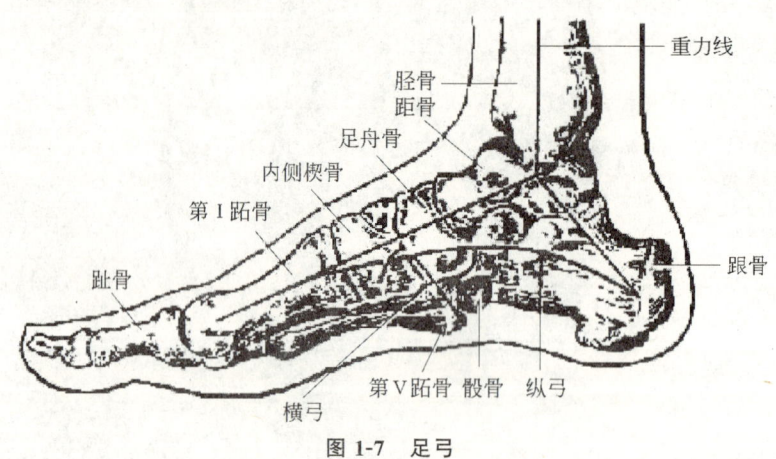

图1-7 足弓

(二)学前儿童运动系统的发育特点

(1)学前儿童的骨骼与成人骨骼不同,成人的骨骼中有机物和无机盐的比例为3∶7,而幼儿骨骼中有机物和无机盐成分各占一半。儿童骨中有机物较成人多,骨的弹性大,可塑性强,且骨骼中软骨较多,因此容易因姿势不好等原因造成骨骼变形。

(2)学前儿童骨膜较厚,骨的再生能力较强。若发生骨折,可能为不完全骨折,即骨折部位还有部分骨膜相连,称为"青枝骨折"。

(3)骨骼肌肉生长迅速,骨骼和肌肉的生长需要大量的原材料,如钙、磷、蛋白质、维生素等。适当的运动促进运动系统的生长发育。疾病或营养缺失可导致骨质疏松、骨折,特别是小儿缺钙可产生"O"形腿或"X"形腿、鸡胸等。

(4)幼儿肌肉中水分较多,蛋白质及储存的糖原较少,因此肌肉柔嫩,收缩力较差,力量小,易疲劳,但由于幼儿新陈代谢旺盛,疲劳后恢复较快。

(5)学前儿童肌肉群发育不平衡,支配大肌肉群活动的神经中枢发育较早,故大肌肉动作发育较早,躯干及上下肢活动能力较强;支配小肌肉群活动的神经中枢发育较晚,手部、腕部小肌肉群活动能力较差,难以完成精细的动作。儿童5~6岁时手部肌肉开始发育,8~9岁后肌肉发育速度加快;青春期肌肉发育加剧,不但大肌肉快速生长,小肌肉生长也很快,此时,能够准确灵活地做出各种精细动作。

(6)学前儿童的关节窝较浅,关节附近的韧带较松,肌肉纤维比较细长,因此关节的伸展性及活动范围比成人大,尤其是肩关节、脊柱和髋关节的灵活性与柔韧性显著地超过成人。但是,学前儿童关节的牢固性较差,在外力作用下,如果用力过猛、悬吊或不慎摔倒,较易引起脱臼。

五、学前儿童运动系统的卫生保健

1. 教育学前儿童保持正确姿势

学前教育机构为防止学前儿童骨骼变形,形成良好体态,需要注意:①学前儿童不宜睡软床和久坐沙发,负重不要超过自身体重的八分之一,更不能长时间单侧负重;②应配备与儿童年龄、身材相适的桌椅;③幼儿教师要注意培养儿童养成良好的习惯,保持端正的姿势,并随时纠正孩子在坐、立、行中的不正确姿势,并为儿童作出榜样。

2. 组织适当的体育锻炼和户外活动

体育锻炼和户外活动,可使学前儿童的肌肉更健壮有力,可刺激骨的生长,使身体长高,并促进骨中无机盐的积淀,使骨更坚硬。户外活动时适量接受阳光照射,可使身体产生维生素D,以防佝偻病。锻炼时血液循环加快,可为骨骼、肌肉提供更多的营养。

3. 供给充足的营养,保证充足睡眠

骨的生长需要大量蛋白质、钙和磷等,还需要维生素D促进钙、磷的吸收;肌肉生长及"能量"的储存,需要大量蛋白质和葡萄糖。合理膳食是保证骨骼、肌肉发育的重要条件。

4. 衣服要宽松适度

学前儿童不宜穿过于紧身的衣服,以免影响血液循环;衣服、鞋宽松应适度,过于肥大会影响运动,易造成意外伤害;鞋过小会影响足弓的正常发育。

5. 合理安排组织各项活动

在带领学前儿童活动时,应该注意如下一些细节问题:

(1) 幼儿腕部骨骼骨化尚未完成,力量较差,因而不宜拎过重之物;

(2) 幼儿不宜从高处往下跳到坚硬的地面上,以防髋骨错位;

(3) 幼儿做精细动作比较困难,并且时间不宜过长;

(4) 幼儿走路时,不可过度负重,站立和走路时间不宜过长,鞋的大小要合脚,鞋头要宽松些,鞋腰要稍硬,鞋底有一定高度(1～1.5cm),这些都对足弓有支持作用,从而防止孩子形成扁平足;

(5) 幼儿手臂不宜用力牵拉,防止脱臼。

第二节 呼吸系统

呼吸系统由呼吸道和肺组成(图1-8)。呼吸道由鼻、咽、喉、气管、支气管组成。通常把鼻咽喉称为上呼吸道,把气管和支气管称为下呼吸道。呼吸系统的主要功能是进行气体交换,即吸入氧气而呼出二氧化碳。

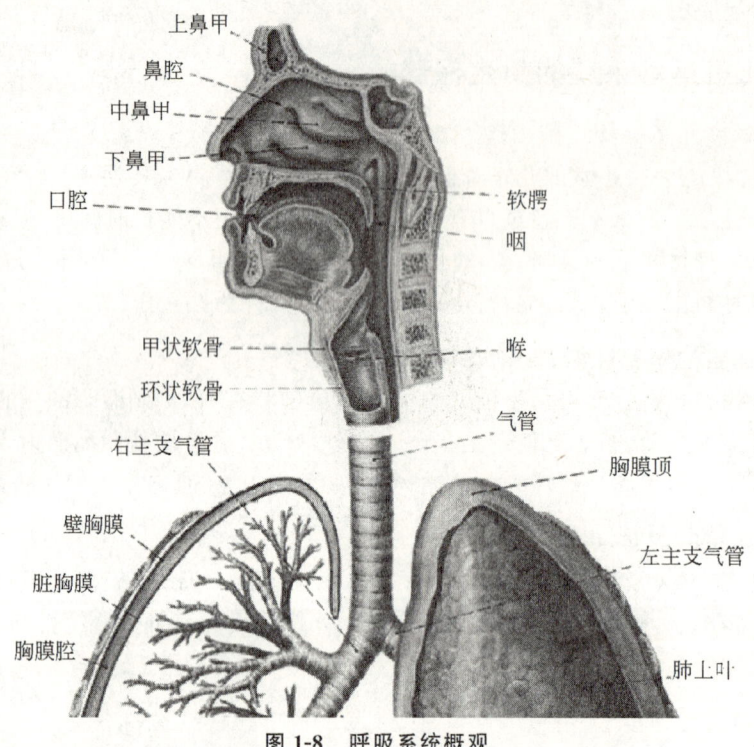

图1-8 呼吸系统概观

一、呼吸系统的结构和功能

(一) 呼吸道

1. 鼻

鼻是呼吸道的起始部分,也是嗅觉器官,由外鼻、鼻腔和鼻旁窦组成。鼻腔对空气起着清洁、湿润和加温作用;鼻腔表面的黏膜能分泌黏液;鼻黏膜对寒冷刺激很敏感,受凉感冒时,黏膜便充血肿胀,甚至堵塞鼻腔,引起呼吸困难。

学前儿童鼻腔较狭短,婴儿时期无鼻毛,鼻黏膜柔嫩,血管丰富,易受感染。鼻中隔前下方毛细血管丰富,儿童常常因外伤、鼻腔干燥等原因而出血。鼻泪管较短,开口于眼内眦,当鼻感染时常导致结膜炎和泪囊炎的发生。

2. 咽

咽是呼吸和消化的共同通道,分别与鼻腔、口腔、喉腔、咽鼓管、食管相通。

学前儿童咽部狭窄、方向垂直。1岁末咽扁桃体逐渐增大,咽鼓管短、宽、直,呈水平位,咽感染时容易侵染中耳,并发中耳炎。

3. 喉

喉是呼吸气体的通道,同时又是发音器官。喉腔前上部有一块叶状的会厌软骨,吞咽时,会厌软骨盖住喉的入口,防止食物进入气管。在喉腔的两侧壁各有一条声带,声带之间的空隙称为声门裂,呼出气流冲击声带可振动声带发声。

学前儿童喉腔、声门裂相对狭窄,软骨柔软,黏膜柔嫩而血管及淋巴组织丰富,炎症易引起喉部肿胀,导致声音嘶哑、呼吸困难等。学前儿童的声带短而薄,声调较成人高而尖。声门肌肉较嫩,易疲劳,因此学前儿童发音时间不宜过长,并且要注意发音的方法。

4. 气管和支气管

气管是圆筒形的管道,上接喉,下入胸腔。支气管分为左、右支气管,气管和支气管的内壁附有一层带纤毛的黏膜,能分泌黏液,黏膜上的纤毛不停地向喉部方向摆动,把细菌和灰尘等黏液运送至咽部并咳出,这就是我们所说的"痰"。

学前儿童的气管和支气管管腔狭窄、管壁软、弹性小、黏液腺分泌黏液不足。纤毛运动较差,不能很好地排出吸入的微生物及黏液,因而容易引起感染,导致呼吸道狭窄而发生阻塞现象。学前儿童左支气管细长,由气管侧方伸出;右支气管短粗,为气管直接延伸,异物易落入右支气管。

(二)肺

肺位于胸腔内,左右各一,是呼吸系统最重要的器官,是气体交换的主要场所。

学前儿童肺的弹性组织发育较差,血管丰富,肺泡数量少、容积小,整个肺含血多、含气少,如有黏液阻塞,会发生肺不张、肺气肿、肺瘀血。

二、呼吸运动

呼吸运动是呼吸肌(主要是肋间肌和膈肌)在神经系统的控制下,有节律地收缩和舒张,引起胸廓有节律地扩大和缩小,促进肺部与外界进行气体交换。呼吸运动包括呼气和吸气两个过程。平静呼吸时,吸气是主动的,呼气是被动的。用力呼吸时,除了肋间肌和膈肌外,胸部肌肉和腹部肌肉也参与呼吸运动,吸气动作会加强,呼气也变为主动的。

(一)呼吸类型

学前儿童呼吸肌发育不完善,呼吸时,胸廓活动范围小而膈肌上下活动明显,呈腹式呼吸;2岁开始行走后,膈肌和腹腔控逐渐下降,肋骨水平位逐渐倾斜,出现胸腹式呼吸。7岁以后以混合式呼吸为主。

(二)呼吸频率

学前儿童新陈代谢旺盛,需氧量大,但肺容量小,一次吸入和呼出的气体量少,不能充分换气,所以要通过增加呼吸频率来补偿。年龄越小,呼吸频率越快(表1-1)。

表1-1 不同年龄呼吸频率

年 龄	每分钟呼吸次数	年 龄	每分钟呼吸次数
新生儿	40~50次	4~7岁	20~25次
1岁以内	30~40次	成人	16~20次
1~3岁	25~30次		

(三) 呼吸节律

儿童年龄越小,呼吸的节律性越不强。这是由于支配婴幼儿呼吸运动的中枢系统发育不完善,大脑皮层及延髓对呼吸的调节能力较差,所以表现为深、浅相交替或时快时慢、间歇、暂停等现象,这在新生儿身上尤为明显。随着年龄的增长,呼吸的节律性会逐渐加强。

(四) 肺活量

尽力吸气后,再尽力呼出的气体量,称为肺活量。肺活量有很大的个体差异,因年龄、性别和健康状况不同而不同(表1-2)。体育锻炼可增加肺活量。

表1-2 不同年龄阶段肺活量

年 龄	肺活量约值	年 龄	肺活量约值
新生儿	140	14岁	2600～4500mL
6岁	1000～1800mL	18岁(男)	3400～6300mL
10岁	1700～2900mL	18岁(女)	2700～4800mL

三、学前儿童呼吸系统的卫生保健

(一) 多组织学前儿童进行户外活动和体育锻炼

户外活动和体育锻炼可以促进呼吸肌的发育,促进胸廓的发育,促进肺泡的发育,增加肺活量,提高机体免疫力。

(二) 保持室内空气清新

儿童新陈代谢旺盛,需氧量大,新鲜的空气中氧气含量高,所以要经常开窗通风,保持室内空气的清新。

(三) 培养儿童良好的卫生习惯

让儿童养成用鼻呼吸的习惯;教育儿童不蒙头睡觉,不张口睡觉;咳嗽、打喷嚏时要捂口鼻;不随地吐痰;不挖鼻孔;教会儿童掌握擤鼻涕的正确方法:轻轻按压一侧鼻孔,再擤另一侧,擤时不要太用力,不要同时按住两侧鼻孔擤。

(四) 谨防异物进入呼吸道

不让儿童玩小豆子、扣子、小玻璃球等物品;不让儿童把较小的东西放在鼻孔处;教育儿童吃饭时不要玩,不要说笑,更不要将食物抛起来接食。

(五) 保护学前儿童的声带

为儿童选择歌曲时要适合学前儿童的声域,朗读材料应适合儿童的声音特点;说话、唱歌时要自然,避免高声喊唱,每次发声时间不宜过久;说话、唱歌的场所空气要清新;上呼吸道感染时要少说话、多喝水。

第三节 循环系统

　　循环系统包括血液循环系统和淋巴循环系统(图1-9)。血液循环是指血液在心血管系统中周而复始、不停地沿着一个方向流动的过程,该系统包括血管和心脏。淋巴循环是血液循环的组成部分,是淋巴液通过淋巴管再进入血管而参加血液循环的过程,该系统包括淋巴管、淋巴结、脾、扁桃体等。循环系统的主要功能是把氧气和养料输送到全身各组织、器官,同时又将体内产生的二氧化碳和其他废物不断地排出体外。

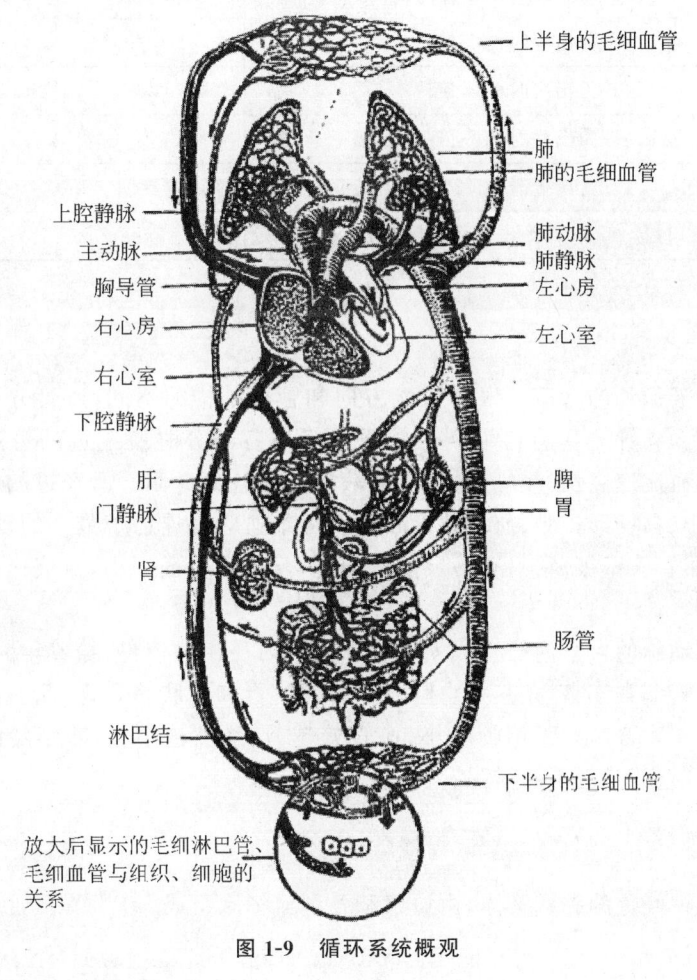

图1-9　循环系统概观

一、血液循环系统

(一)心

　　心是血液循环的动力器官,它通过有节律地收缩和舒张推动血液在血管中循环流动。心位于胸腔中部略偏左,夹在两肺之间。心由左心房、右心房和左心室、右心室四个腔构成。与心各腔相连的血管分别是:肺静脉与左心房相通,上腔静脉、下腔静脉与右心房相通,主动脉与左心室相通,肺动脉与右心室相通。

学前儿童心重量占体重的百分比大于成人,随着年龄增长,心重量的增长速度不均等。心各腔的容积在7岁前增速较快,其后逐渐减慢,青春期以后增速又逐渐加快(表1-3)。

表1-3 各年龄心重量与心容量

年 龄	心 重 量	年 龄	心 容 量
新生儿	20~25g,约占体重的0.7%	新生儿	20~22mL
1岁	为出生时的2倍	2.5岁	增加2倍
5岁	为出生时的4倍	7岁	100~120mL
9岁	为出生时的6倍	14岁	140mL
青春期	为出生时的12~14倍	青春期	240~250mL
成人	300g,约占体重的0.5%		

(二)血管

血管是血液循环的管道。根据血流方向和管壁结构的不同,血管分为动脉、静脉和毛细血管三种。动脉是指将血液从心输送到身体各部分时所经过的管道,动脉管壁较厚、弹性较大、血流速度快。静脉是指将血液从身体各部送回心所经过的管道,静脉管壁较薄、弹性较小、易变形扩张、血流速度较慢。毛细血管是连通于最小的动脉与静脉之间的血管,毛细血管管壁极薄,只有一层上皮细胞构成,管径最细小,血液速度极慢,在体内分布最广。

学前儿童动脉的血管内径比成人的动脉血管内径相对较粗,随着年龄的增长而逐渐变窄。毛细血管非常丰富,尤其是在脑、肺、肾、肠、胃和皮肤等处,因此血液供应充足,有利于儿童的生长发育。儿童年龄越小,血管壁越薄、弹性越小,随着年龄的增长,血管壁不断增厚、血管壁的弹性不断增强。

(三)血液

血液是一种红色的黏稠液体,由血浆和各种血细胞组成。

1. 血浆

血浆中水分约占90%,其他物质包括蛋白质、脂类、糖类、维生素、矿物质、激素、代谢产物等。血浆是血细胞生存的环境,其还有运输血细胞、养料和代谢产物的作用。

2. 血细胞

血细胞包括红细胞、白细胞和血小板。红细胞是血液中数量最多的血细胞,血红蛋白是红细胞的主要成分,其主要作用是运输氧气和二氧化碳。白细胞数量较少,体积比红细胞大,白细胞有多种。其中,以中性粒细胞数量最多,其次是淋巴细胞。中性粒细胞的主要作用是吞噬侵入人体的微生物病原体,淋巴细胞在机体的免疫反应中有重要作用。血小板体积小,形状不规则,主要作用是促进血液凝固和止血。

学前儿童的血液量占体重的比例比成人相对高。年龄越小,血液量占体重的比例越大,如新生儿时为15%,1岁时为11%,14岁时为9%,成人时则为7%~8%;学前儿童血浆中水分含量较高,虽然血小板数量和成人接近,但凝血物质较少,出血时血液凝固速度较慢,如新生儿凝血时间为8~10min,幼儿凝血时间为4~6min,成人凝血时间只需3~4min;学前儿童血液中红细胞含血红蛋白的数量较多,具有强烈的吸氧性,有利于新陈代谢;白细胞总数和成人差不多,但中性粒细胞较少,而淋巴细胞数量较多,所以防御和保护功能较差,易患传染病。

(四)心率、脉搏

心每分钟跳动的次数称为心率。在每个心动周期中,动脉内的压力和容积会发生周期性波动,从而引起动脉管壁发生搏动,这种有节奏的搏动称为脉搏。正常情况下心率和脉搏是一致的。心率随年龄、性别和健康状况而不同,女性心率快于男性,缺乏锻炼者快于经常锻炼者,在安静、睡眠时的心率比运动、激动紧张时的心率慢。

学前儿童心肌收缩力弱,每搏输出量小,但新陈代谢旺盛,需要更多的血液供给养料,因此,只有增加搏动次数,才能补偿不足,所以心率较快,且年龄越小,心率越快(表1-4)。学前儿童由于神经系统发育不健全,且易受多种因素的影响,从而使心的跳动规律性不强。年龄越小,心活动的节律性越不稳定,10岁以后基本稳定下来。

(五)血压

血液在血管中流动时对血管壁产生的侧压力,称为血压。正常成年人安静时收缩压在90~130mmHg(12~17 kPa),舒张压在60~90mmHg(8~12 kPa)。如果一个人的舒张压经常超过90mmHg(12 kPa),就可以认为是高血压;舒张压低于50mmHg(6.5 kPa),收缩压低于90mmHg(12 kPa),则可认为是低血压。

儿童血压比成人低,年龄越小,则血压越低。这是由于儿童心搏动力小、血管内径较大、动脉壁较软,血液在血管中流动受到的阻力较小,故血压较低,随着年龄的增加,血压会逐渐上升。目前,学前儿童的血压正常值尚无统一标准,高血压在学前儿童中并不多见,如果儿童的收缩压大于120mmHg(16 kPa),舒张压大于80mmHg(11kPa),应进行病因检查。

表1-4 各年龄儿童的正常心率(次/min)

年 龄	正常低限	平 均
新生儿	70	125
1~11个月	80	120
2岁	80	110

续表

年　　龄	正 常 低 限	平　　均
4岁	80	100
6岁	75	100
8岁	70	90
10岁	70	90
女12岁	70	90
男12岁	65	85
女14岁	65	85
男14岁	60	80

二、淋巴系统

淋巴系统是循环系统的一个组成部分，由淋巴管、淋巴结、脾、扁桃体等组成。它的主要作用是运输全身的淋巴液进入静脉，产生淋巴细胞，清除体内有害物质，产生抗体。

学前儿童的淋巴系统发育较快，淋巴结的防御和保护功能比较显著，表现为幼儿常有淋巴结肿大的现象。托幼园所应经常检查幼儿的淋巴结和扁桃体，若发现感染，要及早治疗。

三、学前儿童循环系统的卫生保健

（一）注意合理营养

要保证学前儿童充足的营养，尤其要多吃含铁和含蛋白较多的食物，防止发生营养性贫血。另外，应及时纠正学前儿童挑食的不良习惯。

（二）活动场所的空气要清新

学前儿童居住的房间和活动的场所应保持空气流通，确保他们得到充足的新鲜空气，避免因氧气缺乏而导致循环系统的负荷加重。

（三）进行适当的体格锻炼和活动

经常进行体格锻炼，能促进循环系统的发育，有利于心肌工作能力的提高。组织学前儿童锻炼和活动时，要注意动静交替，避免长时间处于紧张状态，对体质弱的学前儿童要降低强度，运动前要做好准备活动，剧烈运动后不能马上停下来。

（四）着装要宽松适度

学前儿童的服装应宽松、舒适，保证血液循环通畅流动。

（五）预防传染病

学前儿童血液中的嗜中性粒细胞较成人少,对机体的保护功能较差,易受感染,所以要关心学前儿童的起居和活动,预防各种传染病。当学前儿童患病发烧时,要减少活动,以减轻心的负担。

第四节 消 化 系 统

人体的生命活动所需要的能量以及身体生长发育和组织更新所需要的原料,都是食物供给的。而食物中各种营养成分必须经过人体的消化和吸收,才能供机体利用。消化是指食物在消化管内被分解为可吸收成分的过程。吸收是指经过消化的食物成分通过消化管进入血液循环的过程。

消化系统由消化管和消化腺两部分组成(图 1-10)。消化管包括口腔、咽、食管、胃、小肠、大肠和肛门。消化腺主要有唾液、胃腺、肠腺、肝和胰腺等。

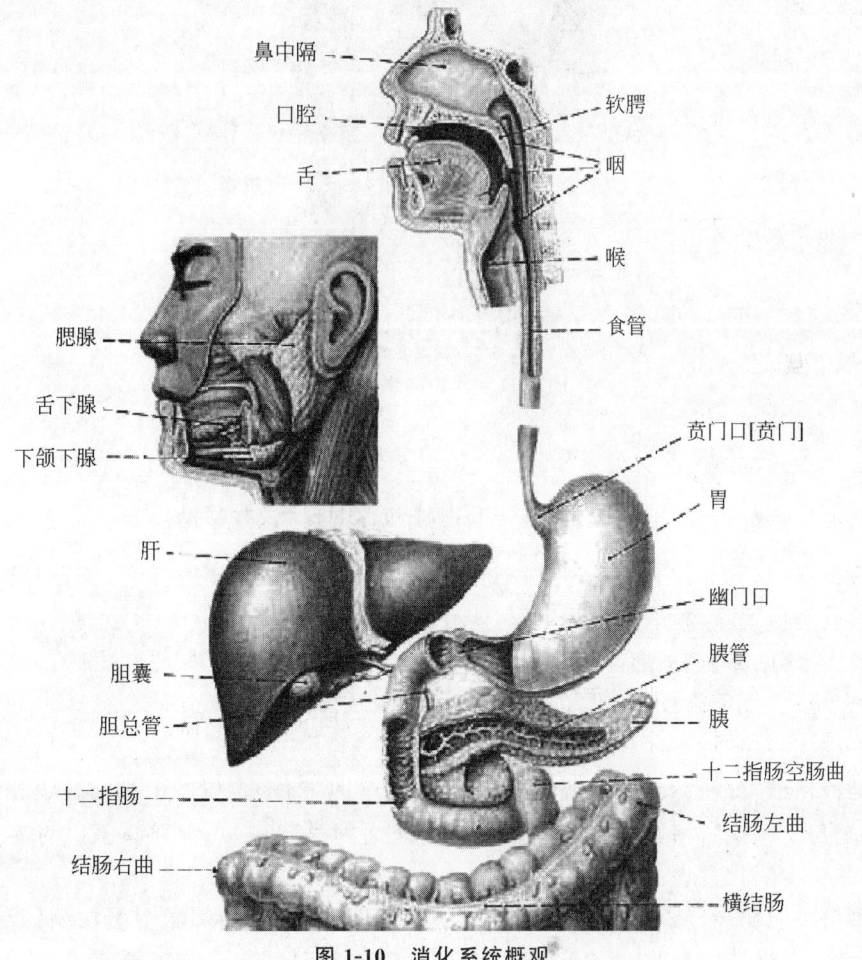

图 1-10 消化系统概观

一、概述

(一) 口腔

口腔是消化道的起始部分,包括牙齿、舌及三对唾液腺的开口。

1. 牙齿

牙齿是人体最坚硬的器官,长在上、下颌骨的牙槽里(图1-11)。牙齿的外形包括三部分:长在牙槽骨中的叫牙根,露在口腔中的叫牙冠,牙根与牙冠之间叫牙颈。牙颈表面覆盖着黏膜,叫牙龈。牙齿主要由牙本质构成。在牙冠部位,牙本质外层为乳白色的牙釉质,极坚硬,但损坏后不能再生。在牙根部位,牙本质外层是牙骨质。牙齿中央有空腔,称牙髓腔,有丰富的血管和神经。若因患龋齿使牙髓暴露,会引起疼痛。

牙齿的主要功能是咀嚼、磨碎食物,使食物与消化液混合。牙齿还能辅助发音。

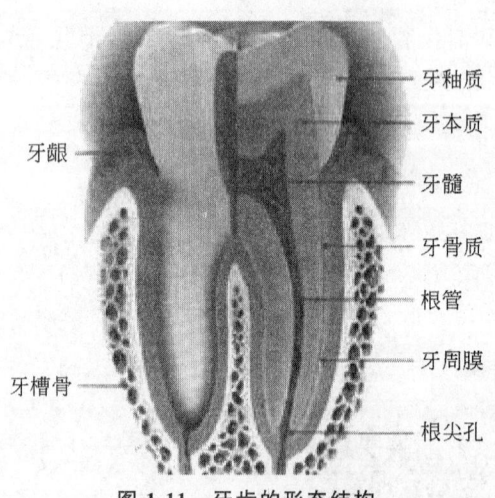

图1-11 牙齿的形态结构

2. 舌

舌面上有味蕾,能辨别味道;舌能帮助搅拌和吞咽食物,并帮助发音。

3. 唾液腺

唾液腺包括腮腺、颌下腺和舌下腺,能分泌唾液进入口腔。

唾液含水分、淀粉酶、溶菌酶等。

(二) 胃

胃是消化道中最膨大的部分,位于腹腔左上方(图1-12)。胃的上端与食道相通处叫贲门,下端与十二指肠相通处叫幽门。胃壁内表面为黏膜层,可分泌胃液。胃能暂时贮存食物,并初步消化食物。

胃蛋白酶能初步分解蛋白质。胃酸是浓度很低的盐酸,能刺激胃蛋白酶的活性,帮助溶解食物,促进铁的吸收,并能杀菌和抑菌。胃排空时间与食物的质量有关。流质食物比固体食物排空快;碳水化合物排空约需 2 小时;蛋白质排空较慢,约需 2~3 小时;脂肪需 4~6 小时才能排空;一般混合性食物的排空需 4~5 小时。胃排空后不久,即出现空胃运动,产生饥饿感。

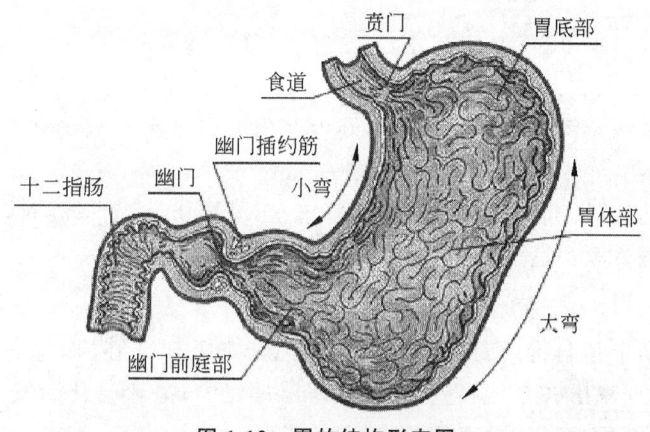

图 1-12　胃的结构形态图

(三) 小肠

小肠是消化道中最长的部分。小肠与胃相接的部分叫十二指肠,这里有胰腺导管和胆总管的开口,胰液和胆汁由此进入小肠。

小肠内壁有肠腺,可分泌肠液。小肠内的消化液主要包括肠液、胃液、胰液和胆汁,含有各种消化酶。食糜进入小肠后可停留 3~8 小时,在肠内与消化液充分混合,小肠是人体内消化和吸收的重要场所。

(四) 大肠

食物经小肠消化分解吸收后剩下的食物残渣进入大肠。大肠能暂时贮存食物残渣,吸收其中的水分、无机盐和部分维生素,并能利用肠内某些物质合成维生素 K。食物残渣最后形成粪便,经大肠蠕动推送到直肠、肛门排出体外。

(五) 肝脏

肝脏是人体最大的消化腺,位于腹腔的右上部。肝脏分泌胆汁,暂时贮存于胆囊;进食含脂肪类食物时,胆汁即流入小肠,帮助消化脂肪。肝脏把血液中多余的葡萄糖转化为糖原,暂时贮存起来,等机体需要时又释放出来。肝脏能清除血液中的杂质,并对药物、酒等有解毒作用。

(六) 胰腺

胰腺分泌胰液进入小肠,能中和胃酸,保护肠黏膜。胰液中的多种消化酶,能帮助小肠内的消化顺利进行。胰腺内还有特殊的细胞群,称为"胰岛",是内分泌组织,能分泌胰岛素,直接进入血液循环,调节血糖浓度,保持血糖相对稳定。

二、学前儿童消化系统的特点

(一)口腔

婴幼儿口腔容量小,齿槽突发育较差,口腔浅,硬腭弯隆较平,舌短宽而厚;唇肌及咀嚼肌发育良好,且牙床宽大,颊部有坚厚的脂肪垫。这些特点为吸吮动作提供了良好条件。但先天性裂唇和裂腭者吮吸有困难。新生儿出生时已具有吸吮和吞咽反射,出生几小时后即可开奶。

新生儿及婴幼儿口腔黏膜非常细嫩,血管丰富,易受伤,清洁口腔时,须谨慎擦洗。

儿童如果舌系带短会造成吐字不清。

1. 牙齿

牙齿的发育始于胚胎第六周,到出生时已有 20 个乳牙牙胚,出生后 6~8 个月时下中切牙萌出,2~2.5 岁出齐 20 颗乳牙。乳牙萌出过程中,恒牙已开始发育。一般于 6 岁左右,首先萌出的恒牙叫第一恒磨牙,又叫六龄齿。

乳牙牙釉质薄,牙本质较松脆,容易被腐蚀形成龋齿。一旦发生龋齿,在短时间就可穿透牙髓腔,引起疼痛。

2. 唾液腺

新生儿及小婴儿,由于唾液腺未发育成熟,分泌唾液较少,因此口腔较干燥。

出生后三四个月,唾液腺逐渐发育,唾液分泌增多,常流出口外,称为"生理性流涎",随着生长可逐渐消失。

(二)食管

婴幼儿的食管呈漏斗状,黏膜纤弱,腺体缺乏,食管下段括约肌发育不成熟,控制能力差,常发生胃食管反流。婴儿吸奶时常吞咽过多空气,易发生溢奶。

(三)胃容量

新生儿胃容量为 30~35mL,3 个月时为 120mL,1 岁时为 250mL,5 岁时为 700~800mL,成人约为 2000mL。婴幼儿胃壁肌肉薄,伸展性较差,胃的容量小,且消化能力较弱,给婴幼儿提供的食物以及每餐的间隔时间应考虑年龄特点。婴幼儿的胃呈水平位,当婴幼儿开始会走时,其位置逐渐变为垂直。胃排空时间随食物种类不同而异,稠厚含凝乳块的乳汁排空慢;水的排空时间为 1.5~2 小时;母乳 2~3 小时;牛乳 3~4 小时。婴幼儿的胃平滑肌发育尚未充善,在充满液体食物后易使胃扩张。婴幼儿吸吮时常吸入空气,称为生理性吞气症。胃贲门部肌肉较松弛,易使婴幼儿发生呕吐或溢乳。如胃贲门肌肉较松弛,常出现食道反流,可导致食管炎或哮喘,反复呼吸道感染。

(四)小肠

婴幼儿小肠管相对较长,新生儿小肠的长度约为身长的 8 倍,婴幼儿小肠长度超过身长的 6 倍,而成人的仅为身长的 4 倍。小肠黏膜有丰富的毛细血管和淋巴管,小肠的绒毛发育良好,吸收能力较强,但植物神经的调节能力差,容易发生肠道功能紊乱,引起腹泻或便秘。婴幼儿肠道正常菌群脆弱,易受许多内外界因素影响而使菌群失调,导致消化功能紊乱。

婴幼儿肠肌层发育差,肠黏膜柔软而长,黏膜下组织松弛,易发生肠套叠及肠扭转。婴幼儿肠壁较薄,其屏障功能较弱,肠内毒素及消化不全的产物易经肠壁进入血液,引起中毒。一些新生儿由于先天性的原因,部分结肠蠕动功能较差,不能自行排便,为先天性巨结肠。

（五）肝脏

新生儿肝脏占体重的比例相对成人较大,在肋骨下缘到肝脏上缘,一般为生理现象。到10个月时肝脏为出生时重量的2倍,3岁时则增至3倍。肝脏富有血管,结缔组织较少,肝细胞小,再生能力强,不易发生肝硬化。但易受各种不利因素的影响,如缺氧、感染、药物中毒等均可使肝细胞发生肿胀、脂肪浸润、变性、坏死、纤维增生而肿大,影响其正常功能。婴儿时期胆汁分泌较少,故对脂肪的消化、吸收功能较差。由于新生儿肝功能不完善,可能会出现生理性黄疸。

学前儿童肝脏贮存糖原较少,容易因饥饿发生低血糖,同时肝脏解毒能力较差。

（六）胰腺

婴幼儿时期胰腺对淀粉类和脂肪类的消化能力较弱,主要依靠小肠液的消化。出生后5个月以内,婴幼儿的淀粉酶分泌少且活性低,故3个月以内不宜过早添加淀粉类食物。随着年龄增长,婴幼儿的胰腺功能日趋完善。

三、学前儿童消化系统的卫生保健

（1）保护牙齿。

（2）培养学前儿童良好的进餐习惯。

① 饭后擦嘴、漱口,吃完零食也应及时漱口。

② 养成细嚼慢咽的习惯。细嚼慢咽有利于食物与消化液充分混合,能减轻肠胃负担,促进人体对营养素的吸收。细嚼慢咽还可使食欲中枢及时得到饱的信号,避免过量饮食。

③ 饮食定时定量,不暴饮暴食。少吃零食,不挑食。

④ 不要边吃边说笑,更不要边玩耍边吃零食。

（3）饭前饭后不要组织学前儿童进行剧烈运动。

饭前应安排学前儿童进行室内较安静的活动。饭后宜轻微活动,如散步,1~2小时后方可进行体育活动。

（4）培养学前儿童定时排便的习惯,预防便秘。

让学前儿童养成定时排便的习惯,不要让幼儿憋着大便,以防形成习惯性便秘。

第五节　泌尿系统

人体新陈代谢产生的大部分代谢产物，通过泌尿系统，以尿的形式排出体外。泌尿系统包括肾、输尿管、膀胱和尿道。肾脏生成尿，输尿管、膀胱和尿道排尿，膀胱还能暂时贮存尿液（图1-13）。

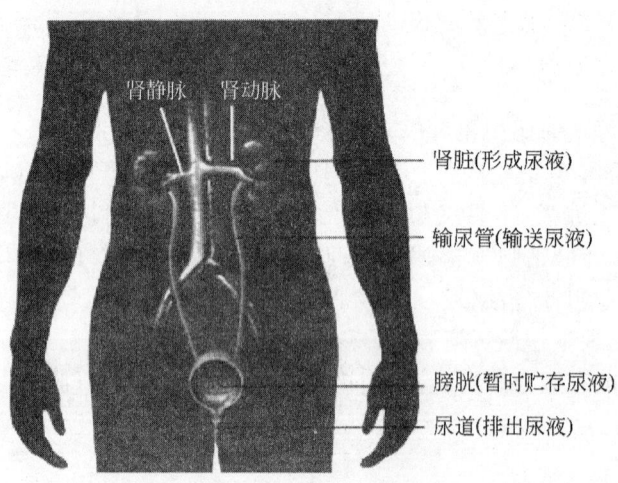

图1-13　泌尿系统图

一、概述

（一）肾脏

肾脏位于腹腔后部腰椎两侧，左右各一个，外形像蚕豆。血液流经肾脏，大部分的水、所有的葡萄糖及部分无机盐被重新吸收入血，剩余少量的水、无机盐和所有的废物。每天，人体血液在肾脏反复"清洗"，将废物排出体外。

（二）膀胱

膀胱位于盆腔内，底部有通向尿道的开口。尿道开口处是环形括约肌，可控制尿道口，使尿液不外漏。当膀胱内贮满尿液后，膀胱内壁的神经末梢将刺激传到大脑，使人产生尿意，同时将刺激传入位于脊髓的排尿中枢，使膀胱平滑肌收缩，尿道口括约肌舒张，尿液由尿道排出。当大脑判断不宜排尿时，就抑制排尿中枢，使尿道括约肌收缩，关闭尿道口，防止尿液从膀胱漏出。

（三）尿道

尿道是从膀胱通向体外的管道，起自膀胱，止于尿道口。男性尿道细而长，长约20cm。女性尿道3～5cm。儿童的尿道比成年人短。

二、学前儿童泌尿系统的特点

(一)肾脏

学前儿童肾脏占体重的比例相对大于成人。在 1 岁和 12~15 岁两个阶段,肾脏的发育最快。婴幼儿时期,肾皮质发育不全,肾功能较差,年龄越小,肾小管越短,肾小球过滤率、肾小管排泄及再吸收功能均较差,对尿的浓缩和稀释功能也较弱。在增加肾负荷的情况下,婴幼儿与成人相比,将从尿中损失更多的葡萄糖、氨基酸等有用物质,也较容易发生脱水或浮肿。就整体而言,学前儿童肾脏发育不完善,浓缩尿及排泄毒物的功能较差。

(二)肾盂和输尿管

学前儿童肾盂和输尿管相对较宽,管壁肌肉和弹力组织发育不全,紧张度较低,弯曲度大,因此容易出现尿流不畅,引起尿路感染。

(三)膀胱

学前儿童新陈代谢旺盛,尿总量较多,而膀胱容量小,黏膜柔弱,肌肉层及弹性组织不发达,储尿功能差,所以年龄越小,每天排尿次数越多。

出生后 1 周的新生儿每天排尿 20~25 次,1 岁时每天排尿 15~16 次,2~3 岁时每天排尿 10 次左右,4~7 岁时每天排尿 6~7 次。半岁以内,每次尿量约 30mL,1 岁时约 60mL,7~8 岁约 150mL。由于小儿神经系统发育不健全,对排尿的调节能力差,故婴幼儿在 3 岁以前主动控制排尿能力较差。年龄越小,表现得越突出,时常出现遗尿的现象。

(四)尿道

学前儿童尿道较短,新生男孩尿道长 5~6cm,生长速度缓慢,直至青春期才显著增长;女孩尿道更短,刚出生时尿道仅长 1~3cm,15~16 岁时增长至 3~5cm。学前儿童尿道黏膜柔嫩,弹性组织发育也不完全,尿道黏膜容易损伤,不注意保持外阴部的清洁就容易损伤和脱落。而且,女孩的尿道开口接近肛门,不注意保持外阴部的清洁就容易发生尿道感染而引起炎症。感染后,细菌可以经尿道上行到膀胱、输尿管、肾脏,引起膀胱炎、肾盂肾炎等。

三、学前儿童泌尿系统的卫生保健

(一)供给充足的水分

每天让学前儿童饮适量的开水,使体内的代谢产物及时随尿排出体外。另外,充足的尿液对尿道有清洗作用,可以减少感染。

(二)养成及时排尿的习惯

教师应注意培养学前儿童及时排尿的习惯,不要让幼儿长时间憋尿。学前儿童如果经常憋尿,不仅难以及时清除废物,还容易发生尿道感染。教师可在幼儿活动前及睡眠之前提醒幼儿排尿,以养成排尿习惯,但不要频繁地提醒幼儿排尿,以免形成尿频,影响膀胱的正常贮尿机能。

6个月左右的婴儿,可在成人帮助下训练坐便盆,1岁时即可主动坐便盆排尿。不要让婴幼儿长时间坐便盆,以免影响正常的排尿反射。

（三）保持会阴部卫生,预防尿道感染

（1）让幼儿养成每晚睡前清洗外阴的习惯。要用专用毛巾、洗屁股盆,不要用洗脚水洗外阴,毛巾要经常消毒。

（2）1岁以后活动自如的幼儿就可穿封裆裤。教育幼儿不要坐地。

（3）教会幼儿大便后擦屁股要从前往后擦,以免粪便中的细菌污染尿道。

（4）托幼园所的厕所、便盆应每天消毒。

（四）保护肾脏,预防药物伤害

学前儿童肾脏发育尚不成熟,对药物特别敏感;滥用药物,不科学的治疗手段会使孩子的肾脏不堪重负。教师要对危害肾脏的药物有基本的认识,常见的危害肾脏的药物有庆大霉素、链霉素、卡那霉素、部分抗生素、造影药物等。在为孩子用药之前,要认真阅读说明书,对于可能损害肾脏的药物,尽量寻找相同药效的其他药物代替,必须用药时要遵照医嘱,科学使用。

第六节　内分泌系统

内分泌系统包括垂体、甲状腺、甲状旁腺、肾上腺、性腺、胰岛等,这些腺体分泌的物质叫作激素。内分泌系统和神经系统共同调节机体的新陈代谢、生长发育等活动。

一、概述

内分泌系统由内分泌腺组成(图1-14)。内分泌腺可分泌激素,激素以"渗透"的方式进入腺体周围的血管和淋巴管内,经血液循环到达身体的各个部位,控制和调节机体的新陈代谢、生长发育及生殖等生理过程。

每一个内分泌腺,有的只分泌一种激素,有的分泌多种激素。每一种激素都有其特定的作用对象,只能与相对应的受体结合而发挥其作用。但它们在各自只有这种特性的同时,在功能上又有互相联系和制约的作用,以保持机体内外平衡的正常活动。这种活动是通过神经系统作用于内分泌腺,而后者又反过来作用于前者来进行调节,称为神经—体液调节。激素分泌过多或不足以致发生失调时,会引起机体功能紊乱,出现各种病理现象。

激素对儿童的生长发育、新陈代谢及机体免疫力均起着很大的作用。人体内主要的内分泌腺有：垂体、松果体、甲状腺、甲状旁腺、肾上腺、胸腺、胰脏内的胰岛及性腺等。与学前儿童生长发育和免疫力密切相关的腺体有垂体、甲状腺、胸腺。

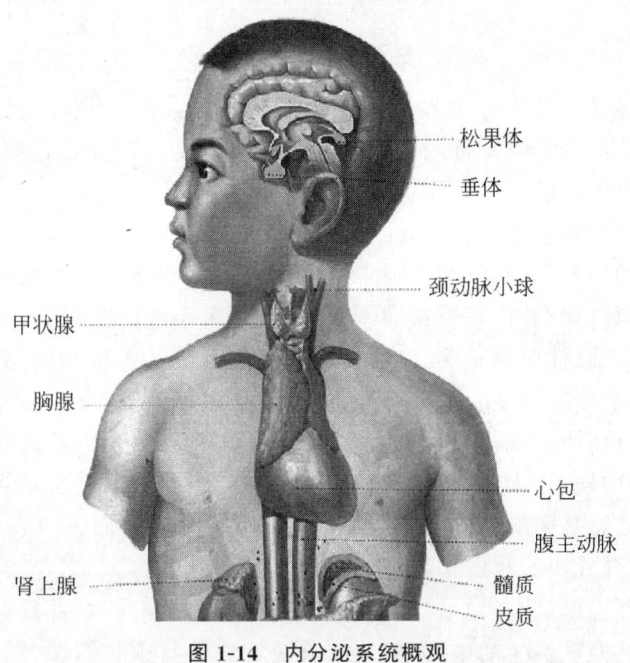

图 1-14 内分泌系统概观

二、学前儿童内分泌系统的特点与保健

（一）脑垂体

脑垂体是人体最重要的内分泌腺，位于颅腔内。脑垂体受下丘脑的调节和控制，分泌促甲状腺素、促肾上腺皮质激素、促卵泡成熟激素、促黄体生成激素和生长激素等，一方面调节和支配甲状腺、肾上腺、性腺等相应腺体内激素的合成和分泌，另一方面维持这些腺体的正常发育。当某种促激素分泌不足时，被调节和支配的腺体就萎缩，功能也减退；相反，如果某种促激素分泌过多时，则可引起相应腺体增大，功能亢进。垂体在人出生时已发育得很好，它的重量有很大的个体差异，一般在 4 岁以前及青春期生长最为迅速，机能也较活跃。

脑下垂体前叶分泌的生长激素，是从出生到青春期影响生长的最重要的内分泌素，有控制人体生长因素的作用，能促进蛋白质合成，刺激肝脏中生长介质而使全身软骨增生和所有组织生长，促进细胞增大增多。在起同化作用时，生长激素须与甲状腺素、胰岛素共同作用于机体。

生长激素对儿童的生长发育极为重要，幼儿时期若生长激素分泌不足，则儿童生长缓慢，身材矮小，甚至患侏儒病，但是智力发育一般属正常；相反，如果幼儿时期脑下垂体机能亢进，生长激素分泌过多，由于长骨的骨髓与骨干尚未愈合，细胞分裂速度过快，使生长速度过大，甚至患巨人症。生长激素在一生中各时期分泌量还不清楚，有人认为青春期的分泌量较儿童或成人为高。一天之中，生长激素白天分泌少，夜间分泌多，因此，幼儿每天有足够时间的睡眠是生长激素正常分泌的保证。

（二）甲状腺

甲状腺是人体最大的内分泌腺，位于颈部。婴儿出生时，甲状腺已经形成，以后逐渐生长，14～15岁青春期腺体发育最快，重量可达20g左右，机能也达到最高峰。因此，这一时期女孩常可见甲状腺代偿性肥大。

甲状腺分泌的激素称甲状腺素，主要生理作用是调节新陈代谢、兴奋神经系统、促进骨骼和神经系统的发育，它在软骨骨化、牙齿生长、面部外形、身体比例等方面起着广泛的作用。学前儿童时期，若甲状腺机能不足，可发生呆小症（克汀病）；如果甲状腺分泌过多（甲亢），可引起突眼性甲状腺肿，又会使中枢神经系统的兴奋性及感受性增高，影响植物神经系统时，则会使人出现心跳和呼吸加快、出汗过多、情绪易于激动等现象。碘对甲状腺的活动有调节作用。人体缺碘时可引起甲状腺组织增生而导致腺体增大。在某些地区，土壤或饮水中缺碘，人体如不能得到适当的补充，可引起地方性甲状腺肿。

缺碘的最大威胁是影响学前儿童的智力发育，造成智力低下以及听力下降、言语障碍、生长受阻等多种残疾。我国是碘缺乏危害十分严重的国家，截至2007年，有4.25亿人口生活在缺碘环境里，涉及地域广，威胁人口多，特别是对新婚育龄妇女、孕妇、婴幼儿的危害更为突出。但现实生活中，人们缺少碘缺乏危害及预防知识，因此普及防病知识、提高自我保健意识、加强宣传教育是当前消除碘缺乏病工作中十分紧迫的任务。卫生部公布的《2011年中国碘缺乏病病情监测报告》显示，1995年起实施的以食盐加碘为主的综合防治措施，有效地控制了碘缺乏病严重流行的趋势，其中8～10岁儿童碘缺乏病已经由原来的20.4%下降为2.5%。

预防碘缺乏病应在医疗部门指导下合理补碘。

第七节 免疫系统

免疫系统主要完成人体的免疫功能，保证人体正常的生理活动。

一、免疫的概述

免疫是机体的一种生理性保护反应，其主要作用是识别和排除进入人体内的抗原性异物（如病毒、细菌），以维持机体内环境的平衡和稳定。这种功能有赖于人体免疫系统的正常工作。

（一）免疫系统的组成

免疫系统由免疫器官、免疫细胞和免疫分子三部分构成。

免疫器官主要有脾、淋巴结、扁桃体、胸腺、骨髓等，能产生免疫细胞。

免疫细胞是体内具有免疫功能的细胞，主要有淋巴细胞和巨噬细胞两种。淋巴细胞主要由T淋巴细胞和B淋巴细胞组成。T淋巴细胞可以直接消灭侵入人体的致病微生物，并监视和清除体内出现的异常细胞。B淋巴细胞可以产生抗体，参与体液免疫。

免疫分子是具有免疫效应的物质，一般分为两类：一类是抗体，又称为免疫球蛋白，

对病原体有很强的针对性;另一类是补体,其免疫作用没有针对性。

(二)免疫系统的功能

免疫系统具有防御、稳定和监视等功能。

免疫系统的防御功能可以使机体抵抗和清除侵入人体的细菌、病毒和异物等,防止疾病的发生。免疫系统的稳定功能可使机体及时清除新陈代谢过程中的衰老、损伤和死亡的细胞,维持正常的生理功能。免疫监视能使机体随时识别和清除体内的异常细胞(如突变细胞),防止肿瘤的发生。

免疫功能正常时对机体有利,若发生异常,则可影响机体健康。例如:免疫监视功能缺乏或低下,是肿瘤发病的原因之一;防御功能过强时,可能对药物或花粉等发生强烈反应。

(三)免疫的类型

人体的免疫分为非特异性免疫和特异性免疫两种。

非特异性免疫是生来就具有的免疫功能,是人类在种系进化过程中,长期同病原微生物作斗争而逐渐建立起来的,对多种病原微生物都有防御作用。例如,皮肤和黏膜是人体的第一道防线,起着阻挡病原微生物入侵的作用;人体内的吞噬细胞(如中性粒细胞、单核细胞)对侵入血液的病原微生物有清除作用;体液(血液、淋巴液、唾液、乳汁等)中含有的多种非特异性的抑菌、杀菌物质,能杀灭细菌;中枢神经系统的毛细血管能限制血液中某些物质进入脑内,起到血脑屏障的作用。

特异性免疫是指抗原(细胞、病毒等)侵入人体后,激发人体的免疫细胞产生一系列反应,最终产生抗体的过程。这种免疫是后天获得的,由特定的病原微生物所激发,也只对这种病原体起作用,具有很强的针对性。

二、学前儿童免疫系统的特点

(一)免疫功能不完善

学前儿童的非特异性免疫功能不完善,如皮肤和黏膜薄嫩,屏障作用差,体液中的白细胞、淋巴细胞防御功能随年龄增长才日益完善等。学前儿童的特异性免疫缺乏,使儿童的免疫力不如成人,故易患感染性疾病。

(二)易患传染病

学前儿童的免疫功能不完善,尤其是针对传染病的特异性免疫没有建立,所以,儿童是传染病的易感人群。因此,必须对学前儿童采取有效的卫生保健措施,以增强体质,预防疾病的发生。

三、学前儿童免疫系统的卫生保健

(一)合理营养,适当锻炼

合理的营养、适当的锻炼能够增强幼儿体质,提高机体免疫力。

（二）讲究环境、个人卫生

要保证学前儿童生活环境的卫生，减少污染源。讲究个人卫生，例如饭前、便后要洗手，防止病从口入等。避免幼儿到封闭、污浊的空间，或人多的地方，避免学前儿童与传染病患者的接触。

（三）按程序进行接种

对儿童进行科学、有计划的预防接种，通过人工的方法，使儿童机体获得特异性免疫，从而预防传染病。

第八节 神经系统

人体能够成为一个统一的整体，神经系统起到重要的调节作用。

一、概述

（一）神经系统的基本结构和组成

1. 基本结构

神经元是神经系统结构和功能的基本单位。神经元由细胞体和突起两部分组成（图1-15）。

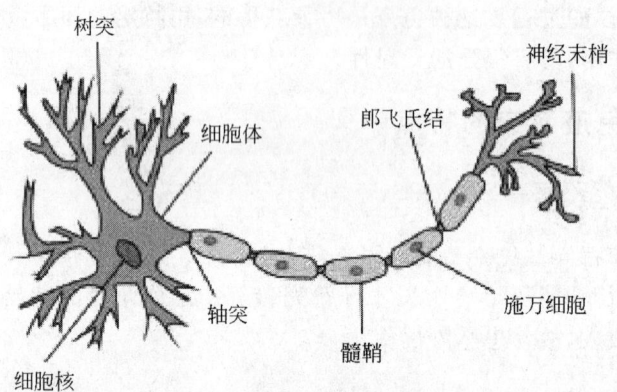

图1-15 神经元结构图

神经元的突起又称为神经纤维（图1-16），可分为有髓鞘神经纤维和无髓鞘神经纤维，一般有髓鞘的神经纤维比无髓鞘的神经纤维传导的速度快且准确。神经纤维外层髓鞘的形成，表明神经传导通路和神经纤维形态发育的成熟程度。人体神经纤维髓鞘化从胎儿1个月的时候就开始，直到6～7岁时才基本完成。在婴幼儿时期神经纤维短、少，细胞之间联系少，神经髓鞘不成熟，兴奋易于扩散，刺激在髓鞘神经纤维中传导的速度较慢，表现为婴幼儿容易兴奋激动，注意力不集中，对外界刺激的反应较慢，而且易于泛化。

刚出生时　　　　2岁时　　成人时

图 1-16　神经元在出生后的发育

2. 组成

神经系统由中枢神经系统和周围神经系统组成。中枢神经系统由脑和脊髓组成,脑由脑干(包括延髓、脑桥和中脑)、小脑、间脑和大脑组成;周围神经系统是指中枢神经系统以外的神经系统的总称,由脑神经、脊神经和植物性神经组成。中枢神经系统通过周围神经系统与身体各部分联系,调节全身各部分的活动。

(二)脊髓和脊神经

脊髓呈圆柱形,位于脊柱的椎管内,上端与延髓相连,下端到达腰椎。其结构可分为中央的灰质(神经细胞体聚集的地方)和周围的白质(神经纤维集中的地方)(图1-17)。

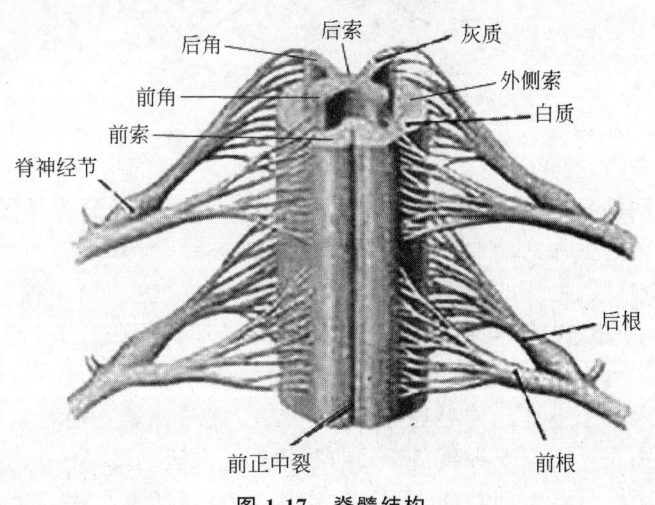

图 1-17　脊髓结构

脊髓是中枢神经系统的低级部位,主要有传导和反射的功能。

脊髓白质中有上行和下行的神经纤维,来自全身各器官的大部分神经冲动,通过脊髓上传到脑;由脑发出的神经冲动也要通过脊髓下传到相应的器官。当脊髓受伤横断时,上下神经兴奋的传导就会中断,出现损伤面以下感觉和运动障碍,导致截瘫。

脊髓灰质中有许多低级的神经中枢,可以完成一些简单、低级的反射活动,如膝跳反射、排便反射等。这些反射活动通常情况下是在大脑的控制下进行的。例如,排尿与排便等活动都受大脑意识控制,如果出现异常,就会出现大小便失禁的现象。新生儿期脊髓形态结构比较完善,脊髓的固有反射尚未受到大脑高级中枢的控制而出现一些特有的发射,如觅食反射、拥抱反射、握持反射、踏步反射等。婴幼儿经常尿溺、便溺,也主要是这一原因造成的。随着大脑皮层高级中枢的发育,这些现象会逐渐消失。

脊髓发出的神经是脊神经,它是由前根运动神经纤维和后根感觉神经纤维所组成,属于混合神经。它们主要分布于躯干和四肢,调节躯干和四肢的活动,如坐骨神经等。

(三)脑和脑神经

脑位于颅腔内,由脑干、间脑、小脑和大脑组成(图1-18)。

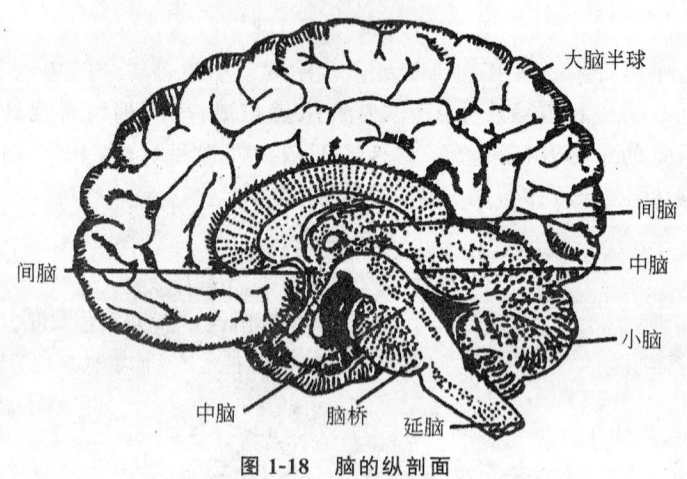

图1-18 脑的纵剖面

1. 脑干

脑干上端与间脑相连,下端与脊髓相连。脑干自下而上又分为延髓、脑桥和中脑三部分。延髓中有调节生命活动的重要中枢,如呼吸、心跳、血管运动中枢等,延髓受损时会立即发生心跳、呼吸、血压的严重障碍而危及生命,故称为"生命中枢"。延髓和脑桥中还有呕吐、吞咽等中枢。中脑与维持觉醒和睡眠、保持肌肉紧张有关,且与维持身体平衡和姿势有关。

脑干中有重要的上下神经传导通路,是大脑、小脑和脊髓互相联系的重要通路。这些传导通路受到损伤就会出现头颅、躯干、四肢的感觉和运动障碍。

新生儿的脑干已具备生理功能,保证了呼吸、血液循环等基本的生命活动。在学前儿童游戏、活动时,应避免摔伤后脑,以防止伤害到延髓而危及生命。

2. 间脑

间脑位于中脑的上方,大部分被大脑覆盖,主要分为丘脑和下丘脑。

丘脑能对传入的冲动进行简单的分析,是皮层下较高级的感觉中枢,与内脏调节、基本情绪活动、维持机体警觉等有关。来自全身的传入神经纤维在到达丘脑以前已经交叉到对侧,所以一侧丘脑损伤时,对侧肢体感觉将发生障碍。

下丘脑皮层是调节植物性神经活动的较高级中枢,与内脏活动紧密相关,也可调节人体对环境刺激发生的情绪反应,还能对体温、物质代谢起调节作用。下丘脑前部的脑垂体是影响儿童生长发育的重要内分泌腺。

3. 小脑

小脑位于大脑后下方,脑干背侧。小脑可以协调大脑皮层引发的随意运动,调节肌肉的紧张度,维持身体平衡等。小脑发生病变时,会出现平衡障碍,如动作不准确、不协调,不能完成精巧的动作,站立不稳等。小儿小脑发育相对较晚,从1岁前开始迅速发育,3～6岁逐渐成熟,所以,儿童1岁左右蹒跚学步,3岁时可以较稳定地走和跑,5～6岁时动作更加准确协调,能很好地维持身体平衡。

4. 大脑

大脑是中枢神经系统的最高级部分,包括左右两半球。人脑是个统一的整体,但大脑两半球的功能不同,各具特点。左半球具有显意识的功能,主要通过语言和逻辑来表达内心世界,负责鉴赏、绘画、欣赏音乐,凭直觉观察事物、把握整体等。用科学方法对学前儿童进行训练,刺激大脑有关部位,将有力地促进其智慧潜能的发挥。

大脑表面2～3mm厚的部分是神经元细胞体集中的地方,为灰质,称为大脑皮质。大脑皮质表面有许多凹陷的沟或裂和隆起的回,大大增加了大脑皮质的表面积(图1-19)。成人大脑皮质的表面积约$1/4 m^2$,神经细胞数量约为140亿,其中1/3露在外面,2/3藏在沟里。大脑表面主要有3条大的沟裂:大脑外侧裂、中央沟和顶枕裂。这些沟裂将大脑

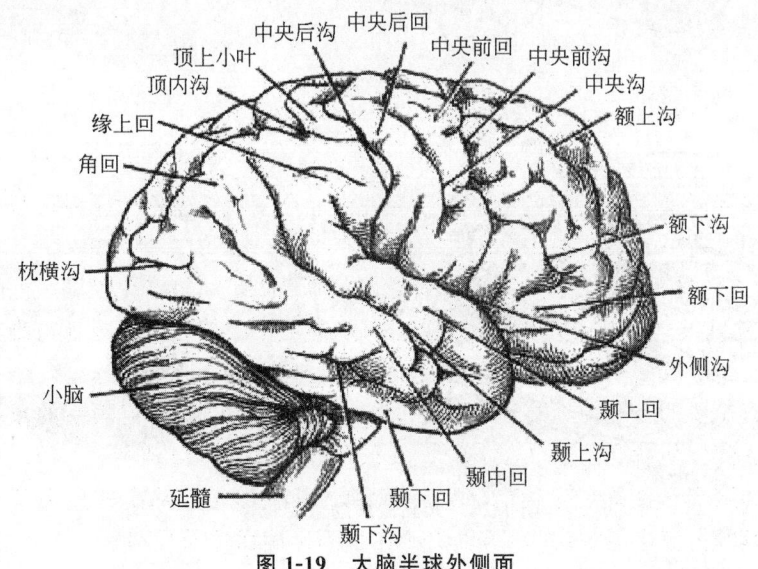

图1-19 大脑半球外侧面

皮层分为额叶、顶叶、颞叶和枕叶等区域。主要的回有中央前回、中央后回等。

大脑皮质以内是白质，由神经纤维组成。一部分神经纤维连接大脑两半球，另一部分神经纤维把大脑皮层跟小脑、间脑、脑干、脊髓联系起来。

根据大脑皮质的各部位所控制的功能不同，可将大脑皮质划分为许多功能区（图1-20），如躯体运动中枢、躯体感觉中枢、视觉中枢、听觉中枢、语言中枢（表1-5）。

表1-5 大脑功能区的特点表

功 能 区		结 构 位 置	生 理 功 能
身体运动中枢		额叶中央前回	支配对侧肢体随意运动
躯体感觉中枢		顶叶中央后回	支配对侧躯体感觉
视觉中枢		枕叶的内侧面	是视觉高级中枢
听觉中枢		额叶的额横回	是听觉高级中枢
语言中枢	运动性	额叶中央前回下端的前方	与说话功能有关，又称为说话中枢
	听觉性	额叶上回的后方	能理解语言
	视觉性	顶叶	阅读中枢
	书写性	额叶近中央前回	管理书写运动

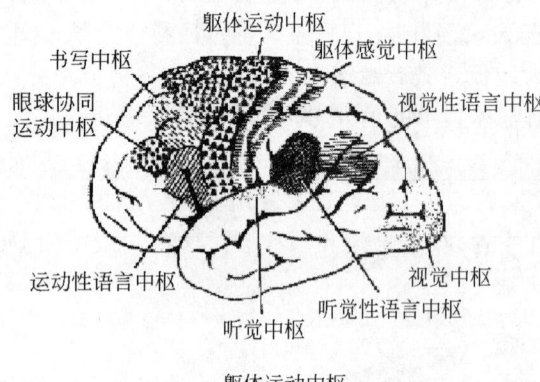
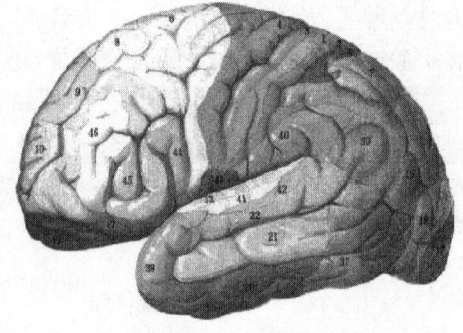
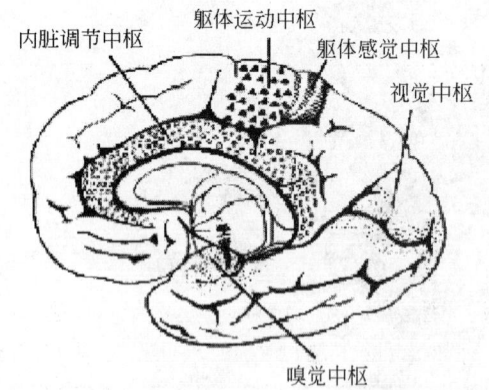
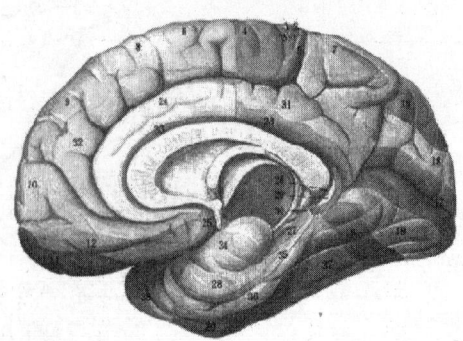

图1-20 大脑皮质功能定位图

大脑皮质各中枢的功能是相对的,不是绝对的。各功能区可以互相影响和代偿,当皮质某中枢功能区受损时,也会影响其他功能区功能的正常发挥。但当某一中枢受损伤时,经过适当的治疗与锻炼,常常由其他区域发挥代偿作用。

妊娠3个月时,胎儿的神经系统已基本成形。婴儿出生前半年至出生后一年是脑细胞数目增长的重要阶段,1岁以后虽然脑细胞的数目不再增加,但细胞的突起却由短变长、由少到多,这为儿童智力的发育提供了生理基础。

5．脑神经

与脑相连的神经称为脑神经,共12对。除迷走神经分布到胸腹腔内脏器官外,其他脑神经主要分布到头、面部各器官。

(四) 植物性神经

植物性神经从脑和脊髓发出,分布于内脏器官。在中枢神经系统的控制下,植物性神经通过支配内脏器官的活动,调节机体的营养、呼吸、循环、内分泌、排泄、生长及生殖等生理活动,并影响机体的新陈代谢。

植物性神经可分为交感神经和副交感神经两类,它们分布于同一器官,作用相反,相互制约,使内脏器官的活动协调、准确(表1-6)。

表1-6 交感神经和副交感神经的主要功能表

器　官	交　感　神　经	副　交　感　神　经
循环器官	心跳加快、加强,冠状血管舒张,皮肤及内脏小血管收缩	心跳减慢、减弱,冠状血管收缩
呼吸器官	支气管平滑肌舒张	支气管平滑肌收缩
消化器官	分泌浓稠、少量的唾液,抑制胃肠运动,抑制胆囊收缩	分泌稀薄、大量的唾液,促进胃肠运动,促进胆囊收缩
泌尿器官	抑制膀胱排尿	促进膀胱排尿
眼	瞳孔放大	瞳孔缩小
皮肤	汗腺分泌	
代谢	促进肾上腺素的分泌	

二、学前儿童神经系统的特点

(一) 学前儿童神经系统的发育

1．中枢神经系统的发育特点

胎儿第5个月时,大脑半球表面还较光滑;到了第6个月,就出现了沟、回、裂,大脑皮层细胞分化,开始形成分层结构;到第7个月时,大脑皮层的主要沟、回已经基本形成。3岁以前,儿童大脑皮层的脑回较少,脑沟较浅,皮层发育尚未成熟,对皮层下各中枢的控制能力较弱。儿童3岁至7岁时,脑的发育仍然很迅速。儿童3岁时,大脑皮层细胞已大致分化完成;8岁时已与成人没有很大的区别。

婴儿出生时,延髓已基本发育成熟。延髓是呼吸、循环、吞咽等维持生命的重要中枢。延髓的发育成熟保证了基本生命活动的正常进行。脊髓的发育与儿童运动功能的发育是平行的。婴儿出生时小脑的发育较差,脑沟不深,小脑半球也很小。婴儿1岁时,小脑发育很迅速,3岁时基本上达到成人水平,已能维持身体的平衡和动作的准确。植物性神经系统与中枢神经系统同时发育,且较早成熟,婴儿出生后一年发育基本完成。学前儿童交感神经兴奋性强而副交感神经兴奋性较弱。因此,婴幼儿心率及呼吸频率较快,但节律不稳定;胃肠消化能力极易受情绪影响。

2. 脑重量的变化和脑细胞的繁殖

儿童出生时脑重350g左右,1岁时脑重为950g左右,6岁时重1200g左右,约为成人脑重的80%(成人的脑重约1500g)。一般认为,胎儿期和出生后第一年,脑细胞的数量增生,即处于第一、第二阶段,以后脑细胞的数量不再增加,而是细胞体积的增大以及功能的日趋成熟和复杂化。

3. 脑组织的成分

胎儿期脑组织中蛋白质和水分的比例比较高,出生以后随年龄的增长逐渐下降,而类脂质、磷脂和脑苷脂的含量则随年龄增长而逐渐上升。

4. 神经纤维的髓鞘化

在学前儿童时期,由于神经髓鞘的形成不完善,当外界刺激作用于神经而传到大脑时,由于没有髓鞘的隔离,兴奋易于扩散,刺激在无髓鞘神经纤维中传导的速度也比较慢,表现为婴幼儿容易激动、疲倦、注意力不集中,对外来刺激的反应较慢且易于泛化。

5. 血脑屏障

血脑屏障指的是中枢神经系统的毛细血管能限制血液中某些物质进入脑内。血脑屏障不仅保证了脑代谢所需物质进入脑内,而且还能防止异物进入,保护脑组织免受病原体等的侵犯。胎儿和新生儿还没有建立起血脑屏障,随着年龄的增长,血脑屏障的功能逐渐完善,因此,学前儿童容易发生颅内感染。

(二)脑的代谢

1. 耗氧量

在生长发育过程中,儿童的脑对氧的需要量较大,在基础代谢状态下,儿童脑的耗氧量为全身耗氧量的50%,而成人则为20%,因而儿童的脑血流量占心输出量的比例也较成人大。

学前儿童脑组织对缺氧十分敏感,对缺氧的耐受力也较差。学前儿童的生活环境保持空气清新,对于维持学前儿童神经系统的正常发育和良好机能状态都具有重要意义。

2. 能量供给

中枢神经系统代谢所需要的能量主要由葡萄糖氧化而获得。因此脑组织对血液中葡萄糖(血糖)的变化非常敏感。学前儿童由于体内肝糖原的储备量少,饥饿时容易导致血糖过低,造成脑功能紊乱。

（三）高级神经活动

学前儿童高级神经活动的抑制过程不够完善,兴奋过程强于抑制过程,兴奋与抑制在皮层很容易扩散,神经活动的强度较弱,皮层对皮层下中枢的控制也不够完善。表现为幼儿注意力不容易集中,好动不好静,容易产生疲劳。

脑的发育是否完善,主要受两种因素的影响,其一为遗传基础,即发展的潜力;其二为个体生长环境中各种刺激的作用,丰富的、适度的刺激可促进脑细胞结构和机能的发育。优生,提供了脑发育的良好潜力;优育,给婴幼儿丰富的生活体验,使潜力得以充分发挥。

三、学前儿童神经系统的卫生保健

（一）保证合理的营养

学前儿童正值脑细胞发育的高峰期,如果缺乏必需的营养物质,如优质蛋白质、脂类、无机盐等,将影响神经细胞的数量及质量。

（二）保证空气新鲜

成人脑的耗氧量约占全身耗氧量的1/4,婴幼儿脑耗氧量几乎占全身耗氧量的1/2。因此,婴幼儿生活的环境应空气新鲜。新鲜空气含氧多,可以确保婴幼儿发育对氧气的需求。

（三）保证充足的睡眠

睡眠可使全身各系统、器官,特别是神经系统得到充分休息,消除疲劳,积蓄养料和能量。睡眠时脑垂体分泌的生长激素多于清醒时的分泌量。长时间睡眠不足,会影响婴幼儿身体和智力的发育。睡眠时间有明显的个体差异,总的要求是年龄越小,睡眠时间越长。体弱儿睡眠要多一些(表1-7)。

表1-7 不同年龄所需睡眠时间

年龄	新生儿	1岁	2岁	4岁	7～13岁	成人
睡眠时间(h)	18～20	14～15	12～13	11～12	9～10	8

（四）制定和执行合理的生活制度

托幼机构应根据学前儿童的年龄特点,合理地制定生活制度,安排好不同年龄班一日活动的时间和内容。生活有规律,形成良好习惯,可以更好地发挥神经系统的功能。

（五）创设良好的生活环境,使学前儿童保持愉快的情绪

托幼机构保教人员要热爱、关心幼儿,为幼儿创设良好的生活环境与社会环境,与幼儿建立良好的师生关系,帮助和引导幼儿与同伴友好相处,坚持正面教育,不伤害幼儿的

自尊心,不歧视有缺陷的幼儿,更不能体罚及变相体罚幼儿,以保证孩子在托幼机构中生活愉快。

（六）安排丰富的活动及适当的体育锻炼

丰富的活动,特别是适合学前儿童年龄特点的体育锻炼,能促进脑的发育,能提高神经系统反应的灵敏性和准确性。为使大脑两半球均衡发展,应使幼儿的动作多样化,如两手同时做手指操、攀爬及各种幼儿基本体操等。日常活动中注意让幼儿多动手,尽早用筷子进餐,学会使用剪刀,玩串珠子游戏等。让幼儿在活动中"左右开弓",能更好地促进大脑两半球的发育。

第九节 感觉器官

感觉是人们认识世界的途径,感觉包括视觉、听觉、嗅觉、触摸觉、味觉及本体感觉等。视觉是人们认识世界的主要途径,人们获得的知识70%来自视觉。

一、视觉器官（眼睛）

（一）概述

眼球是感受光线刺激的视觉器官。眼球由眼球壁和眼球内屈光介质组成。眼球周围的附属结构除眼肌外,还包括眼睑、结膜、泪腺、睫毛、眉等（图1-21）。

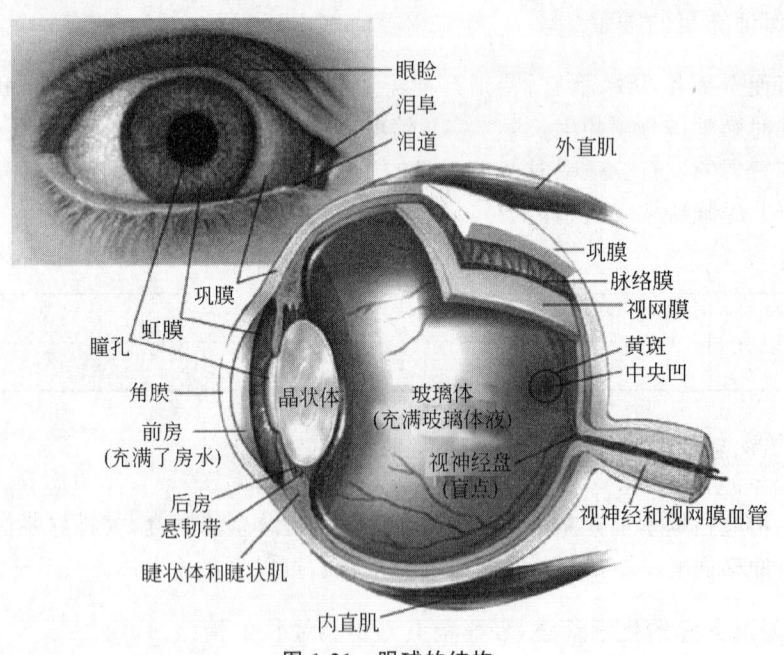

图1-21 眼球的结构

1. 眼球壁

眼球壁的最外层是巩膜和角膜,较厚、白色、坚韧的巩膜能保护眼球;巩膜前方是透明的角膜,具有丰富的神经末梢。

眼球壁中层后2/3为脉络膜,有大量色素和血管,能防止光线散射并为眼球输送营养。脉络膜前缘是由睫状肌构成的睫状体,睫状体借悬韧带与晶状体相连,睫状体向前是环形的虹膜,虹膜含色素,决定"眼球"的颜色。虹膜中央是圆形的瞳孔,随着光线强弱的变化,瞳孔可改变大小,进而调节进入眼内光线的强弱。

眼球壁最内层是视网膜,能将光刺激转化为神经信号传到大脑皮层,形成视觉形象。视网膜上有两种感光细胞:一种是视锥细胞,能感觉强光和有色光;另一种是视杆细胞,能感受弱光刺激,使人们在较黑暗的环境中仍能看清物体的轮廓。

2. 眼球内屈光介质

眼球内的屈光介质包括房水、晶状体和玻璃体,其中最重要的是晶状体。晶状体位于虹膜之后,形似双凸透镜,有弹性。晶状体借悬韧带与睫状体相连,通过睫状肌的收缩和舒张而改变其凸度,光线经过晶状体的折射,在视网膜上聚焦成像。晶状体的弹性随年龄增长而下降。

晶状体与角膜之间是房水。房水有营养角膜和晶状体的作用,并维持眼压,晶状体与视网膜之间是一个较大的空隙,填充着无色透明的胶状物,称玻璃体,它能支撑眼球并加强聚光效果。若光线经过屈光介质不能准确地在视网膜上聚焦成像,大脑皮层则不能收到清晰的信号,难以形成清晰的图像,就称为屈光不正,包括近视、远视和散光。

(二)学前儿童眼睛的特点

1. 学前儿童可以有生理性远视

学前儿童眼球的前后距离较短,物体成像于视网膜的后面,称为生理性远视。随着眼球的发育,眼球前后距离变长,一般到5岁左右,就可成为正视(正常视力)。

2. 晶状体有较好的弹性

学前儿童晶状体的弹性好,调节范围广,即使近在眼前的物体,也能因晶状体的凸度加大,成像在视网膜上。因此,儿童即便把书放在离眼睛很近的地方看,也不觉得眼睛累,但长此以往,形成习惯,就会使睫状肌疲劳,形成近视眼。教师要教育儿童从小注意保护视力。

3. 双眼单视功能逐渐完善

儿童出生时因缺乏双眼单视功能,可能有暂时性的斜视,即两眼向前看或转动时视轴不平行,一眼向内、外、上或下斜。一般情况下在幼儿出生6个月时双眼可以发育良好,5~6岁时双眼单视能力发育成熟。斜视是引起弱视的重要原因之一。

(三)学前儿童眼睛的卫生保健

(1)教育学前儿童养成良好的用眼习惯。

① 不在光线过强或暗的地方看书、画画;

② 看书写字时眼距书本保持一尺以上的距离;

③ 不躺着看书,以免与书距离过近;不在走路或乘车时看书,因身体活动可导致书与眼的距离经常变化,极易造成视觉疲劳;

④ 集中用眼一段时间后应望远或去户外活动,以消除眼的疲劳;

⑤ 容易导致学前儿童用眼时间过长的活动主要是看电视、玩电脑游戏等,因此,要限制学前儿童看电视的时间,每次看电视或玩电脑游戏的时间不要过长,每次一般不超过一小时,看完电视或玩完电脑游戏后要适当进行户外活动。

(2) 为学前儿童创设良好的采光条件。

(3) 为学前儿童提供的书籍,字体宜大一些,字迹、图案应清晰,教具大小要适宜,颜色鲜艳,画面清楚。

(4) 定期给学前儿童测查视力。

视觉的监测分为两部分:一是要掌握学前儿童在不同的年龄应该有什么样的视觉反应,二是有意识地测查。

对不会说话的婴儿进行视力监测可以有以下几种方法:

① 看孩子有无瞬目反射;

② 拿玩具在两个多月孩子眼前左右动,看看孩子有无追随反应;

③ 最主要的测试叫遮盖测试,即拿一个手绢或者薄毛巾遮住孩子的一只眼睛,根据孩子的哭闹反应来判断孩子的视力。

对3岁左右的孩子进行视觉测查,可以运用图形视力表来进行。测查的过程中,将表悬挂在5米远的墙上;房间照明要好,但是不要有强光照到测查表上;图形视力表中的1.0行应该与学前儿童的眼睛平行。

及早发现孩子的视力障碍:歪头偏脸的姿势;走上下楼梯不敢迈步,不知道迈多少合适,缺乏立体感;精细动作发展不好;"羞明"、怕光;白化病;青光眼;先天性白内障。

(5) 教育学前儿童不要揉眼睛,毛巾、手绢要专用,以预防沙眼、结膜炎。

(6) 预防常见眼病。

① 色盲。所谓色盲,就是不能辨别色彩,即辨色能力丧失。不能分辨红色者为红色盲,不能分辨绿色者为绿色盲,不能分辨蓝色者为蓝色盲,三种颜色都不能辨认者为全色盲。有人虽然能辨别所有的颜色,但辨认能力迟钝,或经过反复考虑才能辨认出来,这种人即为色弱,指辨别颜色的能力减弱。

② 夜盲症。视紫红质缺少,感受弱光的细胞就不能很好地工作,从而导致暗适应能力下降。其表现是:光线稍暗,或者进入到一个光线很暗的房间,患者什么都看不到,而且过一段时间还是看不到。人体缺少维生素A,视紫红质就不能合成,眼睛的暗适应能力就下降。

夜盲症的防治:各种肝脏内含有丰富的维生素A,鸡蛋黄、牛奶内也含有丰富的维生素A。多吃含有丰富胡萝卜素的物质,胡萝卜素在人体内可以转换成维生素A。学前儿童可以吃些水果,喝点奶,防止夜盲症。尤其是孩子出麻疹,若对孩子眼部护理不及时,饮食不当,就容易出现暗适应能力降低,甚至有可能引起角膜穿孔。

③ 斜视。当两眼向前平视,两眼的黑眼珠位置不匀称发生偏斜(外斜、内斜、上斜、下

斜)时,就叫作斜视,是任何一眼视轴偏离的临床现象。需要注意的是:隐斜是一种能被双眼融合机能控制的潜在的眼位偏斜。

斜视的危害不仅仅是影响美观的问题。斜视最大的危害在于能导致弱视,弱视能使孩子失去立体视觉,成为立体盲。治疗弱视的关键期是3岁前,最迟在6岁前。

二、听觉器官(耳)

(一)概述

耳是听觉和平衡觉器官,分外耳、中耳和内耳三部分(图1-22)。

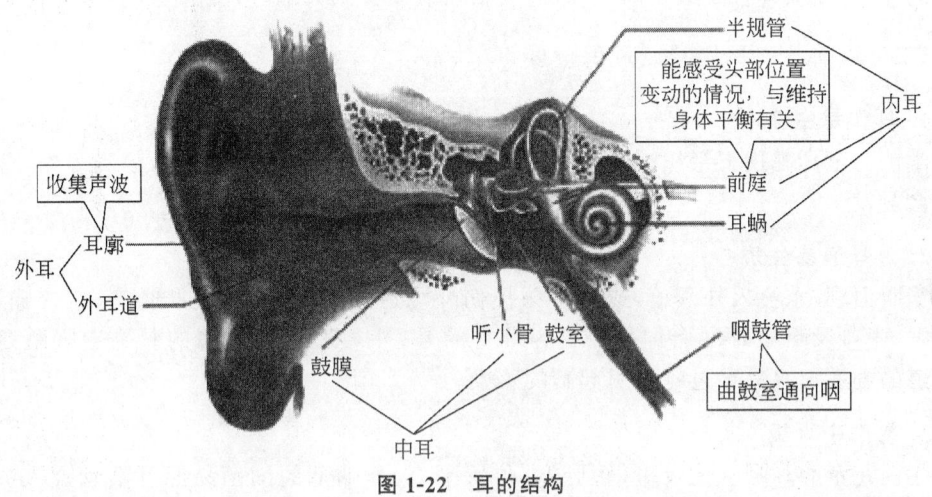

图1-22 耳的结构

1. 外耳

外耳有收集和传导声波的功能,包括耳郭、外耳道、鼓膜三部分。

耳郭位于头部的两侧,和外耳道一起共同组成收集声波的漏斗状结构。耳郭内以弹性软骨为支架,外覆皮肤,皮下组织很少,血管神经丰富。耳郭的下端没有软骨,含结缔组织、脂肪、血管和神经等。

外耳道是指外耳门至鼓膜的弯曲管道,全长约2.0~2.5cm,外1/3为软骨部,内2/3为骨性部。外耳道表面覆盖着皮肤,皮肤内有毛囊、皮脂腺及耵聍腺等。耵聍腺能分泌耵聍,有保护外耳道的功能。脱离的上皮细胞等与耵聍混合,干燥后形成耳垢。

鼓膜位于外耳道底,为椭圆形、半透明的薄膜,周围固定在耳壳骨上。中央略向鼓室凸出,在传导声波中具有重要的作用。

2. 中耳

中耳位于外耳与内耳之间,是传导声波的主要部分,由鼓室、咽鼓管和乳突小房三部分组成。

鼓室位于颞骨岩部内,是鼓膜与内耳之间的含气小腔,鼓室内有听小骨,从鼓膜到前庭窗依次为锤骨、砧骨和镫骨。三块听小骨以关节相连,组成一个曲折的杠杆系统,称听骨链。当声波振动鼓膜时,听骨链随之运动,镫骨在前庭窗下来回摆动,将声波振动传入内耳。

咽鼓管是沟通鼓室与咽鼻部的扁管,空气通过此管进入鼓室,维持鼓室和外界气压的平衡,保证鼓膜的正常振动。

乳突小房指颞骨乳突内蜂窝状的含气小腔,彼此相通,开口于鼓室后壁。

3. 内耳

内耳包括耳蜗、半规管和前庭。耳蜗内有数千根听觉神经纤维末梢,并充满液体。声波使鼓膜振动并带动听小骨,听小骨振动引起耳蜗内液体的振动,听神经将振动转化为神经信号传送到大脑皮层听觉中枢,形成听觉。半规管和前庭内有位觉感受器,人体运动时,特别是头部位置改变时,位觉感受器将刺激传到大脑,形成位觉。

(二)学前儿童耳的特点及保健要点

1. 耳郭易生冻疮

学前儿童耳郭皮下组织很少,血循环差,易生冻疮,虽天暖可自愈,但到冬季不加保护又会复发。

2. 外耳道易生疖

当眼泪、脏水流入外耳道,或掏耳屎损伤外耳道,可使外耳道皮肤长疖,因疼痛可影响睡眠,张口及咀嚼时疼痛加剧。更为严重的是,外耳道隔着薄薄的骨头上面就是脑。外耳道的炎症很容易穿过骨板引起脑的感染。

3. 易患中耳炎

学前儿童的耳咽管比较短,管腔宽,位置平直,鼻咽部的细菌易经耳咽管进入中耳,引起急性化脓性中耳炎。

预防中耳炎:母亲给孩子喂奶的时候,把孩子抱起来,半坐位。喂完后,不要马上让孩子到摇篮里睡,防止孩子发生漾奶,把奶呛到耳咽管。教会学前儿童擤鼻涕。如果用力擤或擤的方式不当,鼻腔内压力太大,细菌从鼻咽部进入耳咽管,可引起中耳炎。

4. 对噪声敏感

噪声是一种环境污染,可影响学前儿童的健康。调查数据表明:噪音能够引起学前儿童听力下降。儿童生活的环境中,声音应该在 50 分贝以下。如果孩子生活的环境中,声音为 60 分贝,对学前儿童的听力就是一种伤害,影响孩子的睡眠。如果是 80 分贝,会引起学前儿童睡眠不足、烦躁、记忆力衰退。

5. 耳药物中毒

3 岁前的学前儿童听神经娇嫩,容易受到药物的影响。据调查,10 个因药物致聋的孩子中有 8 个是因为用了庆大霉素。

孩子家长和教师要注意:①家族中有因药物致聋的人,带孩子看病时要搞清楚家族病史。②不要有病乱投医。③如果发生耳药物致聋,最初的症状是有耳鸣,嘴唇发麻,要立即看医生,请医生进行调整。

6. 对学前儿童进行听力监测

家长和教师要了解和掌握孩子的听力情况,进行听力监测。

在新生儿时期，一个突发的声音会引起儿童的睁眼、惊吓反应；3个月左右时，可以转头寻找声源；6个月左右时，就能够听别人的言语做出简单的动作；1岁左右时，就会说出简单的词。家长不要相信"贵人语迟"，如果孩子说话晚一定要去检查。特别是孩子发高烧之后，得中耳炎或者腮腺炎后，一定要给孩子测听力。如果听力下降，应该早治疗、早干预。

三、嗅觉器官（鼻）

嗅觉器官即鼻。在鼻腔上部的黏膜里，有嗅觉感觉器，可感受气味的刺激，产生兴奋，通过神经传入脑，形成嗅觉。

学前儿童的嗅觉比成人敏锐，但对各种气味的辨别能力差。教师应科学组织幼儿做一些气味游戏活动，来提高幼儿对各种气味的辨别能力。但要注意方法，每次训练的时间不宜过长，不可让幼儿直接去闻较刺激的气味。

四、味觉器官（舌）

味觉主要是舌的功能。舌面上有味觉感受器（即味蕾），它们接受了一些溶于水的物质的刺激后，产生的兴奋通过神经传入大脑，产生味觉。

婴儿一出世，就能辨别酸、甜、苦、咸等四种基本味道，味觉比较敏感，如吃惯母乳的婴儿不喜欢喝牛奶。所以，不要给婴儿食用味道浓烈、刺激性的食物，以免影响婴儿味觉的形成和发育。

婴儿对各种味道尚未形成固定的爱好。在组织婴儿膳食时，应注意供给多种味道的食物，让幼儿尝试各种味道，不仅能帮助幼儿识别各种食物的味道，而且也能养成不挑食、不偏食的好习惯。

第十节 皮 肤

皮肤是人体最大的感觉器官，直接和外界环境接触。

一、概述

皮肤覆于人体全身表面，主要由表皮和真皮构成。表皮外有一层已死亡的表皮细胞，称为角质层；真皮下有一层皮下脂肪组织。真皮里有丰富的血管、神经、毛囊，皮肤的附属物包括毛发、指甲、皮脂腺和汗腺等。

皮肤的功能有以下几个方面。

1. 保护功能

皮肤表面增厚的角质层耐摩擦，并有一定程度的不透水性。这对保护体内组织和器官免受外界刺激和损害是很重要的。但皮肤也具有一定的吸收作用，正常皮肤可能吸收一些油脂类和挥发性液体。当皮肤受到创伤时，吸收能力更显著增强，因而在接触某些有毒药物时，应防止通过皮肤吸收过多而中毒。

2. 调节体温的功能

在中枢神经系统的调节下,健康人的体温保持一定的水平。体内产生过多的热量时,除一部分由呼吸器官等散出外,大部分是由体表皮肤散发出去。汗液的蒸发是散热的重要方式。皮肤的真皮层内血液供应丰富,在正常生理活动中,小血管舒张和汗液的分泌可散发热量,反之,小血管收缩和减少汗液分泌,又可抑制热量散失。

3. 感觉功能

在表皮的游离神经末梢,真皮乳头内的触觉小体和深部的环层小体分别具有感受痛觉、触觉和压觉等感觉功能。

4. 分泌和排泄功能

汗腺分泌,排出尿素、尿酸和一些盐类成分,并使皮肤表面呈弱酸性,限制细菌繁殖,也增强皮肤抗感染能力。当大量出汗时,要喝淡盐水,以补充体液内盐类成分的损失。

5. 形成维生素D的功能

皮肤受日光照射后,除产生黑色素吸收紫外线起保护作用外,皮肤里尚有脱氢胆固醇,经日光紫外线照射可变成维生素D,促进体内钙、磷的代谢,预防佝偻病或软骨病,故学前儿童应适当地多晒些太阳。

二、学前儿童皮肤的特点

1. 学前儿童皮肤保护机能差,容易感染和受损伤

学前儿童皮肤表皮较薄,很多部位角质层尚未形成,皮肤抵抗病菌感染能力较差,容易发生皮肤感染,如脓疱疮、甲沟炎等。学前儿童皮下脂肪1岁前发育很快,以后逐渐减少,3岁后明显减少,到8岁时又开始增多。因学前儿童皮下脂肪较少,皮肤抗击外力作用较差,磕碰时容易受伤。学前儿童皮脂分泌较少,秋冬季皮肤易发生皲裂。

因此,学前儿童皮肤的保护功能较差,对外界冲击的对抗能力较差,容易受损伤。

2. 学前儿童的皮肤调节体温功能较成人差

学前儿童皮肤中毛细血管丰富,而皮肤的表面积相对地大于成人,散热多,神经系统对血管运动的调节功能较差,因此,学前儿童对外界环境温度的变化往往不能适应,环境温度过低时,易受凉;环境温度过高时,又易受热。

3. 学前儿童的皮肤有较强的吸收和通透能力

学前儿童的皮肤表皮薄脆,富含血管,有较强的吸收和通透能力。让学前儿童接触有毒物品或者在皮肤上涂拭药物时浓度过高、面积过大、使用时间过长等,可使学前儿童中毒或受到损害。

三、学前儿童皮肤的卫生保健

(1)养成良好卫生习惯,保持皮肤清洁。应教育学前儿童养成清洁的习惯。给学前儿童洗头时,要避免皂沫进入儿童眼睛。学前儿童以留短发为宜。给学前儿童修剪指甲时,手指甲应剪成圆弧形;脚趾甲则应剪平,边缘稍修剪即可。

(2) 经常组织学前儿童进行户外活动,坚持冷水洗脸,可提高皮肤调节体温的能力,增强对冷热变化的适应性。

(3) 当季节、气候变化时,应为学前儿童及时增减衣服;平日着装不宜过多,以提高机体的适应能力;衣服应安全舒适,式样简单,便于穿脱;内衣以棉织品为好。

(4) 学前儿童皮肤嫩、皮脂分泌少,不宜用刺激性强的洗涤用品;洗脸洗手后应使用儿童护肤品,不宜用成人用的护肤品或化妆品;学前儿童不要烫发或戴首饰。

第十一节 生殖系统

一、生殖系统的概述

人类的生殖系统分为男性生殖系统和女性生殖系统。

男性生殖系统分为外生殖器和内生殖器两部分。外生殖器有阴囊和阴茎,内生殖期有睾丸、附睾、输精管、精囊腺和前列腺等。其中睾丸具有产生精子和分泌雄性激素的功能。

女性生殖系统也分为外生殖器和内生殖器。外生殖器主要有阴唇、阴蒂等,内生殖器有卵巢、输卵管、子宫和阴道等,其中卵巢具有产生卵细胞和分泌雌性激素的功能。女性的阴道口前邻尿道口、后邻肛门,应特别注意会阴部的卫生。

二、学前儿童生殖系统的特点和卫生

童年期生殖系统发育是比较缓慢的,几乎处于静止状态,青春期之后才迅速发育。

幼儿期是形成性角色、发展性心理的关键期。3岁后,学前儿童常会问"我为什么是女的?他为什么是男的""我是怎么来的"之类的话题,五六岁时可出现恋父、恋母的情感。除此之外,学前儿童性侵害事件屡有发生,性侵害使学前儿童身心受到极大的伤害,教师应注意对学前儿童进行科学的、随机的防性侵教育,使之形成正确的性别认同,并提高自我保护能力。

三、学前儿童生殖系统的保健要求

(一) 保持会阴部的卫生

帮助学前儿童养成每天清洗外阴部的卫生习惯;内裤应选择棉制品,且不易过紧。

(二) 保护外生殖器

日常生活中,要加强安全教育,如避免翻越或跨坐在硬物上,避免外生殖器受到伤害;及时纠正学前儿童玩弄生殖器的不良习惯。

（三）及时诊治生殖器官疾病

学前儿童生殖系统的疾病若不及时治疗，则可能会造成成年时的严重问题。所以一旦发现异常，要及时给予诊断、治疗，减轻学前儿童的痛苦，减少对儿童成长的影响。

（四）科学、适度的性教育

早期性教育关系到儿童身心健康成长，不能认为性教育是无师自通或水到渠成。

对低幼儿童的性教育不宜过早，宜虚而不宜实，应随着年龄的增长、生理发育的成熟逐渐推进。应自然地让孩子认识自己的身体和性别，了解男孩子和女孩子是不一样的，教会幼儿树立保护自己身体不轻易受他人侵犯的意识。

在幼儿逐渐形成性别意识的时候，可以让男女孩分厕或分时如厕；并采用恰当的教养方式，以避免学前儿童出现性别认同混乱。

知识窗

正常情况下，小肠蠕动时，肠内的食糜、水、气体等被推动而发出的一种"咕噜咕噜"的声音，叫"肠鸣音"。用听诊器可以在腹壁听到。这种情况在肠炎腹泻时尤为明显，可以直接听到，即一般所谓的"肚子叫"，称为"肠鸣音亢进"。

由消化末端排出的消化后的食物残渣（即粪便），既非真正的代谢终产物，也不是经血液循环运出，因而不能称为排泄，而是称为排遗。

 故事会

思考练习

(1) 学前儿童骨骼成分有什么特点?对此,组织儿童活动时应注意什么?

(2) 为什么要用鼻呼吸?张口呼吸有什么害处?

(3) 学前儿童声带有什么特点?怎样保护嗓音?

(4) 乳牙的生理功能是什么?为什么要特别注意保护六龄齿?

(5) 学前儿童上呼吸道感染,易引发中耳炎,这是什么原因?

(6) 学前儿童的皮肤有什么特点?怎样保护?

(7) 学前儿童的肾脏有什么特点?如何保护?

(8) 为什么儿童年龄越小,需要的睡眠时间越长?

(9) 如何保护学前儿童的眼睛?

(10) 为什么新鲜空气对学前儿童特别重要?

(11) 颈部淋巴结肿大,常见的原因是什么?

第二章

学前儿童的生长发育及评价

- 掌握学前儿童各年龄阶段生长发育的特征和保健要点；
- 掌握学前儿童生长发育的一般规律；
- 掌握影响学前儿童生长发育的因素；
- 掌握学前儿童生长发育的评价指标及测量方法。

- 生长、发育的概念及年龄阶段的划分；
- 学前儿童生长发育的一般规律；
- 影响学前儿童生长发育的因素；
- 学前儿童生长发育的评价指标及测量。

一般来说，人体的生长是细胞的繁殖、增大和细胞间质的增加，表现在各种组织、器官和整个人体的大小、重量的增加以及人体化学成分的变化，也就是说，人体的生长是指在一定条件下，是体积和重量逐渐增加，是由小到大的过程。发育是指人体的生理功能的分化和不断完善以及体力、智力和心理的发展，也就是说，发育是指从受精卵开始，经历一系列有序的发展变化，直到个体性成熟的过程。生长侧重量的改变，发育侧重质的改变。生长是发育的物质基础，生长的量的变化可在一定程度上反映身体器官、系统的成熟状况。

案例评析

一母亲毕业于幼师学校，孩子一出生她就十分注意孩子的饮食。孩子出生0～3个月时，母亲给孩子除了吃母乳之外，基本上不加其他食物。孩子百天之后，母亲就注意给孩子添加鱼泥、动物血、菜泥等辅食，4个月后，母亲又给孩子加了米糊、乳儿糕、烂粥、宝宝乐等含淀粉的食物，以后逐渐改成烂面、饼干、挂面、软饭等，这期间孩子的饮食仍以母乳为主。六七个月后，母亲又给孩子一些手拿食物，如饼干、烤馒头片、面包干之类。另外，当孩子一岁多的时候，这位母亲给孩子断了母乳，但母亲又每天给孩子喝半斤牛奶。

回答上面这位母亲的做法是否正确,为什么?

分析:这位母亲的做法是完全正确的,她完全遵循了给婴幼儿添加辅食应遵循的顺序。这种做法满足了婴儿的需要。其原因如下:母乳是最理想的营养品,母乳含有婴儿所需要的全部营养,而且搭配合理,尤其是对于0~3个月的婴儿来说,母乳乳汁中所含的营养素可基本满足婴儿的需要,根本不需要加辅食。胎儿离开母体前,已储存一定量的铁在体内,但经过几个月的消耗,到百天的时候,储存的铁已用得差不多了,如果不补铁,婴儿就会患缺铁性贫血,所以要添加含铁丰富的食物以补充婴儿体内铁的不足。生后最初几个月,婴儿唾液分泌量少且缺乏消化淀粉的酶,肠道也缺乏消化淀粉的酶。婴儿从乳类中获得乳糖,乳糖接近葡萄糖,好吸收好利用,对于睡眠多、活动少的婴儿来说,乳糖所供的能量也就基本上够了,但随着婴儿渐渐长大,睡眠少了,活动多了,而且唾液腺也发育完善,具备了初尝五谷的条件,所以应给婴儿加五谷类的辅食,以满足婴儿的需要,但仍要以母乳为主,因为如果从三四个月时就以五谷作为婴儿的主食,因缺乏优质蛋白质,婴儿将体质差,易生病。六七个月时,婴儿开始萌出乳牙,给婴儿一些手拿食物,一来磨磨牙龈,止痒,并促进牙齿萌出;二来锻炼了眼、手、口的协调能力和抓握动作。另外,断母乳后喂适量牛奶,可使小儿生长发育良好。

第一节 生长发育概述

人的生长发育是指从受精卵到成人的成熟过程,生长发育是儿童区别于成人的最重要特点。学前儿童生长发育是一个非常复杂的过程,但遵循共同的规律。

一、学前儿童各年龄阶段特点

根据学前儿童解剖生理特点,一般将学前儿童生长发育过程分为以下几个年龄期。

(一)胎儿期

从受孕到娩出前的200天(约40周),称为胎儿期。该时期的特点是胎儿完全依赖母体生存,组织、器官正在形成,母体的身体状况和生活活动对胎儿健康影响较大。胎内前3个月称胚胎期,胎儿的各系统器官在这个时期末几乎都已基本分化形成;中间3个月胎儿的内脏器官发育更趋完善;后3个月为胎儿的四肢发育更加迅速的时期。

(二)新生儿期

胎儿娩出到刚28天称为新生儿期。新生儿期的主要特点是:从胎内依赖母体生活转到胎外独立生活,面临着内外环境的巨变。刚出世的新生儿,体内器官的生理功能尚不完善,要经过一系列的调整,才能适应新的环境,需要特别护理。

(三)婴儿期

从胎儿出生后的第29天到1岁,称婴儿期。这一时期是儿童出生后生长发育最迅速的时期,身长在一年内增长50%,体重增长2倍。婴儿期的儿童脑发育也很快,1周岁时已基

本会走,能主动接触周围事物,能听懂一些简单的话,能有意识地发几个音。婴儿的营养以母乳为主,并逐渐添加辅助食品。此时期的婴儿由于生长迅速,对营养素和能量的需求相对较大,但因消化功能尚不完善,容易发生腹泻和营养不良。5~6个月以后,来自母体的免疫力逐渐消失,婴儿的抵抗力降低,易患传染病,应按时进行各种免疫接种。

(四)幼儿前期

1~3岁为幼儿前期,亦称托儿所年龄期。此期,儿童的主要特点是身高、体重的增长减慢,中枢神经系统的发育加快。由于生活范围的扩大,接触周围事物增多,促进了动作、语言、思维和交往能力的发展,智能发育较快;对外界危险事物识别能力不足,容易发生意外创伤和事故;同时由于此时的免疫力仍然较低,容易患传染性疾病。此期乳牙已出齐,其膳食也从母乳转换到普通饭菜。

(五)幼儿期

3~6岁为幼儿期,亦称学龄前期。幼儿生长发育减慢,但四肢增长较快,神经系统发育仍然较快,智能发育进一步增强,有很强的求知欲,喜欢发问,好模仿;运动的协调能力不断完善,能从事一些较精细的手工操作,也能学习简单的图画和歌谣,为进入小学学习奠定基础。

(六)学龄期

学龄期从6~7岁入学到12~14岁进入青春期为止。该期,儿童的主要特点是体格发育稳步增长,肌肉发育加强,动作比较精巧;大脑皮质进一步发育,求知欲、理解、分析、综合和学习能力大大增强,应在学校和家庭教育中使他们在德智体几个方面得到全面发展。

此时,儿童开始进入读书阶段,应注意纠正不良的读书、写字姿势和生活习惯,预防龋齿、近视和脊柱弯曲等问题。临近青春发育期,开始出现性征发育现象和生理的改变,情绪容易波动,父母和老师有责任向孩子传授正确的性知识,使孩子身心健康地成长。

二、学前儿童生长发育的规律

人体从孩童到成人经历了复杂的变化过程,从不显露的细小的量变到根本的质变。这种变化不仅表现在身高、体重的增加,还表现为全身各个器官逐渐分化,功能逐渐成熟。学前儿童身体生长发育的主要规律如下。

(一)生长发育是有阶段性和程序性的连续过程

生长发育是一个连续的过程,在这一过程中有量的变化,也有质的变化,因而形成了不同的发展阶段,譬如婴儿期、幼儿前期、幼儿期。虽然学前儿童生长发育的各个阶段没有明显的界线,但各个阶段不可逾越,譬如在会说单词之前必先学会听懂单词,会走路之前必先经过抬头、转头、翻身、直坐、站立等发育步骤。前一阶段的生长发育为后一阶段奠定基础,但若前一阶段的发展出现障碍,那么会对后一阶段产生不良影响。

学前儿童身体的生长发育具有一定的程序性,譬如,胎儿期的形态发育以及婴儿期的动作发育遵循"头尾发展律",即自上而下发展的规律;上肢动作发育遵循"正侧发展律",即粗大动作先发育,精细动作后发育,由正面向侧面、先近端后远端的发展规律;而童年期的身体各部形态发育遵循"向心律",即四肢先于躯干,下肢先于上肢的发展规律。

(二)生长发育的速度是波浪式的,身体各部的生长速度也不均等

儿童身体的生长发育是快慢交替的,因此生长发育速度曲线不是随年龄呈直线上升,而是波浪式上升。在整个生长发育期间,全身和大多数器官、系统有两次生长突增高峰,第一次在胎儿期,第二次在青春发育期初期,而且女性比男性大约早两年出现。以儿童身高、体重为例,无论身长、体重在第一年都是出生后增长最快的一年。2岁以后,增长速度逐渐缓慢下来,并保持相对稳定。直至青春期再出现第二次生长发育高峰。

儿童在出生至整个生长发育过程中,身体各部的增长幅度不均等,譬如,头颅增1倍、躯干增2倍、上肢增3倍、下肢增4倍,因而身体形态从出生时的头颅特大、躯干较长和四肢短小,发育到成人时的头颅较小、躯干较短和四肢较长。从人体整个形态上看,则从新生儿时期的较大头颅、较长的躯干和短小的双腿,逐步发展为成人时较小的头颅、较短的躯干和较长的双腿。

(三)各系统生长发育不均衡,但统一协调

一般来说,人体全身的肌肉、骨骼、心脏、血管、肾、脾、呼吸器官、消化器官等,其生长与身高、体重呈同样的模式,即分别在出生后第一年及青春期出现两次生长突增,而脑、脊髓、视觉器官以及反映脑大小的头围等,只有一次生长突增,淋巴系统较早发育并于少年期达到成熟的巅峰,而生殖系统发育较迟。可见,机体各个系统的生长发育是不均衡的。然而,各个系统的发育又是协调的,譬如淋巴系统达到发育的高峰免疫功能有所下降后,免疫系统的发育渐趋成熟。另外,任何一种环境因素都可以对多个系统同时产生影响,譬如,科学的营养不仅有利于运动系统的发育生长,而且有利于神经系统及其他各个系统的发育。

(四)生长发育具有个体差异性

由遗传基因及环境条件的差异,即使是同年龄、同性别的学前儿童其发育速度、发育水平等也都存在差异,可以说,没有两个学前儿童的发育过程和发育水平是一样的。但是,一般情况下,学前儿童个体在群体中上下波动的幅度是有限的,学前儿童个体的发展过程基本稳定,生长发育水平不应远离同龄群体学前儿童,否则应视为生长发育异常。

(五)学前儿童生理和心理发展互相联系、互相影响

学前儿童的生理、心理发展是统一的,相互关联、互相影响的。生理发育是心理发育的基础,心理发育发过来又影响生理功能。如体格上有缺陷或残疾的儿童可以引起心理不正常,常会表现出自信心差、自卑、悲观、退缩、人际交往或行为障碍,同时,心理状态也影响生理功能,情绪好时,食欲特别旺盛,消化吸收率高,促进生长发育;相反,情绪差的

时候会影响食欲,从而造成营养不良或生长发育迟缓。此外,不良心理状态还会诱发支气管哮喘、消化道疾病等身心疾病。

研究表明,还有一些社会心理因素影响着儿童的身体发育,如一些家庭破裂的儿童常遭受虐待和歧视,造成心理创伤,明显会影响身体发育,表现为身体矮小、骨龄落后,被称为"社会心理性侏儒症"。这类儿童,一旦消除社会心理不良因素的刺激,就能恢复其生长发育,达到正常水平。

第二节 影响学前儿童生长发育的因素

学前儿童的生长发育过程受到多种因素的影响,概括起来包括遗传因素和环境因素。遗传因素为学前儿童的生长发育提供了可能,决定了儿童生长发育的潜力;环境因素则在不同程度上影响着遗传因素所赋予的生长潜力的发挥,决定了生长发育的现实性。

一、遗传因素

遗传因素是影响生长发育的重要因素。儿童生长发育的特征、潜力、趋向、限度等都受父母双方遗传因素的影响。父母的种族、家族的遗传信息对儿童的生长发育也影响深远,如皮肤、头发颜色、面型特征、身材高矮、性成熟的早晚及对传染病的易感性等;遗传性疾病无论是染色体畸变还是代谢缺陷对生长发育均有显著影响。同卵双生子为研究遗传因素对机体生长发育的影响提供了最好的天然素材。研究表明,同卵双生子不仅在外貌、指纹、血型、呼吸、心率、脑电波图形等方面都非常相似,而且同卵双生子身高的差别也很小,头围也很接近,这说明机体的生理功能、骨骼系统的发育受遗传因素影响较大;相反,体重却易受环境因素的影响。

二、环境因素

(一)营养

营养是保证学前儿童生长发育的物质基础。营养丰富且平衡的膳食可使生长得到最好的发挥,营养不足时不仅会影响体格发育,引起身体的免疫、内分泌和神经调节功能低下,还会影响智力发育,严重者可引发急性、慢性营养不良和各种营养缺乏症;相反,营养过剩或不平衡时会导致肥胖症,同样会影响儿童的身心健康。

许多研究表明,早期营养对智力发育有着决定性影响。妊娠后3个月至出生后6个月内如果持续出现营养不良,对人脑组织的正常发育可产生"不可逆性"损害,导致细胞分裂期缩短,数量减少,脑重量减轻;即使日后营养状况改善,出现体格上的赶上生长,智力缺陷也很难弥补。随着年龄增长,这种早期营养不良对学龄儿童智力活动的不良影响越来越显现。

(二)体育锻炼

体育锻炼是促进学前儿童的身体发育和增强体质的有效手段。体育锻炼可全面加强各器官、系统的功能。合理利用各种自然因素(如空气、日光、水等)进行锻炼,对增强体质、减少疾病、促进生长也有很大作用。这些温和、反复的刺激可加速机体代谢,增强机体对外环境改变的应激和适应能力,提高机体免疫功能。

(三)疾病

儿童在整个生长过程中会受各种疾病的直接影响。影响程度主要取决于疾病的性质、严重程度,所累及的组织、器官和系统范围,病程的长短,以及是否留下后遗症等。如发热时可造成机体功能失调、持续高热性惊厥,其发作次数和持续时间都和其后发生的智力发育迟缓程度呈正相关;消化道疾病,可干扰胃肠道的正常消化、吸收功能,引起机体营养缺乏,影响各系统功能发育的正常进程。长期消化功能紊乱、反复呼吸道感染、内分泌系统疾病以及大脑发育不全等,对小儿生长发育都有着直接的影响。寄生虫如蛔虫、钩虫、血吸虫等感染,均可导致儿童营养不良或贫血,影响生长发育。心理疾病、各种地方病(如碘缺乏等)、慢性疾病(如肝炎、肾炎等)对儿童生长发育的影响也不容忽视。因此,要积极地预防和治疗各种疾病,保证儿童的正常发育。

(四)生活制度

合理的生活制度可以促进学前儿童的生长发育。人体各组织、器官、系统的活动都有一定的节奏和规律。在合理生活制度下,包括大脑在内的身体各部分活动和休息都能得到适宜交替,加上及时补充营养,保证能量代谢正常进行,有利于促进儿童的充分发育。要根据学前儿童的年龄特点,科学、合理地安排儿童的生活制度,使其有足够的户外活动,适当的学习、丰富的营养和充足的睡眠,以促进其生长发育。

此外,环境污染、气候、季节、药物、家庭、社会等因素对儿童的生长发育也有一定的影响。各种环境污染会阻碍儿童的身心发育。如儿童铅中毒已引起社会的广泛关注。铅主要是损害神经、心血管和消化系统。儿童年龄越小,对铅的毒性越敏感;又如噪音,不仅影响听觉功能,而且能使神经中枢的调节功能紊乱。季节对儿童的生长发育也有一定的影响。一般而言,春季时学前儿童的身高增长较快,秋季时体重增长较快。

第三节　学前儿童生长发育的测量及评价

学前儿童处于不断生长发育的变化之中,运用一定的评价指标和评价方法进行测量,有利于掌握学前儿童生长发育的状况,并有的放矢地提出改进措施,促进学前儿童健康成长。

一、学前儿童生长发育常用的评价指标

评价学前儿童生长发育的常用指标包括形态指标、生理功能指标、生化指标、心理指标。

(一) 形态指标

评价学前儿童常用的形态指标有身高、体重、头围、胸围和坐高。其中，身高和体重是最基本的指标，不但测量简单，而且能较为准确地评定生长发育状况。

1. 身高（身长）

身高是指人在立位时颅顶距离地面的垂直高度，未满2周岁的婴幼儿用卧位测量身高，称"身长"。

小儿出生时身长平均为50cm，身长在出生后第一年增长最快，1～6个月的小儿，平均每月增长2.5cm，7～12个月平均每个月增长1.5cm，平均年增长25cm。第二年平均年增长10cm，第三年平均年增长4～7.5cm。2～7岁儿童身高可按粗略公式计算：

身高(cm)＝年龄×5＋75

2. 体重

体重是身体各部分、各种组织的重量总和，在一定程度上说明骨骼、肌肉、身体脂肪和内脏重量增长的综合情况，是反映小儿生长发育的最重要也是最灵敏的指标，它和身高的比例，可以辅助说明儿童的营养状况。

新生儿出生时的正常体重为2.5～4kg，体重在出生头3个月增长最快，一般为月增长600～1000g，最好不低于600g，3～6个月一般月增长600～800g。6～12个月平均每个月增长300g，一岁后小儿生长速度明显减慢，1～3岁小儿平均每个月体重增长150g。可用公式粗略估算儿童的体重。

0～6个月体重(g)＝出生体重＋月龄×600

7～12个月体重(g)＝出生体重＋月龄×500

2～7岁体重(kg)＝年龄×2＋8

3. 头围

头围是指绕头一周的最大长度。通常情况下是指从"前额的鼻根"到"后脑的枕骨隆突"的距离。头围是反映孩子脑发育的一个重要指标。头围在出生后第一年增长最快，出生时头围平均为34cm，1岁时平均为46cm，第二年增长2cm，第三年增长1～2cm。3岁时头围平均为48cm，已与成年人相差不多。

4. 胸围

表示胸廓的围长，是指经过胸中点的胸部水平围度。它间接反映胸廓的容积及胸部骨骼、肌肉和脂肪层的发育情况，在一定程度上说明身体形态和呼吸器官的发育，能反映体育锻炼的效果。孩子在出生时，胸围平均为32cm左右，胸围比头围小1～2cm，随着月龄的增长，胸围逐渐赶上头围，一般孩子在1岁时，胸围与头围相等。但由于营养状况普遍较好，不少婴儿在未满1岁时，胸围就赶上了头围。孩子1岁后，胸围增长明显快于头围，胸围逐渐超过头围。

5. 坐高

坐高是指头顶到坐骨结节的长度。它主要反映人体躯干生长发育状况以及躯干和下肢的比例关系,是人体形态结构与发育水平的指标之一。随着儿童年龄的增长,下肢的增长速度不断加快,故坐高占身高的比例随着儿童年龄的增大而有所降低。

(二) 生理功能指标

儿童的生理功能指标是指身体各器官、各系统在生理功能上可测量出的各种量度。儿童的生理功能发育与形态发育有所不同。虽然形态发育迅速,呈波浪式表现,但较稳定;生理功能发育变化则更迅速,变化范围更广,对外环境的影响更敏感,受体育和劳动锻炼的影响程度更大。

常用生理功能指标有:反映肌肉力量的握力、拉力、臂肌力等;反映呼吸功能的呼吸频率、呼吸差、肺活量、肺通气量等;反映心血管功能的脉搏、心率、血压等,通过这些指标有助于对儿童生长发育作全面的评价。

(三) 生化指标

生化指标主要反映身体内部生物化学组成成分含量的有关指标,如血液中红细胞、血红蛋白、白细胞、血脂等的含量。

(四) 心理指标

心理发展包括感知觉、言语、记忆、思维、想象、动机、兴趣、情感、性格、行为及社会适应力等,所以心理指标通常是多项的,通过一些专门设计的测试量表或问卷调查或观察来获得,如智力测验、记忆测验等。量表、问卷应得到国内外公认,采用本国的标准,由专业人员操作,尽可能消除内外环境影响,以保证结果的可靠性和有效性。

二、几种形态指标的常用测量方法

身长、体重等是人体生长发育的重要指标,所以测量时要力求准确。首先要注意测量用的测量器具,方法必须统一;由于身长和体重在一天中有一定的变化,所以每次测量最好在一天的同一时间进行,以早晨空腹排便后进行为好。

1. 身高(身长)测量

3岁以下儿童一般用标准的量床或携带式量板来测量身长(图2-1)。量时脱去鞋袜,女童应松开发辫,仰卧于量床底板中线上,用手轻轻固定小儿头部,使其面向上,接触量板的头、两耳在同一水平线上,两侧耳珠上缘和眼眶下缘的连接线与底板构成垂直的平面。测量者位于儿童右侧,左手握住两膝,使两下肢互相接触并紧贴底板,右手移动足板,使其接触两侧足底。若用双侧有刻度的量床应注意两侧读数一致,若无量板,应注意足板底边量尺紧密接触,使足板后面与底板垂直。读刻度,精确到0.1cm。

3岁以上儿童采取立位量身高(图2-2)。脱去厚衣服、帽子和鞋袜,直立于木板台上,取立正姿

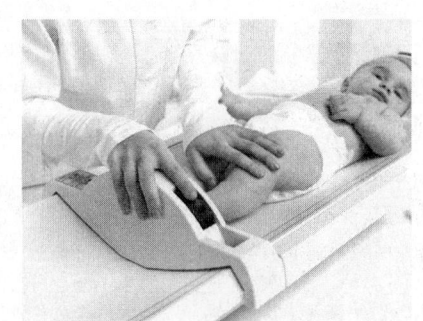

图2-1　身长测量(3岁以下)

势,两眼直视前方,胸部稍挺起,腹部微后收,两臂自然下垂,脚跟靠拢,脚尖分开约60°,脚跟、臂部和两肩胛角同时靠着立柱,头部保持正直,测量者手扶滑板使之轻轻向下滑动,直到板底与颅顶点恰好相接触。读刻度,精确到0.1cm。

2. 体重测量

新生儿用婴儿磅秤,准确读数至10g(图2-3)。1个月至7岁儿童用杠式体重计,准确读数至50g。

图2-2 身高测量(3岁以上)

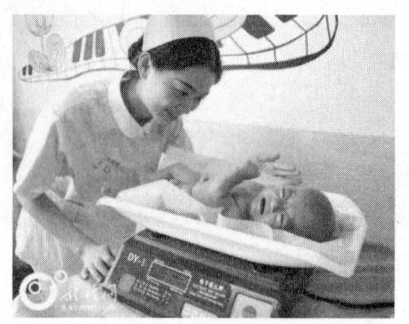

图2-3 体重测量

测量体重时,儿童应排空大小便,脱去鞋、袜、帽子和外衣,仅穿背心(或短袖衬衫)、短裤。婴儿平卧于秤盘中,1~3岁儿童蹲于秤台中央,年长儿童可赤足轻轻地站在画好脚印的踏板适中位置,两手自然下垂,不可摇动或接触其他物体,以免影响准确性。一般以kg为单位,记录至小数点后两位。

3. 头围测量

被测者取立位、坐位或仰卧位,测量者立于被测量者前方或右方,用左手拇指将软尺零点固定于头部额部眉间中点,软尺从头部右侧经过枕眉粗隆最高处绕至左侧,然后回到零点,读数精确至0.1cm。量时软尺应紧贴皮肤,左右对称。长发者应先将头发在软尺经过处向上下分开,以免影响测量精度(图2-4)。

4. 胸围测量

3岁以下儿童取卧位或立位,3岁以上取立位。被测者处于平静状态,两手自然平放或下垂,两眼平视,测量者立于其前方或右方。用左手拇指将软尺零点固定于乳头中心点,右手拉软尺使其绕经右侧后背以两肩胛下角下缘为准,经左侧而回至零点,使软尺轻轻接触皮肤(1岁以下皮下脂肪松厚的儿童稍紧),取呼气和吸气时的平均值,读数精确至0.1cm(图2-5)。

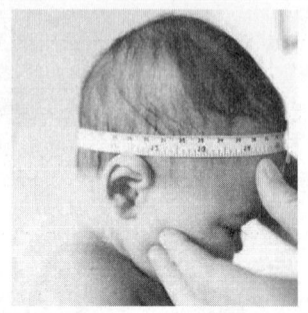

图2-4 头围测量

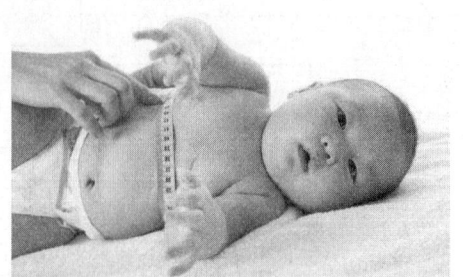

图2-5 胸围测量

三、生长发育的评价标准

生长发育标准是评价个体和集体儿童生长发育状况的统一尺度。该标准的获得往往是在某一段时间内,在一定的地区范围,选择有代表性的儿童,对某几项发育指标进行大量的测量,并将测量数据进行统计学处理,分性别、年龄计算出儿童各项指标的平均水平,即为该地区个体和集体儿童的发育评价标准。

目前我国使用的学前儿童生长发育评价标准多为三种来源。一是世界卫生组织推荐的学前儿童生长发育标准,二是中国 9 城区学前儿童生长发育标准,三是各省(区)市的学前儿童生长发育标准。

由于学前儿童生长发育标准只适用于一定地区或一定人群,故生长发育标准是相对的,而不是绝对的、永恒的。又由于学前儿童生长发育出现了生长速度逐年加快、发育和成熟提前的"长期加速趋势",所以生长发育标准又是暂时的,一般来说每 5～10 年要修订一次。

四、生长发育的评价方法

学前儿童生长发育的评价包括发育水平、发育速度以及发育匀称程度三个方面,因此建立的评价方法也是多种多样的,如离差评价法、百分位数法、指数法、发育年龄评价法,三项指标综合评价法、相关回归评价法等。下面介绍几种常用评价方法。

(一)离差评价法

离差评价法是将个体儿童的发育数值与作为标准的均值及标准差进行比较,从而评价个体儿童发育状况的方法。离差评价法是评价儿童发育比较常用的方法,一般有等级评价法、曲线评价法、体型图法。

1. 等级评价法

等级评价法适用于正态分布状况。它是用标准差与均值的位置远近划分等级,即以均值($\bar{X}$)为基准值,以标准差(S)为离散距,确定生长发育评价标准。它根据某一指标数值与均值差异的大小和高低,判定该儿童发育是良好或低下。评价时将个体该发育指标的实测值与同年龄、同性别相应指标的发育标准进行比较,以确定发育等级。我国常用五等级评价标准(表 2-1)。

表 2-1　五等级评价标准

等　级	标　准	等　级	标　准
上等	$\bar{X}+2S$ 以上	中下等	$\bar{X}-S \to \bar{X}-2S$
中上等	$\bar{X}+S \to \bar{X}+2S$	下等	$\bar{X}-2S$ 以下
中等	$\bar{X} \pm S$		

等级评价法常用来评价儿童身高和体重的发育。个体儿童的身高、体重数值在与均值距离±2 个标准差范围以内,均被认为正常,这个范围包括了大约 95% 的儿童。在此

范围以外的儿童也不能简单判断为异常,必须在连续观察、深入了解的基础上,结合疾病、营养、家族遗传等具体情况再得出结论。

该方法的优点是简单、易操作,能直观反映个体儿童生长发育的好坏及发育的等级范围;而且,集体中不同等级范围人群百分比的分布,也可反映集体儿童的生长发育状况。等级评价法的缺点是只能进行单项发育指标的评价,不能进行有关身高体重发育均匀度的评价。

例:5 岁女孩,体检身高是 110cm,体重是 18.5kg,请判定该女孩生长发育的情况。

评价方法①:按发育年龄评价。在附录中查找 5 岁女孩的年龄别身高、年龄别体重的生长发育标准(参考值);该标准对应的身高参数值:中位数 108.4cm,+1S 为 112.8cm,故该女孩身高属于中等;该标准对应的体重参考值:中位数 17.7kg,+1S 为 20.4kg,故该女孩体重属于中等。其身高体重均在均值±2S 范围内,故该女孩身高、体重发育正常。

评价方法②:按身高发育评价体重。在附录中查找身高 110cm 的女孩的身高别体重的生长发育标准(参考值);该标准对应的体重参考值:中位数 18.2kg,+1S 为 20.2kg,故该女孩体重属于中等。

2. 曲线图法

曲线图法的原理和等级评价法完全一致,采用均值和标准差划分等级范围。它将当地不同性别各年龄组的某项指标(身高、体重等)的均值-2S、均值-1S、均值、均值+1S、均值+2S 分别标在坐标图上,并连成 5 条曲线,作为个体儿童发育的评价标准(图 2-6、图 2-7)。将个体儿童实测值与图中的五条曲线进行比较,即可得知儿童的生长发育情况,凡在均值±2S 曲线范围内,均属于发育正常。

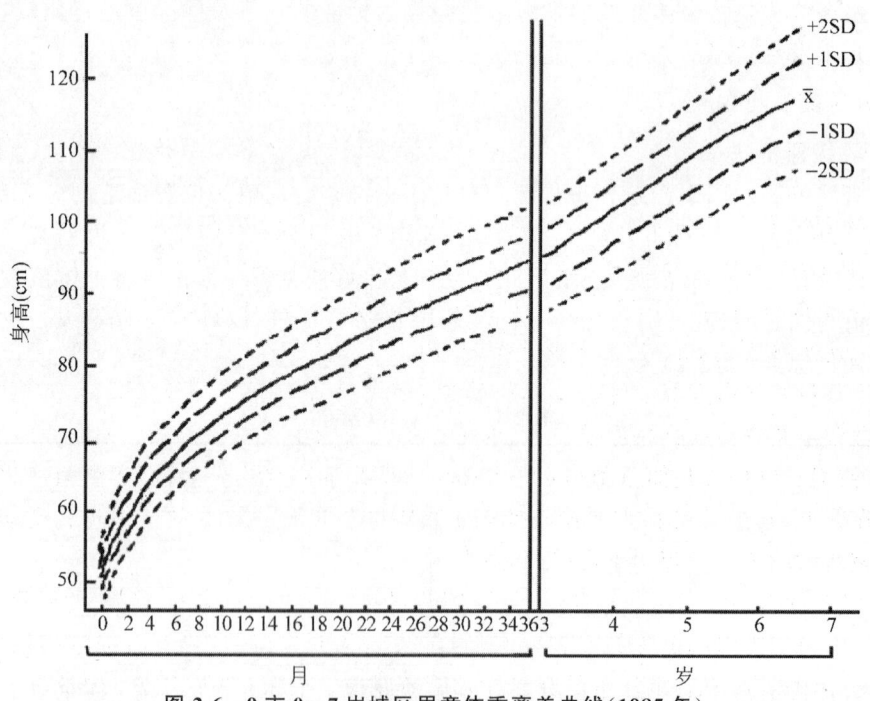

图 2-6 9 市 0~7 岁城区男童体重离差曲线(1985 年)

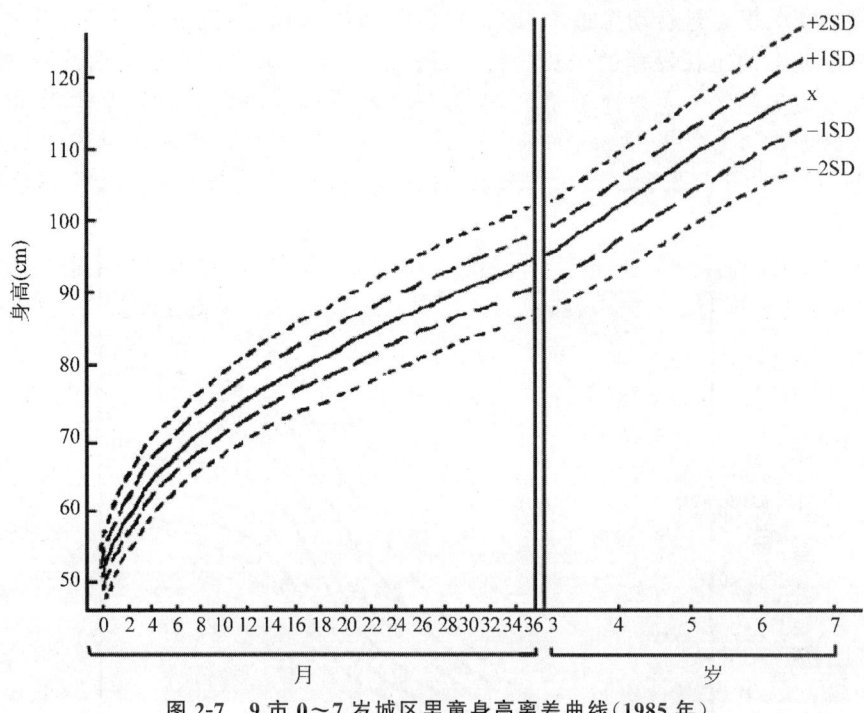

图2-7 9市0～7岁城区男童身高离差曲线(1985年)

曲线图法的优点是简单、易操作,并能进行动态追踪,还能对多个儿童的发育水平进行横向比较。但曲线图法不能同时利用几项指标来评价儿童发育的匀称程度。

(二)百分位数法

百分位数法适用于正态和非正态分布情况,它是以某项发育指标的第50百分位数为基准值,以其余百分位数为离散距,制成生长发育标准,对个体或集体儿童的发育水平进行评价的一种方法。其等级划分范围与等级评价法类似,但它的基准值和离散距的指标不同。一般而言,我们利用百分位数评价儿童的生长发育水平时,以 P_{50} 为基准值,以 P_3、P_{10}、P_{25}、P_{75}、P_{97} 为离散距,将发育指标划分为5个等级(图2-8)。P_3 以下评定为下等,P_3—P_{25} 评价为中下等,P_{25}—P_{75} 为中等,P_{75}—P_{97} 评价为中上等,P_{97} 以上评价为上等。凡实测值在 P_3—P_{97} 数值范围内,均属于正常。

评价时只要将所选择的评价指标在其参考值表中找到相应的位置即可;亦可在相应的生长发育监测图中找到相应的位置,即可评价儿童的生长发育情况。如图2-8,横坐标表示年龄(岁),纵坐标是体重值(kg)。评价时,将儿童体重的千克数(实测值)对应儿童年龄标在图上,其交叉点所在位置与代表 P_3、P_{10}、P_{25}、P_{75}、P_{97} 的曲线进行比较,就可以知道该儿童的体重发育水平和等级范围。

P_3 以下就需要我们引起足够的重视,即有可能为中重度低体重、消瘦、生长迟缓等。

P_{97} 以上也需引起足够的重视,即有可能发展为超重或肥胖;有时提醒应注意是相应的疾病;有时提醒家长要注意给儿童添加营养物质。

百分位数曲线图具有简便、易于掌握的优点外,还可以弥补等级评价法的不足,可对个体儿童的生长发育进行动态追踪,即将每次的测量指标在图上连接起来,其曲线的走向就反映了儿童的生长发育过程及变化。目前欧美许多国家已将这类曲线图作为生长发育现状与发展趋势的主要评价手段,但百分位数评价法对样本的要求较高,一般每个年龄组人数要超过150人。

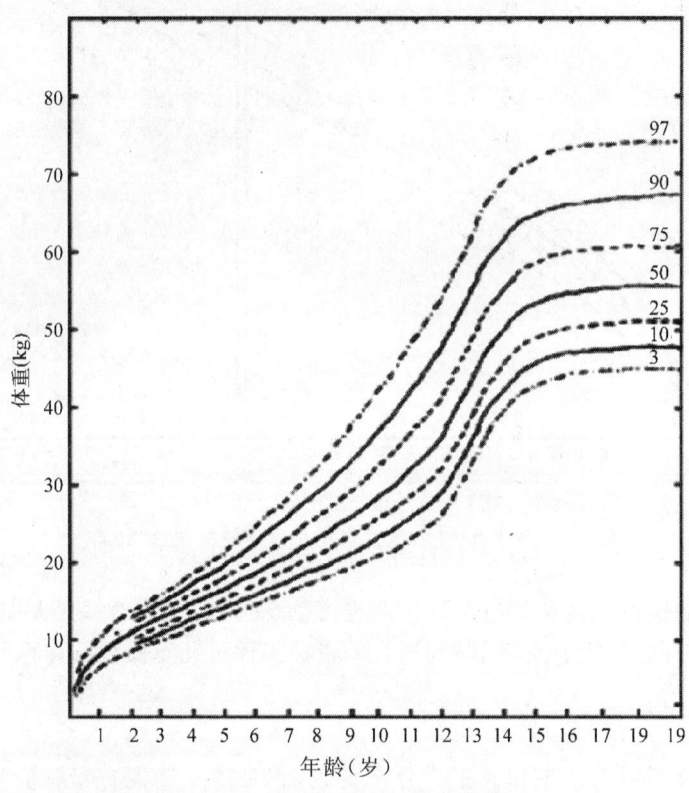

图2-8 女童体重百分位数曲线

(三)指数法

指数法是利用数学公式,根据身体各部分的比例关系,将两项或几项指标相关联,转化成指数进行评价。本方法计算方便,便于普及,所得结果直观,故应用广泛。常用的指标如下。

(1)体重指标 $BMI=[体重(kg)/身高(cm)^2]\times 10^4$,多用于婴幼儿的营养评价,反映体型和胖瘦程度。

(2)身高体重指标=体重(g)/身高(cm),又称为"克托莱指数",反映了体重与身高之间的比例关系,指数大时说明体重相对较大。

(3)Rohrer指数=$[体重(kg)/身高(cm)^3]\times 10^4$,表示单位体积充实程度,评价学龄期儿童和青少年体格发育状况。

(4)身高胸围指数=$[胸围(cm)/身高(cm)]\times 100$,反映儿童胸廓发育状况,借以反映体型。

(5)身高坐高指数=$[坐高(cm)/身高(cm)]\times 100$,通过坐高和身高的比值,反映人体躯干和下肢的比例关系,反映体型特点。可根据该指数大小,将个体的体型分为长躯型、中躯型和短躯型。

(四)三项指标综合评价法

前面三种方法只能判断某个体单项指标在生长发育中所占的位置,而不能综合评价一个儿童的生长发育情况,有时还会将体型匀称的矮身材儿童误认为是营养不良,或将匀称体型的高身材儿童误认为是肥胖。三项指标综合评价法是世界卫生组织(WHO)近年来推荐的儿童营养状况的判断方法,也就是以按年龄的体重、按年龄的身高以及按身高的体重三项指标全面评价儿童的生长发育状况。三项指标综合评价的意义,见表2-2。

表 2-2　三项指标综合评价的意义

身高别体重	年龄别身高	年龄别体重	评　　价
高	高	高	高个子,近期营养过度
高	中	高	近期营养过度
高	中	中	目前营养好
高	低	高	肥胖(++)
高	低	中	既往营养不良,现在营养良好
中	高	高	高个子,体型匀称,营养正常
中	高	中	高个子,营养正常
中	中	高	营养正常
中	中	中	营养正常
中	中	低	营养尚可
中	低	中	既往营养不良,现在正常
中	低	低	既往营养不良,现在营养尚可
低	高	中	瘦高体型,目前轻度营养不良
低	高	低	目前营养不良++
低	中	中	近期营养不良
低	中	低	目前营养不良+
低	低	低	既往,近期营养不良

知识窗

哮喘

正常机体是通过神经和体液中的物质来调节呼吸道管径的。平滑肌受迷走神经和交感神经双重支配,迷走神经兴奋时,平滑肌收缩;交感神经兴奋时,平滑肌舒张。此外,肾上腺素具有使支气管平滑肌舒张的能力。乙酰胆碱、组织胺能使支气管收缩。哮喘患者可能有免疫反应引起机体大量释放出组织胺等物质,这些物质又能反射性引起迷走神经释放乙酰胆碱。以上所释放出的各种物质均能直接引起支气管平滑肌收缩,同时还能增加毛细血管的通透性,进而引起支气管或细支气管黏膜和黏膜下充血和水肿。因为支气管平滑肌痉挛,以及黏膜和黏膜下水肿均能使支气管狭窄,呼吸道阻力大大增加,引起哮喘患者呼吸困难。

故事会

实训练习

(1) 联系测身高、体重、头围、胸围。
(2) 某女孩,5岁,其身高103cm,体重28kg,请评价该女孩生长发育的情况。

思考练习

(1) 学前儿童各年龄阶段的保健要点有哪些?
(2) 学前儿童生长发育的一般规律有哪些?
(3) 评价学前儿童生长发育的水平,有哪些常用的方法?

第三章

学前儿童身体的疾病及其预防

- 掌握常见疾病的预防方法；
- 掌握传染病的特点及其发生和流行的基本环节；
- 掌握学前儿童常见传染病的预防方法。

- 常见疾病的预防；
- 传染病的特点及其发生和流行的基本环节；
- 学前儿童常见传染病的预防。

学前儿童正处于生长发育期，由于各器官、系统发育不成熟，故机体功能处于较低水平。学前儿童对环境的适应能力及对疾病的抵抗能力较差，很多致病因素均可导致患病。幼儿园是学前儿童集中生活的地方，一旦发生传染病，极易造成流行，因此，积极预防、控制和减少各种致病因素，及早发现和控制疾病的发展，是幼儿园卫生保健工作的重要内容。

案例评析

一家庭有四口人，爸爸是大学教师，妈妈是幼儿园教师，另外还有一男孩和女孩。父母从小就对这两个小孩进行有计划的预防接种，并妥善保管好预防接种证。但有年冬天，小男孩还是得了呼吸道传染病，症状刚出现，作为幼儿园教师的妈妈已有所觉察，经检查证实，于是母亲就把小男孩隔离开来，并且找医生抓紧治疗，母亲还对小男孩的各种排泄物随时消毒。这样，男孩没多久就恢复了正常，家中的其他人也没有传染上呼吸道疾病。分析上面案例，谈谈母亲这样做的原因及意义。

分析：这位母亲针对传染病流行的三个主要环节，采取综合措施，很好地预防了传染病的传播。母亲首先做到了早发现传染病，早隔离和早治疗病人。因为病人是主要的传染源，病人得到及时隔离，可减少传染病传播的机会，病人也可早日康复。其次，这位母亲在发现儿子得传染病后，隔离儿子，并对儿子的各种排泄物进行消毒，让医生抓紧时间为儿子治疗,这也就切断了传染病传播的途径。这对家长经常按计划为儿女预防接种,为儿女较少感染传染病也打下了基础。

第一节　学前儿童的常见病及预防

一、呼吸系统疾病

（一）上呼吸道感染

上呼吸道感染俗称"伤风",是小儿最常见的疾病。

1. 症状

小儿因普通感冒起病急,早期症状有咽部干痒或灼热感、喷嚏、鼻塞,开始为清水样鼻涕,2～3天后变稠;通常无发热或全身症状,或仅有低热、头痛。5～7天痊愈。

3岁以下小儿可因高热(体温39℃以上)出现惊厥,多发生在病初突发高热时。若高热持续不退、咳嗽有增无减、出现憋喘等症状,应考虑并发肺炎须及时诊治。

2. 护理和预防

护理:采取一些对症治疗可以缩短病程。如高烧可采用药物或物理降温。若服退热药,药量及服药次数、间隔应遵医嘱,不可因急于退热而加大药量或缩短服药间隔,避免因用药过量使病儿体温骤降,大汗淋漓,甚至发生休克;也可采用物理降温法,用凉水浸湿毛巾,敷在病儿前额、颈部两侧,几分钟换一次毛巾。发热时,脉搏增快,心脏负担加重,应卧床休息。因出汗增多、呼吸加快,使机体失水量增加,应多喝开水。此时,胃肠功能减弱,而机体却消耗较多的营养物质,饮食要富于营养、清淡且易消化。鼻塞症状重者可用滴鼻净滴鼻,每天2～3次,每次每鼻孔1～2滴;止咳祛痰的药物最好用中草药制剂,而少用中枢性镇咳药,常用的中草药制剂有小儿止咳糖浆、复方甘草合剂等;除合并有细菌感染外,一般不需要用抗生素。

预防:房间内要保持空气流通,保持适当温度、湿度,温暖季节可开窗睡眠,冬季要有合理的通风制度。季节变换之时,应注意小儿的冷热,随时增减衣服。有汗及时擦干。体弱儿、佝偻病患儿易患上感冒,应加强锻炼和护理。要注意小儿腹部保暖,并避免足部受凉。饮食要清淡,多吃一些容易消化且富有营养的食物。冬春季要少去人多的公共场所,要勤洗手。

（二）扁桃体炎

扁桃体是免疫器官,可产生淋巴细胞和抗体,具有抵抗细菌和病毒的功能,增强整个机体的免疫功能。口咽部是食物和空气的必经之路,较易隐藏病菌和异物,扁桃体协同咽部丰富的淋巴组织执行着这一特殊区域的防御保护任务。因此,对一个健康人来说,扁桃体就像个看门人,起着守护的作用。当机体因寒冷、潮湿、过度劳累、烟酒过度等原因造成抵抗力下降,细菌繁殖加强,扁桃体防御机能减弱,腺体分泌机能降低时,扁桃体就会遭受细菌感染而发炎,临床上分为急性和慢性两种。

1. 症状

（1）急性扁桃体炎。起病急、寒战、高热,可达 39～40℃,一般持续 3～5 天,尤其是幼儿会因高热而抽搐、呕吐或贪睡、食欲不振等。咽痛是最明显的症状,吞咽或咳嗽时加重,剧烈者可放射至耳部,此乃神经反射所致,幼儿常因不能吞咽而哭闹不安。儿童若因扁桃体肿大影响呼吸时可妨碍其睡眠,夜间常惊醒不安。

（2）慢性扁桃体炎。急性扁桃体炎反复发作,可致慢性扁桃体炎。表现为反复发作的咽痛;经常咽部不适,有异物感,发干、痒,刺激性咳嗽;口臭;由于经常咽下分泌物中的细菌毒素,对胃肠敏感者可引起消化障碍,由于毒素吸收,可引起头痛、四肢无力和低热。儿童过度肥大的扁桃体可影响呼吸、吞咽,引起语言障碍。有时还可能引起鼻塞、中耳炎等症状。

2. 护理和预防

儿童患急性扁桃体炎,应卧床休息,多喝开水。须彻底消除扁桃体炎症后,方可停药。已患慢性扁桃体炎,符合手术适应证者,可用扁桃体低温等离子切除术切除扁桃体。扁桃体低温等离子切除术是一种微创手术,手术在全麻下进行,患者术中无痛苦,术后伤口恢复快。如果扁桃体肥大,又无反复发炎的病史,可以行低温等离子射频消融术,即保留部分扁桃体组织,这样既缩小了扁桃体的体积,又保留了扁桃体的免疫功能,真正做到了两全其美。"扁桃体是有免疫功能的,不能切除的!"这句话前半句是正确的,但后半句是错误的。正常情况下,扁桃体的淋巴细胞和抗体能将病菌消灭或控制住,维持机体的健康。但当身体抵抗力下降,或者病菌多次侵袭,特别是病菌数量大、毒力强时,扁桃体会发生炎症,轻者低热、咳嗽、咽喉疼痛;重者高热、呼吸急促,甚至发生惊厥。若治疗不及时,人体抵抗力不足以战胜病菌时,炎症就会向周围组织扩散,并可经血液播散至其他器官,使之发生炎症,还会引起全身性的病理反应。另外要积极参加体育锻炼,增强体质,减少上呼吸道感染的概率。还可适当服用维生素 C 等药物。

（三）肺炎

肺炎是一种常见多发的感染性疾病,是指终末气道、肺泡和肺间质的炎症。可由病毒或细菌引起。临床表现主要有发烧、咳嗽、多痰、胸痛等,重症者喘气急促、呼吸困难,可危及生命。世界卫生组织在最近一份报告中指出,在全球引起发病和造成死亡的疾病中,下呼吸道感染(主要是肺炎)被列为第三位高危害疾病。我国在 9 个城市通过对 60 岁以上的老年人进行重点调查后,发现在所患常见病中有 26％为肺炎。北京某医院的死因分析表明,肺炎为 80 岁以上老年人的第一位死因。患有佝偻病的小儿或感染麻疹、百日咳以后,易并发肺炎。

1. 症状

发热、呼吸急促、持久干咳,可能有单边胸痛,深呼吸和咳嗽时胸痛,有少量痰或大量痰,可能含有血丝。新生儿患肺炎,可能体温正常,也不咳嗽,仅表现为吃奶发呛,从嘴里往外吐泡沫,口周围发青等症状。幼儿患上肺炎,症状常不明显,可能有轻微咳嗽或完全没有咳嗽,但应注意及时治疗。

2. 护理和预防

患儿应卧床休息,大量饮水。必须看医生,可能要住院,也可能要在诊所打针吃药,一定要依时服药,并且要完成抗生素疗程。医生会检查患者,确定诊断。必要时接受胸部 X 射线造影检查,用以确诊。完成疗程后,再次接受 X 射线检查胸部,看看是否已痊愈。如果痰积聚太多,物理治疗也有帮助。室内空气要新鲜,温湿度适宜。吃有营养好消化的流食、半流食。勤喂水,可给果汁、菜水等,同时补充维生素 C。常变换卧床姿势,以减少肺部瘀血,防止痰液积存一处,有利于炎症消散。要防治佝偻病、麻疹、百日咳等传染病。患上述传染病后加强护理。

二、消化系统疾病

(一)疱疹性口腔炎

疱疹性口腔炎由单纯疱疹病毒引起,在齿根、颊黏膜、舌及上颚、咽部出现小疱疹,疱疹溃破后成为溃疡,上有淡黄色的分泌物覆盖,旁边有一圈红晕。多见于 6 个月~2 岁的小儿,因口腔溃疡引起剧烈疼痛,小儿常常拒食。口腔黏膜受到炎症刺激,唾液分泌增加,加重小儿流口水现象。

1. 症状

疱疹性口腔炎起病时发热可达 38~40℃,1~2 天后,齿龈、唇内、舌、颊黏膜等各部位口腔黏膜出现单个或成簇的小疱疹,直径约 2 mm,周围有红晕,迅速破溃后形成溃疡,有黄白色纤维素性分泌物覆盖,多个溃疡可融合成不规则的大溃疡,有时累及软腭、舌和咽部。由于疼痛剧烈,患儿会表现出拒食、流涎、烦躁,所属淋巴结肿大可持续 2~3 周。

该病应与疱疹性咽喉炎区别,后者大都为柯萨奇病毒所引起,多发生于夏秋季。常骤起发热及咽痛,疱疹主要发生在咽部和软腭,有时见于舌但不累及齿龈和颊黏膜,此点与疱疹性口腔炎迥异。

2. 护理和预防

(1)经常保持新生儿的口腔卫生,多饮水,禁用刺激性药物,预防口腔炎症。

(2)严格执行消毒隔离制度。

(3)溃疡疼痛严重者,可局部涂 2%利多卡因止痛,保证患儿充分哺乳,以满足其热量和水分。局部可涂疱疹净抑制病毒,亦可喷洒西瓜霜、锡类散等。

(4)应注意做好口腔护理,保持口腔清洁,以修复创面、缓解疼痛。可先用 0.9%NS 或 2%SB 彻底清洁口腔,特别是溃疡部位后局部涂上聚肌胞;为缓解患儿进食时疼痛,可于进食前 10~15 分钟用 2%利多卡因涂口腔。也可在口腔溃疡处涂 1%龙胆紫液,促其愈合,减轻疼痛。

(5)为预防继发感染可涂 2.5%~5%金霉素鱼肝油。疼痛严重者可在餐前用 2%利多卡因涂抹局部。食物以微温或凉的流质为宜,发热时可用退热剂,有继发感染时可用抗生素。

(6)治疗疱疹性口腔炎,主要是控制感染,可用三氮唑核苷或口服板蓝根冲剂,保持口腔清洁,以修复创面,缓解疼痛,此外应适当补充 B 族维生素。

(二)婴幼儿腹泻

婴幼儿腹泻又名婴幼儿消化不良,是婴幼儿期的一种急性胃肠道功能紊乱,以腹泻、呕吐为主的综合征,以夏秋季节发病率最高。消化道以外的全身疾病如感冒、中耳炎、肺炎等,引起消化功能紊乱,也可致腹泻。秋季,因病毒感染所致的腹泻,称为秋季腹泻,易在托儿所的婴儿中流行。本病如治疗得当,效果良好,但不及时治疗以至发生严重的水电解质紊乱时可危及小儿生命。

1. 症状

病情轻者,一日泄数次,大便中水分多,呈蛋花汤样,体温、食欲尚正常。病情重者,一日泻十余次或更多,尿量明显减少或无尿,并因机体丢失大量水分和无机盐而发生脱水、酸中毒。脱水的表现是眼窝以及囟门凹陷、口唇干裂,非常口渴,精神极差。

2. 护理和预防

(1)注意腹部保暖,排便后用温水洗净臀部。

(2)按医嘱服药,早治、治彻底。腹泻不仅影响营养物质的吸收,还会消耗体内原有的物质。脱水、酸中毒可致生命危险。认为"有钱难买六月泻""拉稀可以泻火"而不及早治疗腹泻,是有害的。蒙脱石散是很好的小肠黏膜保护剂。

(3)鼓励母乳喂养,尤以小儿出生后 4~6 个月和第一个夏季最重要,应避免夏季断奶。人工喂养时,要注意饮食卫生和水源清洁,每次喂食前用开水洗烫餐具,每日煮沸消毒一次;母乳和人工喂养都应按时添加辅食,切忌几种辅食同时添加。夏季炎热时,避免食用富有脂肪的食物,夏季要少穿衣服,注意居室通风。

(4)注意饮食卫生。做好食具等的日常消毒工作。下地玩耍的小儿饭前便后要洗手。

(5)隔离消毒。病儿所用的尿布、便盆等要彻底消毒,以免病毒交叉感染,造成疾病流行。

三、与营养有关的疾病

(一)佝偻病

佝偻病又称"软骨病",是我国 3 岁以下小儿常见的慢性营养缺乏症之一。病因是日光照射不足或营养不良而使机体缺乏促进钙、磷吸收和利用的维生素 D,而使骨骼发育出现障碍。

1. 症状

初期主要表现为小儿有神经精神症状,如喜哭闹、烦躁,晚上睡眠不安、易惊醒,常有"夜啼"、盗汗等现象,尤其在刚入睡时,常常汗湿枕头。多数小儿经常摇头、擦枕,造成枕部一圈头发脱落,医学上称之为"枕秃"。病情进一步发展,出现骨骼的变化,如颅骨某些部位因骨化差,或出现方颅、囟门闭合迟、出牙晚且不整齐、串珠肋、鸡胸、肋缘外翻、"O"

形或"X"形腿等现象。佝偻病儿一般还表现为动作发育迟缓。

2. 护理和预防

应在小儿有早期症状时进行治疗。佝偻病治疗是较为复杂的,医生必须根据小儿病情轻、重,病程长、短,采取不同的治疗方法,给予不同剂量的维生素 D 和钙剂。每天保证 2 小时的户外活动时间,多晒太阳。因为维生素 D 在婴幼儿饮食中含量很少,主要由皮肤中的 7-脱氢胆固醇经紫外线照射后转化而成。长期慢性腹泻可使幼儿机体吸收钙、磷减少,故要及时治疗幼儿腹泻。

(二) 营养性贫血

贫血是指机体血液中红细胞成分贫乏,红细胞计数每立方毫米在 400 万以下,或血红蛋白浓度在 120g/L 以下。营养性贫血是指因机体造血所必需的营养物质,如铁、叶酸、维生命素 D 等物质相对或绝对地减少,使血红蛋白的形成或红细胞的生成不足,以致造血功能低下的一种疾病。多发于 6 个月至 2 岁的婴幼儿、妊娠期和哺乳期妇女以及胃肠道等疾病导致营养物质吸收较差的患者。营养性贫血可分为缺铁性贫血和营养性巨幼红细胞性贫血。

1. 症状

(1) 缺铁性贫血。小儿面色苍白,口唇、耳垂、指甲、睑结膜等处缺少血色。呼吸、脉搏次数加快,活动后感心慌、气促,食欲不振,少数可有异食癖(嗜食泥土、生米等怪癖)。由于脑组织供氧不足,长期贫血影响学前儿童的智力发展。

(2) 营养性巨幼红细胞性贫血。小儿贫血表现为面色蜡黄、疲乏无力。因贫血而引起骨髓外造血反应,常伴有肝、脾、淋巴结肿大。精神神经症状表现为表情呆滞,嗜睡,对外界反应迟钝,少哭或不哭,智力发育和动作发育落后,甚至倒退,如原来已会认人、会爬等,病后又不会了,此外尚有不协调和不自主的动作,肢体、头、舌甚至全身震颤或抽搐。消化系统症状表现为食欲不振、舌炎、舌下溃疡、腹泻等。另外,汗液分泌减少。

2. 预防和护理

缺铁性贫血:妊娠后期,孕母需增加含铁丰富的食物,或服补血药物。乳儿自出生后 4~6 个月可逐渐添加含铁丰富的辅食,如肝泥、菜泥、豆腐、肉末等,亦可服用含铁的强化食品。尤其早产儿、双胎儿更应及早补充铁。用铁制炊具烹调食物,有利于预防贫血。及时治疗胃肠道疾病。

营养性巨幼红细胞性贫血:及时治疗胃肠道疾病。按时给乳儿添加辅食。羊奶内缺乏叶酸,乳儿以羊奶为主食,宜补充含叶酸丰富的辅食,如绿叶蔬菜等。贫血病儿需改善营养,缺铁性贫血婴儿应添加含铁多的辅食,如蛋黄、肝、瘦肉、豆制品、菠菜等。大细胞性贫血婴儿应多喂新鲜绿叶蔬菜、动物的肝肾、瘦肉等。改善哺乳母亲营养,为婴儿及时添加辅食,学前儿童防止偏食可以预防营养不良性贫血。营养不良性贫血导致的冠心病、心绞痛、心律失常并非少见,应引起人们的重视。所以要注意营养平衡,切忌饮食单调,以免导致贫血性心脏病或其他营养不良性疾病。

营养不良性贫血小儿,应适当控制活动量,同时因为贫血小儿抗病能力下降,父母要注意居室温度,及时增减衣物,严防感冒。

（三）肥胖病

肥胖病是由于长期能量摄入超过人体消耗,使体内脂肪过度积累,体重超过一定值的一种营养障碍性疾病。据世界卫生组织统计,它是人类目前面临的最容易被忽视,但发病率却在急剧上升的一种疾病,凡体重超过按身高计算的标准体重的20%～30%者为轻度肥胖,超过30%～50%者为中度肥胖,超过50%者为重度肥胖。

1. 病因

（1）食量过大,运动少。人体摄入的营养素超过机体代谢需要,而缺乏适当的体育锻炼,能量消耗过少,多余的能量便转化为脂肪贮存于体内,引起肥胖。

（2）遗传因素。肥胖有高度遗传性,父母皆肥胖者,其后代肥胖率高达70%～80%,而双亲正常的后代发生肥胖者仅10%～14%。

（3）心理因素。肥胖患者表现为对某种食物的强烈食欲,以及人们通过视觉、嗅觉和人为地吞食比赛的刺激反射性地引起食欲,食量倍增,还有某些精神病人的食欲亢进症等。

（4）物质代谢与内分泌功能的改变。肥胖者的物质代谢异常,主要是糖代谢、脂肪代谢的异常,内分泌主要是胰岛素、肾上腺皮质激素、生长激素等的分泌功能的改变。

（5）生活及饮食习惯。如欧洲人过多地食肉及奶油、游牧民族大量食肉、南非人过多食糖等。

2. 症状

肥胖患儿除体重超常外,一般都表现出食欲强、食量大,特别是喜食淀粉类和脂肪类食物。肥胖患儿行动笨拙,体型不美观,会带来一些心理问题等。同时,肥胖与心血管疾病、高血脂疾病、糖尿病等严重危害人类健康的疾病有关。

3. 治疗

（1）饮食管理。治疗任何原因引起的脂肪病,皆以饮食管理为主。调节饮食的原则如下:

- 限制食量时必须照顾小儿的基本营养及生长发育所需,让体重逐步降低。最初,只要求制止体重速增。以后,可使体重渐降,至正常体重范围10%左右时,即不需要再限制饮食。
- 设法满足小儿食欲,避免饥饿感。故应选热能少而体积大的食物,如芹菜、笋、萝卜等。必要时可在两餐之间供给热能少的点心,如不加糖的果冻、鱼干、话梅等。
- 蛋白质食物能满足食欲,又因其特殊动力作用较高,且为生长发育所必需,故供应量不宜少于2g/kg/d。
- 碳水化合物体积较大,对体内脂肪及蛋白质的代谢皆有帮助,可作为主要食品,但应减少糖量。
- 脂肪供给热能特别多,应予限制。如油煎食物、厚味油汁及各种甜食脂肪食品,均在禁忌之列。

(2) 解除精神负担。有些家长过分忧虑,到处求医;有些对患儿进食习惯多方指责,过分干预等,都可引起患儿精神紧张或对抗心理,应注意避免。对情绪创伤或心理异常者应多多劝导,免除其顾虑和忧郁。要增强患儿信心,积极帮助其改变过食少动的习惯。

(3) 增加体格锻炼。应提高患儿对运动的兴趣,运动要多样化,包括慢跑步、柔软操、太极拳、乒乓球及游泳等。肥胖的家属成员最好同时参加,易见疗效。每日运动量约1小时,应逐渐增加。剧烈运动可激增食欲,应避免。

(4) 偶用药物疗法。对青少年一般不鼓励用药。有时可用苯丙胺以减低食欲,一般用小剂量2.5~5mg于就餐前半小时口服,每日2次,仅给6~8周的短期疗程。

(5) 对并发低氧血症的治疗。患儿并发气促、低氧血症及心力衰竭时,除热量饮食外,给予强心剂、利尿剂等进行抢救。抗凝血治疗可防止血栓形成。

四、五官疾病

(一) 龋齿

龋齿俗称"虫牙",发病开始在牙冠,如不及时治疗,病变继续发展,形成龋洞,终至牙冠完全破坏消失(图3-1)。未经治疗的龋洞是不会自行愈合的,其发展的最终结果是牙齿丧失。

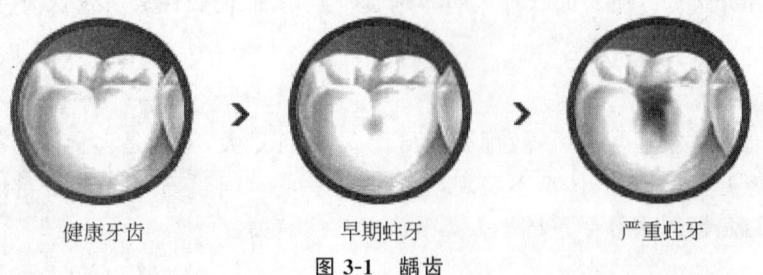

图 3-1 龋齿

1. 症状

乳牙的牙釉质、牙本质较薄,龋洞易达到牙本质深层,遇冷、热、酸、甜等刺激,则有酸痛不适感。龋洞深入牙髓,可致牙髓炎,脓液积聚在髓腔内,压迫神经末梢,可引起患者剧烈牙痛。

2. 预防和护理

(1) 注意口腔卫生。儿童3岁以前,饭后漱口,及时清除食物残渣。3岁以后,除了饭后漱口,还要学习刷牙,早晚各一次。教育学前儿童晚上临睡前不要吃东西。宜选用儿童保健牙刷,这种牙刷的刷头小、刷毛较柔软,适合儿童使用。采用顺着牙缝直刷的方法,刷上颌牙龈处往下刷,刷下颌牙从牙龈处往上刷,可刷净牙缝里的食物残渣,且不损伤牙龈。

(2) 合理营养,多晒太阳,使牙釉质正常钙化。

(3) 预防牙齿排列不齐,注意以下两个方面,一是用奶瓶喂奶,不要使瓶口压迫乳儿牙龈;不给婴儿吸吮干橡皮奶头;纠正幼儿吸吮手指、咬铅笔等不良习惯,以避免影响颌骨的正常发育。若颌骨发育不正常,可致牙齿排列不齐。二是在换牙期间,若恒牙已萌出,乳牙滞留,则形成"双排牙",应及时拔去滞留的乳牙,使恒牙的位置正常。

(4) 教育学前儿童不要"以硬碰硬",损伤乳牙。

(5) 保护六龄齿。

(二)弱视

弱视是指一眼或双眼视力经矫正后仍达不到正常标准,而又查不出影响视力的明显眼病,称弱视。弱视属于儿童视觉发育障碍性疾病。弱视中最重要的为斜视性弱视,半数以上的弱视与斜视有关。

1. 病因

(1) 斜视。斜视是指双眼向前平视时,两眼的黑眼珠位置不匀称,一只眼的黑眼珠在正中,另一只眼的黑眼珠向外、向内、向上、向下偏斜。斜视使小儿产生复视(视物成双),这种视觉紊乱使人极不舒适,日久,偏斜眼形成弱视。

(2) 屈光不正或屈光参差(两眼屈光度数不等),也可导致弱视。

(3) 形觉剥夺。婴幼儿时期,由于种种原因不适当地遮挡过某只眼睛,该眼因缺少光刺激,使视觉发育停顿,形成弱视。可以采用双眼交替遮盖的方法,避免形觉剥夺。

(4) 先天性弱视。可能与新生儿视网膜发育不良有关。

2. 危害性

正常的视功能包括立体视觉。物体虽然在两眼视网膜上各自单独成像,但大脑能将两者融合成一个有立体感的物像,称双眼单视功能。患弱视的儿童,因为不能建立完善的双眼单视功能,难以形成立体视觉。缺乏立体视觉则不能很好地分辨物体的远近、深浅等,难以完成精细的技巧动作,对生活、学习和将来的工作都会带来不良的影响。

3. 护理和预防

治疗弱视的最佳年龄阶段为学龄前期。随着年龄增长,治愈的可能性逐渐减小。因此,诊治弱视的重要原则是"早发现,早治疗"。

学龄前体检:一般的儿童尤其是幼儿园长大的儿童,3岁时经过简单的视力教认,绝大多数都会认视力表。有条件的幼儿园要对孩子视力每年进行一次普查筛选,家长也可自购一张标准视力表,挂在光线充足的墙上,在5米远处让孩子识别。检查时一定要分别遮眼检查,不可双眼同时看,防止单眼弱视被漏检,反复认真检查几次,若一眼视力多次检查均低于0.8,则须带孩子到医院作进一步检查。一般认为检查最好不晚于4岁,及早发现异常苗头。弱视儿童往往有除了视力低下以外的其他表现,如斜视、视物、歪头、眯眼或贴得很近等。一旦发现孩子有斜视的现象,应尽早到医院眼科检查、确诊,因为约有1/2的斜视合并弱视。上述其他异常现象也要引起重视和注意,要到医院眼科检查是否由眼部疾患引起。

另外,对于不能配合检查视力的幼儿,可作遮盖试验大致了解双眼视力情况:有意遮盖一眼,让孩子单眼视物,若很安静而遮盖另一眼却哭闹不安或撕抓遮盖物,那就提示未遮盖眼视力很差,应尽早到医院检查。总之,弱视的早期发现主要靠家长、幼儿园、学校、医院的紧密配合,最主要的还是靠与孩子朝夕相处的家长。

(三)急性化脓性中耳炎

急性化脓性中耳炎(图 3-2)是中耳黏膜的急性化脓性炎症,属耳鼻喉科疾病。病变主要位于鼓室,但中耳其他各部亦常受累。主要致病菌为肺炎球菌、流感嗜血杆菌、溶血性链球菌、葡萄球菌、变形杆菌等。本病较常见,好发于儿童,冬春季多见,常继发于上呼吸道感染。

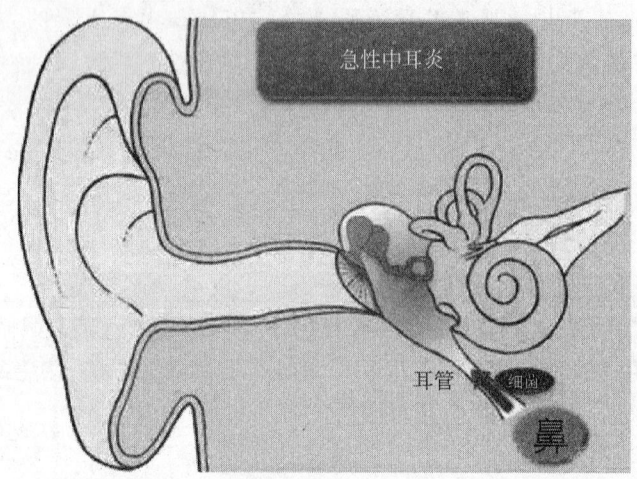

图 3-2　急性中耳炎

1. 病因

(1)婴幼儿的咽鼓管较成年人短,管腔宽,呈水平位。患急性上呼吸道感染时,细菌易通过咽鼓管侵入中耳,引起化脓性中耳炎。尤其擤鼻涕时,如果将两侧鼻孔同时捂住,鼻腔内压力过大,更促使鼻咽部细菌进入中耳。

(2)幼儿患麻疹、猩红热等传染病也可并发中耳炎。

(3)采用卧位哺乳,乳儿易发生呛咳,而使带菌的乳汁及鼻腔分泌物呛入咽鼓管,使中耳受到细菌的感染。

2. 症状

(1)耳痛。多数病人鼓膜穿孔前疼痛剧烈,尤其是夜晚;如为搏动性跳痛或刺痛,可向同侧头部或牙齿放射,鼓膜穿孔流脓后耳痛减轻。少数病人无明显耳痛症状。

(2)听力减退及耳鸣。病程初期病人常有明显耳闷、低调耳鸣和听力减退。后期鼓膜穿孔后耳聋反而可能减轻;耳痛剧烈者,听觉障碍被忽略。有的病人可伴眩晕。

(3)流脓。鼓膜穿孔后耳内有液体流出,初为血水脓样,以后变为脓性分泌物。

(4)全身症状轻重不一。可有畏寒、发热、倦怠等。小儿症状较重,常伴呕吐、腹泻等类似消化道症状。一旦鼓膜穿孔,体温逐渐下降,全身症状明显减轻。

(5)患者表现烦躁不安、哭闹,双手抓耳挠腮。伴有耳鸣和听力下降,但常有耳痛掩盖。至化脓期间,一旦鼓膜穿孔,则耳痛顿减。可见耳溢脓,初为血水,后为黏性脓液,体温逐渐恢复正常。若耳流脓后症状不缓解或缓解后发热及耳痛复又加重,则应警惕并发症的发生。

3. 预防和护理

预防上呼吸道感染和急性传染病;教会幼儿正确的方法擤鼻涕,擤鼻涕要轻,擤完一侧再擤另一侧;取坐位哺乳,避免呛奶;有鼓膜穿孔者应避免游泳而导致鼓室进水。

五、皮肤病

(一)脓疱疮(黄水疮)

脓疱疮是由细菌引起的皮肤传染病。小儿皮肤柔嫩,病菌容易侵入,被昆虫叮咬后抓伤皮肤或因流涎、流鼻涕、烂嘴角等使皮肤破损为常见的诱因。

1. 症状

脓疱疮多发生在皮肤暴露的部位,如面部、颈部、双手等;初起为红色斑点,1~2日内迅速扩大成水疱、脓疱,数日后脓疱破裂,流出黄色脓液,结成黄痂;脓液中有大量病菌,被脓液污染的健康皮肤可发生新的脓疱;日久不愈可并发淋巴结炎,甚至引起变态反应性疾病,如急性肾炎。

2. 预防和护理

保持皮肤清洁,勤洗澡,勤换洗衣服;对病人进行隔离与治疗。病人的衣服、毛巾等用后煮沸消毒。护理病人后,用肥皂洗手。

(二)婴儿湿疹

婴儿湿疹是种常见的、由内外因素引起的一种过敏性皮肤炎症,致敏原可以是牛奶、鸡蛋、虾等食物,或羊毛、化纤等织物。以丘疱疹为主,有渗出倾向,反复发作,急、慢性期重叠交替,伴剧烈瘙痒。

1. 症状

婴儿湿疹起病大多在出生后1~3个月,6个月以后逐渐减轻,1~2岁以后大多数患儿逐渐自愈。一部分患儿延至幼儿或儿童期。病情轻重不一。皮疹多见于头面部,如额部、双颊、头顶部,以后逐渐蔓延至颊、颈、肩、背、臀、四肢,甚至可以泛发全身。

初起时为散发或群集的小红丘疹或红斑,逐渐增多,并可见小水疱,黄白色鳞屑及痂皮,可有渗出、糜烂及继发感染。患儿烦躁不安,夜间哭闹,影响睡眠,常到处搔痒,由于湿疹的病变在表皮,愈后不留疤痕。

2. 预防和处理

(1)应尽量避免让宝宝接触可能引起过敏的物质。如宝宝对鸡蛋过敏,可暂时不添加;如果宝宝吃母乳,妈妈应注意不要吃易引起过敏的鱼、虾、羊肉等食物,最好别吃辣椒等刺激性食品。

(2)保持宝宝双手的清洁,经常帮宝宝剪指甲,避免搔抓,以免感染,湿疹十分瘙痒,宝宝常会用手抓,抓挠会引起皮肤感染。

(3) 不能用碱性强的肥皂、热水洗患处皮肤,因为肥皂和热水会将宝宝皮肤表面的油脂洗掉,使皮肤干燥,还会刺激肌肤。

(4) 给宝宝穿上棉质的宽大衣服,避免衣物摩擦加重湿疹;妈妈和宝宝都不要穿丝、毛织的衣服,以免引起或加重过敏。

(5) 妈妈不能擅自给宝宝用任何激素类药膏,必要时,可在医生指导下用消炎、止痒、脱敏药物。

(6) 如果不能进行母乳喂养,可以参考医生的意见选用脱敏配方奶,已有研究证明选用脱敏配方奶有助于调整婴儿的免疫系统,降低婴儿湿疹以及避免其他过敏性疾病的发生,多数含蛋白质的食物可以引起婴幼儿皮肤过敏而发生湿疹,如牛奶、鸡蛋、鱼、肉、虾米、螃蟹等。另外,灰尘、羽毛、蚕丝以及动物的皮屑、植物的花粉等,也能使某些婴幼儿发生湿疹。宝宝穿得太厚,吃得过饱,室内温度太高等可使湿疹加重。

(三)痱子、痱毒

痱子是因汗腺导管闭塞导致汗液不能及时排出而形成的皮疾,是皮肤汗腺开口部位的轻度炎症。汗腺排出不畅是长痱子的主要原因,若因搔抓后发生感染可成痱毒。本病多见于夏季和初秋季节。

1. 症状

痱子多发生在多汗和容易受摩擦的部位,如头皮、前额、颈部、胸部、腋窝、腹股沟等处。初期,皮肤出现红斑,后形成针尖大小的小疹子或水疱,有刺痒或灼痛感。痱毒初期为小米粒大小的脓疱,可扩大成豆粒大或杏核大,渐变软、破溃,流出黄稠的脓液。

2. 预防和护理

先用温水洗净皮肤,再用痱子粉或痱子药水等预防长痱子。可贴敷拔毒膏,促使脓疱软化来预防长痱毒。长在面部的疖肿,尤其是鼻及口周,严禁挤脓。因为鼻及口周皮肤内血管丰富,其静脉与颅内静脉相连。长在该部位的疖肿受到挤压,细菌可循静脉进入颅内,引起脑膜炎、脑脓肿等严重并发症。故称鼻根至两侧口角之间,包括整个鼻子和上唇为"危险三角区"。

六、肠寄生虫病

(一)蛔虫病

1. 蛔虫生活史

蛔虫成虫形如圆筷,呈乳白色或淡红色,寄生于人体小肠内。雌虫一昼夜可产卵几十万个,虫卵随大便排出体外,在适宜的温度、湿度下,虫卵经 28 天左右发育成感染性虫卵。感染性虫卵进入人体至发育为成虫约需两个半月,成虫在肠内可生存 1~2 年。

2. 传染途径

感染性虫卵污染了食物、饮水、手,儿童吸吮手指或吃东西前不洗手,生吃没洗净的瓜果、蔬菜,喝生水,均可将虫卵吞入体内。

3. 症状

蛔虫寄生于肠道内,影响肠道功能,导致消化和吸收障碍,尤其是营养差和感染重的儿童,可引起营养不良,出现小儿面黄肌瘦、贫血,生长发育迟缓;因蛔虫的机械作用和代谢产物的化学刺激,病人肚脐周围反复发作阵发性绞痛,片刻便缓解;蛔虫寄生所产生的毒素刺激神经系统,可导致睡眠不安、磨牙、烦躁不安等症状;过敏性体质的小儿可发生荨麻疹、皮肤瘙痒等过敏现象,有的小儿脸颊上出现一至多个蛔虫斑;可能引起严重的并发症,如胆道蛔虫病、胰管蛔虫病、蛔虫性肠梗阻、蛔虫性阑尾炎等。

4. 预防

对蛔虫病的防治,应采取综合性措施。包括查治病人和带虫者、处理粪便、管好水源和预防感染等方面。加强宣传教育,普及卫生知识,注意饮食卫生和个人卫生,做到饭前、便后洗手,不生食未洗净的蔬菜及瓜果,不饮生水,防止食入蛔虫卵,减少感染机会。使用无害人粪作肥料,防止粪便污染环境是切断蛔虫传播途径的重要措施。在使用水粪作肥料的地区,可采用五格三池贮粪法,使粪便中的虫卵大部分沉降在池底。可半年清除一次粪渣,此时,绝大部分虫卵已失去感染能力。在用粪作肥料的地区,可采用泥封堆肥法,三天后,粪堆内温度可上升至52℃或更高,可以杀死蛔虫卵。

对病人和带虫者进行驱虫治疗是控制传染源的重要措施。驱虫治疗既可降低感染,减少传染源,又可改善儿童的健康状况。驱虫时间宜在感染高峰之后的秋、冬季节,学龄儿童可采用集体服药。由于存在再感染的可能,所以,最好每隔3~4个月驱虫一次。对有并发症的患者,应及时送医院诊治,不要自行用药,以免贻误病情。常用的驱虫药物有甲苯达唑,驱虫效果较好,且副作用少。

(二)蛲虫病

蛲虫病是由蠕形住肠线虫寄生于人体内引起的一种肠道寄生虫病。此病在我国古代早有记载。蛲虫病以肛周围瘙痒为主要表现,多发于小儿。严重者可依寄生部位的不同而出现不同的并发症,如阑尾炎、盆腔炎、腹膜炎、肠梗阻等。

1. 蛲虫生活史

蛲虫成虫似棉线粗细,所以又叫线头虫。成虫寄生于人体小肠下段、回盲部、阑尾及直肠处。雌虫在夜间到肛门周围产卵,卵经6小时即发育成有感染性的虫卵。雄虫于交配后死亡,雌虫产卵后可能死亡,可能爬回肠道,成虫在人体内可生存一个月左右。

2. 传染途径

虫卵污染了小儿的手指、食物、食具等,经口进入人体。已经患蛲虫病的小儿可因雌虫产卵使肛门周围瘙痒,用手抓痒,手指沾上虫卵而重复感染。幼儿穿开裆裤,可使虫卵散布在滑梯、木马、玩具等处,造成传播。

3. 症状

因肛门周围及会阴部瘙痒,影响睡眠。小儿可精神不振、食欲差、烦躁不安;引起肛门周围皮肤发炎。蛲虫进入女孩外阴,可致阴道炎。

4. 预防及治疗

教育小儿食前洗手,不吮吸手指。因蛲虫寿命很短,只要避免重复感染即可自愈。患儿宜穿封裆裤,避免散播虫卵。夜间睡前,可在肛门周围涂治蛲虫的药膏,以止痒并黏附虫卵,早晨用温水洗净药膏,换内裤,将内裤煮沸杀灭虫卵。被单应勤换洗,常晒被褥。可采用甲苯达唑驱虫。

(三)钩虫病

钩虫病是由钩虫寄生于人体小肠所致的疾病。临床上以贫血、营养不良、胃肠功能失调为主要表现。

1. 钩虫生活史

钩虫的成虫寄生于人体肠道内,利用其口腔的钩齿咬住肠壁,吸血寄生。虫卵排出人体后,在土壤中发育成幼虫,叫丝状蚴。丝状蚴通过接触人的皮肤,钻入人体,在小肠内发育为成虫。我国南方气候温暖潮湿,土壤疏松肥沃,有利于钩虫卵的发育和幼虫的成长,故南方钩虫病的流行比北方严重。

2. 传染途径

小儿赤脚下田,或小儿的衣服、尿布等沾上带有丝状蚴的泥土,均可受感染。

3. 症状

钩虫寄生使肠黏膜溃烂,慢性出血,可致贫血。婴幼儿因血液总量少,且肠黏膜柔嫩,被钩虫咬附后出血多,常呈严重贫血。病儿面色苍白,精神和食欲不振。因肠出血,粪便可呈柏油样。常致消化不良,可有异食癖,如食生米、泥土等。

4. 预防

控制传染源,粪便无害化,以杀灭钩虫卵;治疗病人,减少传播;防止钩虫的幼虫侵入皮肤。勿让小儿赤脚下田,下田劳动最好穿胶鞋。小儿的衣服、尿布等沾上泥土,须洗净再穿。

第二节 学前儿童常见传染病的预防

传染病是引起人类死亡的原因之一。据 WHO 报告,对人类危害最大的 48 种疾病中,有 40 种属于传染病和寄生虫病。2011年,我国卫生部发布 2011 年 6 月(2011 年 6 月 1 日零时至 6 月 30 日 24 时)全国(不含台港澳,下同)法定传染病疫情,全国共报告法定传染病 823318 例,死亡 1522 人。

由于学前儿童免疫系统发育不完善,免疫功能较差,对疾病的抵抗能力较弱,且学前儿童在集体生活中,相互接触频繁,一旦发生传染病,就容易感染,也很容易流行,因此,预防和管理传染病是学前儿童保教机构中的一项重要的保健工作。

一、传染病的特点及其发生和流行的基本环节

(一)什么是传染病

传染病是由各种病原体引起的,能在人与人、动物与动物或人与动物之间相互传播的一类疾病。有些传染病,疾控中心必须及时掌握其发病情况,及时采取对策,发现后应按规定时间及时向当地疾控中心报告的,称为法定传染病。中国目前的法定传染病有甲、乙、丙三类,共39种。

(二)传染病的特征

传染病的特点是有病原体,有传染性和流行性,感染后常有免疫性。有些传染病还具有季节性或地方性。

1. 特定的病原体

病原体是指周围环境中能使人感染疾病的微生物。每种传染病都有其特异的病原体,包括病毒、立克次氏体、细菌、真菌、螺旋体、原虫等。如麻疹的病原体是麻疹病毒,肺结核的病原体是结核杆菌等。

2. 传染性

病原体经过一定的途径进入易感者体内,使之感染发病。如流感患者在咳嗽、打喷嚏时排出的流感病毒,可使周围易感者受传染而患病,其传染强度与病原体种类、数量、毒力、易感者的免疫状态等有关。

3. 流行性

流行性:指传染病的传播、蔓延性。按传染病传播过程的强度和广度分为散发、流行、大流行、暴发。流行性分两种,从地域角度看有地域流行性,从时间角度看有季节流行性。

地域流行性:指某些传染病或寄生虫病受地理条件、气候条件变化的影响,常局限于一定的地理范围内发生。如虫媒传染病、自然疫源性疾病。

季节流行性:指传染病易在某个季节发生、流行。如呼吸道传染病多发于冬春季,消化道传染病多发于夏秋季,此与温度、湿度的改变有关。

4. 免疫性

传染病痊愈后,人体对该传染病有了抵抗能力,产生不感受性,称为免疫性。不同的传染病,病后免疫状态有所不同。有的传染病患病一次后可终生免疫,如麻疹;有的传染病可能还再次感染,如流行性感冒。

(三)传染病病程发展的四个阶段

传染病从病原体侵入人体到发病以至恢复,一般经过四个阶段。

1. 潜伏期阶段

潜伏期指病原体侵入人体起,首发症状时间。不同传染病其潜伏期长短各异,短至数小时,长至数月乃至数年;同种传染病,各病人的潜伏期长短也不尽相同。

2. 前驱期阶段

前驱期指潜伏期末至发病期前,出现某些临床表现的短暂时间,一般1至2天,呈现乏力、头痛、微热、皮疹等表现。多数传染病不出现前驱期。

3. 发病期阶段(显现特有症状时期)

发病期指各传染病特有的症状和体征,随病情发展陆续出现的时期。症状由轻而重,由少而多,逐渐或迅速达到高峰。随机体免疫力的产生与提高趋向恢复。

4. 恢复期阶段

恢复期指病原体基本或完全被消灭,免疫力提高,病变修复,临床症状陆续消失的时间。多以痊愈结束,少数疾病可能留有后遗症。

(四)传染病发生和流行的三个环节

传染病发生和流行的环节是指病原体从已感染者体内排出,经过一定的传播途径,传入易感者而形成新的传染的全部过程,包括传染源、传播途径和易感人群三个基本环节(见图3-3)

图3-3 传染病发生和流行的基本环节

1. 传染源

传染源是指体内有病原体生长、繁殖并能排出病原体的人或动物。一般可分为三种:

(1)病人。病人是指感染了病原体,并表现出一定症状的患者。病人是传染病的主要传染源,在其发病过程中,体内有大量的病原体,能排出病原体的整个时期称为传染期。病程的各个时期,病人的传染源作用不同,这与病种、排出病原体的数量和病人与周围人群接触的程度及频率有关。如多数传染病病人在有临床症状时能排出大量病原体,威胁周围人群,是重要的传染源。如乙型肝炎病人在潜伏期末才具有传染性。一般说来,病人在恢复期不再是传染源,但某些传染病,如伤寒、白喉的恢复期病人仍可在一定时间内排出病原体,继续起传染源的作用。

(2) 病原携带者。病原携带者指无任何临床症状,但能排出病原体的人或动物。携带者分为病后携带者和健康携带者两种。病后携带者指临床症状消失,机体功能恢复,但继续排出病原体的个体。这种携带状态一般持续时间较短,少数个体携带时间较长,个别的可延续多年,如慢性伤寒带菌者。所谓健康携带者即无疾病既往史,但用检验方法可查明其排出物带有病原体的人。这种人携带病原体的时间一般是短暂的。

(3) 受感染的动物。患病动物也是人类传染病的传染源。人被患病动物,如患狂犬病的犬、鼠、兽咬伤或接触患病动物的排泄物、分泌物而被感染。

人和动物可患同一种病,但病理改变,临床表现和作为传染源的意义不相同,如患狂犬病的狗可出现攻击人和其他动物的行为,成为该病的传染源之一,而人患此病后临床表现为恐水症。

2. 传播途径

传播途径是指病原体自传染源排出后,在传染给另一易感者之前在外界环境中所行经的途径。一种传染病的传播途径可能是单一的,也可能是多个的。传染病传播途径主要有 6 种。

(1) 空气飞沫传播。病原体随着病人或携带者说话、咳嗽、打喷嚏等产生的飞沫散布到空气中,使他人受感染。例如,细菌性脑膜炎、水痘、普通感冒、流行性感冒、腮腺炎、结核、麻疹、百日咳等。

(2) 饮食传播。病原体污染了食物或饮水,经口进入人体,造成传染。病原体可为病毒、细菌、寄生虫,如霍乱、甲型肝炎、细菌性痢疾、小儿麻痹、轮状病毒、弓形虫感染症等。

(3) 虫媒传播。病原体由昆虫作为媒介,如蚊、虱、蚤等进入易感者体内造成感染。如蚊虫传播乙型脑炎。

(4) 日常生活接触传播。日常生活接触传播又称间接性传播,病人或携带者排出的分泌物或排泄物污染了日常用品,如毛巾、衣被、食具等,被易感者接触后造成新的感染。如公用毛巾、脸盆可传播沙眼;餐具可传播结核病、肝炎。

(5) 血液传播。它主要通过血液、伤口的感染方式,将疾病传递至另一个个体身上。常见于医务人员在检查、治疗及预防疾病或实验室操作过程中的疏忽所造成的传染。

(6) 垂直传播。由传染源直接将病原体传给易感者,如母婴之间,经胎盘、分娩、哺乳等途径由母亲传染给婴儿。通常通过此种传染方式感染胎儿的疾病病原体,多以病毒和活动力强的小型寄生虫为主,如艾滋病和乙型肝炎。而梅毒则可在分娩过程中,由于胎儿的黏膜部位或眼睛接触到母体阴道受感染的黏膜组织而染病,且有少数情况是在哺乳时通过乳汁分泌感染新生儿。

3. 易感人群

易感人群是指对某种传染病缺乏特异性免疫、容易受感染的人群。人群中对某种传染病的越多,则发生该传染病流行的可能性就越大。通过有计划的预防接种,可降低人群中感染传染病的易感率。

二、传染病的预防

传染病的预防应采取以切断主要传播环节为主导的综合措施。传染病传播和流行的三个环节,即传染源、传播途径及易感人群,若能完全切断其中的一个环节,即可防止该种传染病的发生和流行。各种传染病的薄弱环节各不相同,在预防中应充分利用,采取相应的措施,才能更好地预防各种传染病。

(一)管理传染源

应做到早发现、早报告、早隔离治疗。早发现病人及病原携带者,可有效地控制传染病的传播。幼儿园应完善并坚持执行健康检查制度,诸如新生入园前体检、工作人员进园前体检,体检合格者才可接收。凡传染病患者、病原携带者及接触者暂不接收;传染病流行期间不接受新生、新工作人员;学前儿童及全体工作人员都必须定期体检;做好对学前儿童的晨间检查和全日健康观察工作,特别是在传染病流行期间,检查更应全面细致。晨间检查主要是摸摸学前儿童的额头,颈部(颌下),看看有无发热及淋巴结肿大;观察学前儿童的皮肤、咽喉及精神状态、睡眠及大小便等。

若发现传染病人或被怀疑有传染病的人,应及时报告卫生防疫部门,预防并控制传染病的流行。《中华人民共和国传染病防治法》第三章第二十一条规定:"任何人发现传染病人时,都应当及时向附近的医疗保健机构或者卫生防疫机构报告。"

及时隔离病人、接触者及被怀疑有传染病的人,有条件的托幼园所应设隔离室。

(二)切断传播途径

当传染病发生后,应针对传染病的传播途径,做好消毒工作。传染病消毒是用物理或化学方法消灭停留在不同的传播媒介物上的病原体,切断传播途径,阻止和控制传染的发生;教育学前儿童养成良好的卫生习惯;经常开窗通风,保持室内空气新鲜;管理好学前儿童的伙食,注意炊事用具、餐具的消毒等。

(三)保护易感者

1. 增强儿童体质,提高非特异性免疫能力

学前儿童为易感人群,组织学前儿童进行适当的体育锻炼和户外活动;合理营养;培养良好的卫生习惯,为学前儿童创设良好的生活环境。

2. 预防接种

将疫苗通过适当的途径接种到人体内,使人体产生对该传染病的抵抗力,称为预防;控制和消灭传染病,进行有系统、有计划的预防接种,称为计划免疫。《中华人民共和国传染病防治法》第二章第十二条规定:"国家实行有计划的预防接种制度,国家对儿童实行预防接种证制度。"《传染病防治法实施办法》第二章第十二条规定:"国家对儿童实行预防接种证制度。托幼机构、学校在办理入托、入学手续时,应当查验预防接种证,未按规定接种的儿童应当及时补种。"各地卫生防疫部门根据当地传染病的流行趋势、人群免疫水平及各种预防制剂的免疫效果等,制定出该地区的免疫程序,供应疫苗,组织接种工作;儿童须按照计划的免疫程序,及时接种疫苗。

儿童计划免疫程序(供参考)如下。

- 出生:卡介苗、乙肝疫苗
- 2个月:脊髓灰质炎糖丸(第一次)。
- 3个月:脊髓灰质炎糖丸(第二次)、百白破三联疫苗(第一针)。
- 4个月:脊髓灰质炎糖丸(第三次)、百白破三联疫苗(第二针)。
- 5个月:百白破三联疫苗(第三针)。
- 8个月:麻疹疫苗。
- 1岁6个月至2岁:百白破三联疫苗(加强)。
- 4岁:脊髓灰质炎糖丸(加强一次)。
- 7岁:麻疹疫苗、卡介苗、百白破三联疫苗。
- 12岁:卡介苗(农村)。

此外,乙肝疫苗、乙脑疫苗、流脑疫苗等,可按当地防疫部门规定接种。

三、学前儿童常见传染病的预防

2011年1月全国法定传染病报告发病、死亡统计表(见表3-1)。

病　　名	发　病　数	死　亡　数
甲乙丙类总计	402022	1004
甲乙类传染病合计	283296	992
鼠疫	0	0
霍乱	0	0
传染性非典型肺炎	0	0
艾滋病	1907	540
病毒性肝炎	123853	88
甲型肝炎	2359	2
乙型肝炎	100932	67
丙型肝炎	14516	14
戊型肝炎	2258	5
肝炎未分型	3788	0
脊髓灰质炎	0	0
人感染高致病性禽流感	0	0
甲型H1N1流感	3833	15
麻疹	834	1
流行性出血热	1082	17

续表

病　　名	发　病　数	死　亡　数
狂犬病	135	159
流行性乙型脑炎	19	2
登革热	1	0
炭疽	4	0
细菌性和阿米巴性痢疾	8436	1
肺结核	99617	145
伤寒和副伤寒	661	0
流行性脑脊髓膜炎	38	4
百日咳	99	0
白喉	0	0
新生儿破伤风	82	9
猩红热	3143	0
布鲁氏菌病	1518	0
淋病	8217	1
梅毒	29313	7
钩端螺旋体病	17	0
血吸虫病	168	0
疟疾	319	3
丙类传染病合计	118726	12
流行性感冒	6072	0
流行性腮腺炎	32810	1
风疹	1531	0
急性出血性结膜炎	1116	0
麻风病	41	1
斑疹伤寒	111	0
黑热病	24	0
包虫病	244	0
丝虫病	0	0
其他感染性腹泻病	44598	4
手足口病	32179	6

从表 3-1 可以看到,目前我国发病数较高的传染病为:手足口病、病毒性肝炎、肺结核、其他感染性腹泻病、流行性腮腺炎、梅毒、细菌性和阿米巴性痢疾、风疹、猩红热、淋病、艾滋病、急性出血性结膜炎、布鲁氏菌病、流行性感冒、麻疹、伤寒和副伤寒、流行性出血热、疟疾、血吸虫病、百日咳、狂犬病等,而死亡数较高的有艾滋病、狂犬病、肺结核及手足口病等。

(一)流行性感冒(流感)

流行性感冒是由流感病毒引起的呼吸道传染病,病毒经飞沫传播。流感病毒可分为甲(A)、乙(B)、丙(O)三型。甲型病毒经常发生抗原变异,传染性大,传播迅速,极易发生大范围流行,甲型 H1N1 也就是甲型一种。人群对流感普遍易感。

1. 症状

潜伏期为数小时至数日。发病急,寒战、发热,体温可达 39℃以上,伴有头痛、倦怠乏力、关节酸痛等,还可出现恶心呕吐、腹泻等消化道症状。流感的全身症状明显,而呼吸道症状较轻。儿童患流感容易并发肺炎,发热 3~4 天后逐渐退热,症状缓解,病情仍可持续 1~2 周。

2. 护理和预防

护理:应卧床休息,退热后不要急于活动;多饮水,吃有营养、好消化的食物。

预防:增强体质;流感流行时,少去人多的公共场所,减少聚会;保持室内空气新鲜;注意随天气变化增减衣服;接种流感疫苗等。

(二)流行性腮腺炎

流行性腮腺炎是由腮腺炎病毒引起的呼吸道传染病,传染性较强,主要经空气飞沫传播,多发于冬春季。易感者多为 2 岁以上儿童。一般病后获终生免疫。

1. 症状

流行性腮腺炎潜伏期为 14~21 天。一般先于一侧腮腺肿大、疼痛,后波及对侧,约 4~5 天消肿。腮腺肿大以耳垂为中心,边缘不清,表面发热,有压痛感,咀嚼时疼痛,伴有发热、畏寒、头痛、食欲不振等症状。若出现嗜睡、头痛、剧烈呕吐等症状应及时就医。

2. 护理和预防

护理:病儿宜卧床休息;多喝开水,吃流质或半流质食物,避免吃酸辣的食物;可服用板蓝根治疗;腮腺肿痛时,可冷敷,或以中草药外敷(如青黛散、紫金锭等)。

预防:隔离病儿,至腮腺完全消肿;接触者检疫观察约 3 周,可服用板蓝根冲剂预防;可注射腮腺炎疫苗。

(三)猩红热

猩红热是由乙型溶血性链球菌引起的急性呼吸道传染病,主要经飞沫传播,也可由被污染的用具、食物、玩具等传播,多发生于冬春季。一般病后获终生免疫。

1. 症状

猩红热潜伏期2～5天。病初以发热、头痛、咽痛、呕吐为主,咽部发红,扁桃体红肿,有脓性渗出物。1～2天内出皮疹,从耳后、颈部、胸部迅速波及躯干、四肢。全身皮肤潮红,布满针尖大小的点状红色皮疹,手压可褪色。在腋窝、肘弯、腹股沟等处,皮疹细密如条条红线。面部充血潮红,口唇周围皮疹稀少,呈环口白圈。舌面光滑,舌乳头肿大,像杨梅,称杨梅舌。皮疹2～4日内消失,1周左右开始脱皮。少数病儿可并发急性肾炎等疾病。

2. 护理和预防

护理:隔离病儿至少7天;遵医嘱,彻底治疗。

预防:保持小儿活动室、睡眠室空气流通;少带学前儿童到公共场所,避免让学前儿童接触病人;发现病儿应及时隔离、治疗,隔离至皮疹全部干燥、结痂,没有新皮疹出现方可回班;接触者检疫21天;病儿停留过的房间开窗通风3小时。

(四)百日咳

百日咳是由百日咳杆菌所致的急性呼吸道传染病,通过飞沫传播,婴幼儿多见。临床上以急性痉挛性咳嗽、鸡鸣样吸气吼声为特征,病程可长达2～3月,故名百日咳。全年均可发病,以冬春季节为多,可延至春末夏初,一般病后获终生免疫。

1. 症状

经1～3周的潜伏期(一般7～10天)后出现症状,病程分三期,但无明显界限。卡他期:一般为1～2周,开始有类似感冒的症状。3天左右后症状减轻,唯咳嗽加重,渐渐转变,成阵发性痉挛性咳嗽。痉咳期:阵发性痉挛性咳嗽是本期特点,直至把呼吸道积聚的痰咳出为止。若无继发感染,一般体温正常。新生儿及6个月以内婴儿多无痉咳及特殊吼声,而是阵发屏气、发绀,易惊厥、窒息而死亡。此期为2～6周。恢复期:痉咳减轻,鸡鸣样吸气声消失,若无并发症,经2～3周即愈。

2. 护理和预防

护理:保持空气清新,注意营养及休息;避免刺激、哭啼而诱发痉咳;婴幼儿痉咳时采取头低位,轻拍背;咳嗽较重者睡前可用氯丙嗪或异丙嗪,有利睡眠,减少阵咳;患儿发生窒息时应及时做人工呼吸、吸痰和给氧。

预防:应及时发现和隔离病人,一般起病后隔离40天,或痉咳开始后30天;患者的痰、口鼻分泌物要进行消毒处理;要保护易感者,进行预防接种,注射白喉类毒素、百日咳菌苗、破伤风类毒素,这三联疫苗已列入常规预防接种计划之中;对于婴幼儿及体弱的接触者,可给予百日咳多价免疫球蛋白作被动免疫,还可用红霉素作药物预防。

(五)风疹

风疹是由风疹病毒引起的呼吸道传染病。风疹病毒在体外生存能力很弱,因此,传染性较小。此病多发于冬春季,一般病后获终生免疫。

1. 症状

潜伏期 10～21 天。前驱期症状较轻,表现为低热、咳嗽、流鼻涕、乏力、咽痛、眼发红等类似感冒的症状,同时,身后、枕部淋巴结肿大。在发热的 1～2 天内开始出皮疹。从面部、颈部开始,24 小时内遍及全身,手掌、足底没有皮疹。皮疹一般在 3 天内消退。出诊期间病儿精神良好。

2. 护理和预防

护理:病儿须隔离至出诊后 5 天;病儿宜卧床休息,饮食要有营养、易消化;注意保持皮肤卫生。

预防:可注射风疹疫苗,其他同猩红热预防。

(六)麻疹

麻疹由空气飞沫经呼吸道传染。麻疹是儿童最常见的急性呼吸道传染病之一,其传染性很强,在人口密集而未普种疫苗的地区易发生流行;2～3 年发生一次大流行。我国自 1965 年开始普种麻疹减毒活疫苗后,已控制了大流行。一般病后获终生免疫。

1. 症状

麻疹潜伏期约 10 日(6～18 天),可延至 3～4 周,在潜伏期内可有轻度体温上升。一般 3～4 天为发疹前期,主要表现类似上呼吸道感染症状,如发热、咳嗽、流涕、流泪、咽部充血等;结膜发炎、眼睑水肿、眼泪增多、畏光,下眼睑边缘有一条明显充血横线;在发疹前 24～48 小时,下臼齿的颊黏膜上出现直径约 1.0mm 的灰白色小点,外有红色晕圈,称麻疹黏膜斑,为该病早期特征;部分病例可有一些非特异症状,如全身不适、食欲减退、精神不振等;婴儿可有消化系统症状。

多在发热后 3～4 天出现皮疹,体温可突然升高至 40～40.5℃,皮疹开始为稀疏不规则的红色斑丘疹,疹间皮肤正常,始见于耳后、颈部、发际边缘,24 小时内向下发展遍及面部、躯干及上肢,第 3 天皮疹累及下肢及趾部。大部分皮疹手指压褪色,但亦有出现瘀点者。

出疹 3～4 天后,皮疹开始消退,消退顺序与出疹时相同;在无并发症发生的情况下,食欲、精神等其他症状也随之好转。疹退后,皮肤可能留有糠麸状脱屑及棕色色素沉着,7～10 天痊愈。

2. 护理和预防

护理:患者应卧床休息至疹子消退、症状消失。居室要安静,空气要新鲜湿润,经常要开窗通风,但要避免让冷风直接吹到病儿身上,要避免强烈光线刺激病儿的眼睛。给病儿穿衣盖被要适当。食物给以清淡易消化的流食或半流食。多喝水或热汤,亦可按需服用清热解毒、解表透疹的中药,有利于将身体内的毒素排出及退热,还可以促进血液循环,使皮疹容易发透。疹子消退,进入恢复期,及时添加营养丰富的食物。除生冷油腻的食物外,不需忌口。注意病儿的皮肤、眼睛、口腔、鼻腔的清洁。发热在 39℃ 以上的,须采取一些退热措施,按医生的指导吃少量阿司匹林,忌冷敷及酒精浴。注意观察病情,及早发现并发症。麻疹是个病情很重的疾病,护理不当会引发肺炎、心力衰竭、喉炎和脑炎,严重的可危及生命。

预防:对病人应严密隔离,病室注意通风换气,同时不宜让风直接吹着患儿,否则疹子出不透。充分利用日光或紫外线照射;医护人员离开病室后应洗手更换外衣或在空气流通处停留20分钟方可接触易感者;对于接触过麻疹的易感儿,应从接触后的第7天起隔离观察直至第21天;如接触麻疹后用过被动免疫制剂的儿童,应延长隔离期到第28天;保护易感人群,流行季节避免接触传染源,及时接种或补种麻疹减毒疫苗。

(七) 水痘

水痘是由水痘病毒引起的呼吸道传染病,传染性极强,多发于冬春季。易感者多为6个月以上的儿童。病初,可经飞沫传播,当皮肤疱疹溃破后,可经衣物、用具等传播。病后一般获终生免疫。

1. 症状

感染水痘后,潜伏期为10~21天。发病初期1~2天低热,随后出皮疹。皮疹出现顺序为头皮、面部、躯干、四肢。初起时为红色丘疹,1天左右变为水疱,3~4天后水疱干缩,变为痂皮。痂皮脱落,一般不留疤痕。皮疹分批出现,丘疹、水疱、痂皮可同时存在,皮肤瘙痒。

2. 护理和预防

护理:保持皮肤清洁,防止小儿搔抓皮肤,可用炉甘石擦剂止痒。

预防:同猩红热。

(八) 感染性腹泻

感染性腹泻可由病毒、细菌、真菌、原虫等多种病原体引起,其流行面广,发病率高,是危害人民身体健康的重要疾病。我们把除霍乱、细菌性和阿米巴性痢疾、伤寒和副伤寒以外的感染性腹泻称为感染性腹泻,为狭义上的感染性腹泻。

1. 症状

腹泻,大便每日多于3次,粪便的性状异常,可为稀便、水样便,亦可为黏液便、脓血便,可伴有恶心、呕吐、食欲不振、发热及全身不适等。病情严重者大量丢失水分引起脱水、电解质紊乱甚至休克。

(1) 分泌性腹泻。分泌性腹泻是指病原体或其产物作用于肠上皮细胞,引起肠液分泌增多和/或吸收障碍而导致的腹泻。病人多不伴有发热,粪便性状为稀便或水样便,粪便在显微镜检查下多无细胞,或可见少量红、白细胞。

(2) 炎症性腹泻。炎症性腹泻是指病原体侵袭上皮细胞,引起炎症而致的腹泻。常伴有发热、粪便多为黏液便或黏液血便,粪便在显微镜检查下见有较多的红、白细胞。

2. 护理和预防

护理:注意饮食,腹泻初期,最好多吃一些流食;情况好转后再吃一些半流食,但是,不要喝牛奶;另外,还要注意少食多餐。食物也不宜过冷,否则会引起肠蠕动;最好选择既能补充营养,对肠道刺激又小的食物;积极补液,对症治疗,尤其注意改善中毒症状及

第三章 学前儿童身体的疾病及其预防

纠正水电解质的平衡失调。

预防:开展健康教育,加强以预防肠道传染病为重点的卫生宣传教育,搞好环境卫生,提倡喝开水,不吃生的或半生的食品;改变有些农村人畜共舍的生活习惯;注意饮用水卫生,要加快城乡自来水建设、加强自来水卫生监督管理,在一时达不到要求的地区,必须保护水源,改善饮用水卫生,实行饮用水消毒。

(九)手足口病

手足口病是由多种肠道病毒引起的全球性传染病。传播途径复杂,病毒可以通过唾液飞沫或带有病毒之苍蝇叮爬过的食物,经鼻腔、口腔传染给健康儿童,也可因直接接触而传染,其感染部位是包括口腔在内的整个消化道,可引起手、足、口腔等部位的疱疹,故称"手足口病"。多发生于5岁以下儿童。

1. 症状

急性起病,发热,患儿口腔内颊部、舌、软腭、硬腭、口唇内侧、手足心、肘、膝、臀部和前阴等部位出现小米粒或绿豆大小、周围发红的灰白色小疱疹或红色丘疹,疱内液体较少,不痒、不痛、不结痂、不结疤。可伴有咳嗽、流涕、食欲不振等症状。部分病例仅表现为皮疹或疱疹性咽峡炎。多在一周内痊愈,预后良好。部分病例皮疹表现不典型。少数病例,尤其是小于3岁的病人病情进展迅速,在发病1~5天出现脑膜炎、脑炎(以脑干脑炎最为凶险)、脑脊髓炎、肺水肿、循环障碍等,极少数病例病情危重,可致死亡。存活病例会留有后遗症。

2. 护理和预防

护理:在患病期间,应加强患儿的护理,做好口腔卫生;进食前后可用生理盐水或温开水漱口,食物以流质及半流质等无刺激性食物为宜;手足口病因可合并心肌炎、脑炎、脑膜炎等,故应加强观察,不可掉以轻心。

预防:教育幼儿养成良好的卫生习惯,做到饭前便后洗手、不喝生水、不吃生冷食物,勤晒衣被,多通风;托幼机构和家长发现可疑患儿,要及时到医疗机构就诊,并及时向卫生和教育部门报告,及时采取控制措施;轻症患儿不必住院,可在家中治疗、休息,避免交叉感染。

(十)病毒性肝炎

病毒性肝炎是由肝炎病毒引起的流行比较广泛的常见传染病。传染源为病人及病毒携带者。甲型肝炎病毒存在于病人粪便中,自潜伏期末至发病后2~3周都有传染性。病人粪便直接或间接污染食物,经口传播。乙型肝炎病毒存在于病人及携带者的血液、体液(唾液、乳汁等)及粪便中。通过注射、输血及消毒不严格的医疗操作而传播是发生乙肝的主要途径。此外,母婴之间及生活上的密切接触也是重要的传播途径。

1. 症状

病毒性肝炎分甲型、乙型、非甲非乙型等多种类型,主要症状为食欲减退、恶心、乏力、腹泻、肝肿大有压痛、不喜欢吃油腻食物等。

2. 护理和预防

护理：隔离病人；肝炎病人应多休息，病情好转可轻微活动；饮食以少脂肪、多维生素及适量蛋白质和糖类为宜。

预防：养成良好的卫生习惯，饭前便后洗手，讲究饮食卫生，防止病从口入，杯、牙具等应个人专用，做好日常消毒工作，学前儿童的食具、水杯等应煮沸消毒（水烧开后煮15分钟以上）；幼儿园工作人员应定期体检并严格执行各种注射和针刺用具的消毒，并坚持"一人一针筒"的原则。

（十一）急性出血性结膜炎

急性出血性结膜炎俗称"红眼病"，是一种通过接触传染的急性眼病。该病全年均可发生，以春夏季节多见，常在幼儿园、学校、医院、工厂等集体单位广泛传播，造成暴发流行。

1. 症状

红眼病可由不同病因引起，大致可以归纳为如下两种：细菌感染引起的红眼病潜伏期1～3天，病程1～2周，主要症状为眼红，眼分泌物增多，晨起时上下睫毛常粘在一起，不合并角膜病及全身症状；病毒感染引起的红眼病潜伏期24小时内，主要表现为水性的分泌物增多，球结膜下出血，淋巴结肿大，多合并角膜病变，部分患者可有发热、肌痛等类似感冒的全身症状。

2. 护理和预防

护理：得了红眼病后要积极治疗，症状完全消失后仍要继续治疗1周时间，以防复发；不能遮盖患眼，初期冷敷，有助于消肿褪红；保持眼部清洁，不论眼药水还是眼药膏均应专人专用，以免交叉感染；避光避热，也不要勉强看书或看电视，出门时可戴太阳镜，避免阳光、风、尘等刺激；注意饮食，忌酒，忌食辛辣等食物。

预防：发现红眼病，应及时隔离，所有用具应单独使用，最好能洗净晒干后再用；养成良好的卫生习惯，要勤洗手，不要用脏手揉眼睛，要勤剪指甲，饭前、便后、外出回家后要及时洗手；去正规游泳池游泳，严禁红眼病患者进入游泳池。

故事会

> **知识窗**
>
> ### 视 力 检 查
>
> 1.5 岁至 4 岁儿童使用儿童图形视力卡或点视力检测仪。4 岁以上儿童使用国际标准视力表或对数视力表,方法如下。
>
> (1) 视力表(国际标准视力表或对数视力表)。
> - 视力表距离:5 米。
> - 视力表悬挂高度:国际标准视力表 1.0 一行,对数视力表 5.0 一行应与儿童眼大致位于同一水平线。
>
> (2) 视力检查方法。
>
> 检查时,一眼遮挡,但勿压迫眼球,按照先右后左顺序,单眼进行检查。自上而下辨认视标,直到不能辨认的一行为止,其前一行即为被检查者的视力。
>
> (3) 视力记录。
>
> 应记录儿童所测得的最佳视力,以能辨认出半数及半数以上视标的一行做记录,或此行能看清几个视标就写几个。如 0.6^{+3} 表示 0.6 一行看完,0.8 一行能看清 3 个。如果此行大部分可看清,可减去看不清的个数,如 0.8^{-3} 表示 0.8 一行有 3 个视标看不清。
>
> (4) 儿童正常视力标准如下。
>
> 2 岁 0.5;3 岁 0.7;4 岁 0.8;5 岁及以上 1.0。
>
> (5) 儿童视力低常标准如下。
>
> 4 岁≤0.6;5 岁及以上≤0.8。

 实训练习

(1) 如何测体温?
(2) 如何测脉搏、测呼吸?
(3) 幼儿高热时如何降温?

 思考练习

(1) 如何预防佝偻病?
(2) 龋齿的病因是什么?如何保护学前儿童的牙齿?
(3) 弱视产生的原因是什么?学前儿童弱视有什么危害?
(4) 对于学前儿童腹泻应如何护理?
(5) 学前儿童患肥胖症有什么危害?如何预防?
(6) 什么是特异性免疫和非特异性免疫?

（7）传染病流行的三个基本环节是什么？

（8）切断传染途径和保护易感儿的措施各是什么？

（9）幼儿急疹会出现哪些症状？应如何护理？

（10）怎样预防传染性肝炎？

第四章

学前儿童的心理卫生与保健

- 了解学前儿童心理卫生的目标；
- 掌握学前儿童心理健康的特征；
- 了解一些常见的学前儿童心理问题；
- 掌握预防学前儿童心理问题的措施；
- 掌握促进学前儿童心理保健的措施。

- 学前儿童心理健康的标志；
- 学前儿童常见的心理卫生问题；
- 预防学前儿童心理问题的措施；
- 促进学前儿童心理保健的措施。

心理卫生，也称精神卫生，是指维护和增进人们的心理健康、预防心理疾病的发生以及矫治各种不健康心理的方法和措施。早期的心理卫生概念强调的是躯体、心理疾病的预防和治疗，现在的心理卫生概念强调的是对健康人的心理保健，预防心理障碍和心理疾病的产生。心理健康对学前儿童健康成长有着重要的意义。

案例评析

一小学生患有多动症，学习困难，上课不能安静听讲，爱做小动作，不能完成作业，容易激动，好与人争吵，注意力集中时间短暂。班主任发现后及时采取了措施。首先他与这位学生的家长取得联系，让学生家长采用正确的方法教育学生。其次他对学生进行了各种训练，如训练学生走平衡台、荡秋千等；让学生数出一堆杂乱无章的火柴棍的根数；给学生讲一段故事，要求他每听到一个动词（或其他词类）就把这个动词念一遍；要求该学生把20粒黄豆，一个个连续不断地扔到1米远的小水杯里，在做这些的同时，这位老师在学生取得进步时及时给予奖赏，由喜爱的食物，到给红花，再到点头、微笑、表扬、赞美等，一段时间过去之后，这位学生上课时不再做过多的小动作，而且注意力也集中了，学习取得了很大进步。这位老师长长地松了口气。根据所学的知识分析上述案例,这位老师采取了哪些方法使这位多动症患儿恢复了正常?

分析:案例中这位老师采取以下措施使患儿恢复正常:首先,这位老师采用训练的方法从而使该学生的注意力集中起来,他利用让学生走平衡台和荡秋千,提高了学生体能协调能力,利用数火柴棍训练了学生的视觉注意力,利用讲故事、念动词训练了学生听觉注意力,利用抛黄豆粒训练了学生的动作注意力,各方面注意力集中了,学生自然不会再有多动症的迹象了。其次,这位老师在运用训练法的同时,还采用了行为疗法中的阳性强化法,利用各种奖赏以巩固学生所取得的进步,而且奖赏类型由低级到高级,满足了学生的心理需要,先让学生明白希望做的事,然后及时强化,最终使学生脱离强化程序仍能够不出现问题。训练和阳性强化法是治疗多动症的极好方法,两者合用,效果更佳。

第一节　学前儿童的健康心理与保健

现代社会中,儿童心理问题和行为障碍的发生率大幅上升,已引起全社会的关注,因此,学前儿童的心理卫生和保健工作就显得格外重要了。

一、学前儿童心理卫生的目标

心理卫生又称为精神卫生,是关于保护和增进人们心理健康的心理学原则、方法和措施。心理卫生有狭义和广义之分:狭义心理卫生旨在预防心理疾病的发生;广义的心理卫生则以促进人们的心理健康、发挥更大的心理效能为目标,使人们生活得更幸福、更快乐、更成功。

《幼儿园教育指导纲要(试行)》明确指出:幼儿园必须把保护幼儿的生命和促进幼儿的健康放在首位。要树立正确的健康观念,在重视幼儿身体健康的同时,高度重视幼儿的心理健康。因此,了解学前儿童心理卫生的相关知识,就是为了促进学前儿童的心理健康,预防其心理方面的问题和疾病。具体目标:主要是运用心理学、教育学、社会学以及医学等学科的理论与方法,培养学前儿童健康的情绪、健全的人格和较好的适应环境的能力,为成年期的心理健康奠定良好的基础;其次,对于学前儿童的各种心理问题和障碍,要早期发现、早期治疗;再次,要充分利用一切有利因素,削弱或消除不利因素,为学前儿童创设良好的身心发展环境,尽可能地将学前儿童的各种行为问题、心理障碍和心理疾病消灭在萌芽状态。

二、学前儿童心理健康的特征

根据学前儿童身心发展的特点,主要从智力、情绪、行为、人际关系等方面来衡量,一般认为学前儿童心理健康有如下几个特征。

(一)智力发展正常

智力发展正常与否是衡量儿童心理健康的重要标志。个体之间的智力发展虽然存在着一定的差异,但有比较宽广的正常范围,如果一个儿童的智力明显低于同龄人的水

平,则被视为智力发展不正常。学前期是智力发展极为迅速的时期,但由于各种原因造成的脑损伤或早期教育环境的剥夺,都会阻碍学前儿童的智力发展,从而导致心理的不健康。

(二)情绪健康,反应适度

积极的情绪状态反映了中枢神经系统功能的协调性,亦表明人的身心处于良好的平衡状态。学前儿童的情绪具有很大的冲动性和易变性,但随着年龄的增长,情绪的自我调节有所增强,稳定性逐渐提高,并开始学习合理地宣泄消极的情绪。如果一个儿童的情绪极易变化、喜怒无常,经常处于消极情绪状态,与所处环境很不协调,那么该儿童的情绪就是不健康的。

(三)乐于与人交往,人际关系融洽

儿童之间正常的交往既是维持心理健康的重要条件,也是获得心理健康的必要途径。一些心理不健康的儿童,其人际关系往往是失调的,或自己远离伙伴,或被称为群体中的"嫌弃儿"。心理健康的儿童乐意与人交往,能与同伴合作游戏,分享快乐,也是群体中受欢迎的一员。

(四)行为和谐统一

随着年龄的增长,学前儿童的思维逐渐变得有条理,主动注意的时间逐渐延长,情绪、情感的表达方法日趋合理。心理健康的儿童,其心理活动和行为方式是和谐统一的,表现为既不异常敏感,也不异常迟钝。心理不健康的儿童往往有异乎寻常的注意力不集中或不能自制的过度活动。

(五)性格特征良好

性格是个性最核心、最本质的表现,它反映在对客观现实的稳定态度和习惯化了的行为方式之中。心理健康的儿童,一般具有热情、勇敢、自信、主动、合作等性格特征,而心理不健康的儿童常常具有冷漠、胆怯、自卑、被动、孤僻等性格特征。

(六)自我意识良好

自我意识在个体发展中有着十分重要的作用,它是指人对自己的身心状态及对自己同客观世界的关系的意识。正常儿童能了解自己、悦纳自己,体验到自己存在的价值,在他们身上积极的肯定的自我观念占优势。

上述心理健康的多项特征中,某些儿童可能与其中一些特征略有不符,但如果仍有相当的社会适应能力,则应视为心理健康。

三、不同年龄阶段的心理卫生和保健

学前儿童的身心正处于迅速发育的过程,可变性和波动性都很大。在日常生活和教育活动中,采用合理方法,满足各年龄阶段不同的心理需要,是促进学前儿童心理健康发

展的重要保障。

（一）0~1岁婴儿心理保健重点

孩子出生时就已经准备好与人建立关系了，他们可以用声音、表情、动作来表达需要及情感。他们有着健康、安全、被关爱、被照料的共同需求，成人应细心观察、理解婴儿的各种表现和反应，以便能较准确地把握婴儿身心状况和感受，及时满足婴儿的各种需要，促进婴儿身心的健康发展。

1. 母乳喂养

母乳是婴儿最理想的食物，母乳营养丰富，适于婴儿的消化吸收；含有抗体，可提高婴儿免疫力；不凉不热，新鲜卫生，喂哺方便。除此之外，母乳喂养还为婴儿提供精神食粮——母爱，让宝宝获得情感上的温暖和满足。孩子一边吃奶，妈妈一边朝他微笑着、抚摸着、肌肤的接触、爱抚的动作和轻声细语，为婴儿提供社会性心理刺激，建立起母子相依的情感，也就是最初的社交。这一切都有利于婴儿的心理健康，故应提倡母乳喂养。

2. 趴、爬好处多

让婴儿学趴和爬对身心发育都有益处。趴着时，婴儿会努力抬头、挺胸、全身使劲；还可以东张西望，有利于拓宽视野。爬是婴儿主动向前移动的最早形式，是训练综合感觉能力发展的有效途径。孩子克服"距离"的障碍，去拿喜欢的玩具，可以得到更多的喜悦和满足。婴儿在爬行的过程中，头颈抬起，胸腹离地，用肢体支撑身体的重量，动作要协调，身体要保持平衡。爬是全身运动，可以锻炼大肌肉群，促进骨骼的生长，为日后的站立和行走打下良好的基础。同时，也增强了孩子的自信心。孩子过了满月就可以每天趴一会儿，半岁左右可以训练爬，不要忽略这些锻炼。

3. 多抱抱，视野开阔

0~1岁正是婴儿脑细胞数目增殖和结构变复杂的关键时期，单调的环境不能提供足够的信息量，不利于脑细胞结构和功能的发展。整天望着天花板或眼前的一片小天地，婴儿会觉得乏味，产生消极的情绪，有的则滋生怪癖。抱孩子到户外活动，到处走走看看，呼吸一下新鲜空气，不仅有利于婴儿脑神经的发育，而且能使孩子的视野更开阔、心情更愉快。

4. 让孩子多动手

有位教育专家曾说过："儿童的智慧在他的手尖上。"手的活动可以刺激相当大范围的大脑皮质，脑的发育又使手的动作更加灵活、准确、精细，这就是我们常说的"心灵手巧"。新生儿小手的"抓握"动作是种本能，但手逐渐成为婴儿了解世界、认识自我的工具。过了半岁，小儿的眼、手就能逐渐配合，主动抓握够取东西，并能熟练掌握拇指与四指相对抓握的方式，从而在感知物体的大小、轻重、软硬、上下等。

5. 让孩子早开口

诱导孩子发音，训练孩子早开口说话，不仅是让孩子掌握语言的本领和技巧，更重要的是能发展孩子的智力。嘴巧是善于语言表达，心灵则是思维敏捷。孩子呱呱坠地的哭声即是他发音的练习,哭的时候吸气短、呼气长,和说话时的呼吸相同,所以健康的孩子,不必一哭就马上哄他。到了2~3个月,孩子就能发出一些语音,家长常对孩子说话,让孩子熟悉语音和口型,会加快孩子咿呀学语的过程。7~8个月时,孩子就能听懂一些词,这时家长可以把词和具体的东西联系起来,如指着窗户说"窗户"等。1岁左右孩子就能模仿说出一些词,如"饭饭""鸟鸟"等,这时家长不要随着孩子去说,而要使用正确的词汇或完整的短句和孩子说话,如"吃饭""小鸟"等。

(二) 1~3岁幼儿心理保健要点

婴儿1岁时开始学习独立行走,这不仅意味着婴幼儿生活空间的扩展,更意味着婴幼儿可以根据自己的意愿行动,其自主性和独立性的需求也越加强烈。

1. 科学进行断奶

母乳虽然是孩子的天然营养品,但随着孩子的成长,只吃母乳就不足以满足成长的需要,如钙、铁等。从半岁开始乳牙开始萌发,胃容量也逐渐增大,只吃流食不饱,故要适当增加辅食。五颜六色、味道各异的辅食,能引起小儿的食欲,逐渐适应非乳类的半固体或固体兴趣。这些都为孩子断奶做好心理上的准备。1岁左右可以断奶,如在乳头上涂辣椒、黄连等做法,会导致孩子身心的不适应。应注意在炎热的夏天,婴儿易患肠道疾病,故不宜断奶,应延至秋后再断奶;婴儿患病期间,或打预防针期间,不宜断奶。

2. 培养良好的饮食习惯

从小培养孩子好的饮食习惯,不仅有利于身体发育,也有益于心理发展。要教育孩子不偏食、不挑食;要让孩子懂得好吃的大家吃、不贪吃;饭前饭后帮帮忙,培养谦让、自制、独立等良好品质。不要孩子一闹就用食物来哄,避免孩子养成不良习惯,一味贪吃,不利于各种能力和良好情绪的培养。

3. 训练大小便

在儿童的心理发展上起主要作用的是教育,包括训练。对大小便的训练可以说是最初的、最重要的训练了。一般在2岁左右,孩子已经具备控制排便和排尿的能力,但还需要耐心的训练才能做到有约束,并按大人的指令行事。如果孩子能从训练中得到充分的母爱,他们就会取悦母亲,顺从母亲的要求而不再便溺。所以在训练过程中,要和蔼,不要斥责,更不能责怪和打骂。否则,心理创伤会削弱大脑皮质的功能,甚至5岁后仍然尿床,导致遗尿症。

4. 不要吓唬孩子

有些家长为了让孩子"安静""守规矩",甚至只是为了逗孩子取乐,编造一些可怕的情景来吓唬孩子。吓得孩子听话了、老实了,大人觉得省心、省事,甚至觉得好玩,但孩子确实真的害怕,甚至受到惊吓。这样有可能导致孩子发生口吃、遗尿、夜惊等问题,甚至影响到成年期的心理。

5. 保护孩子要适度

孩子到了3岁左右就渐渐有了自己的想法,有了自己动手的愿望,但有些家长干涉

过分,过分的保护会让孩子失去独立性,产生依赖大人的习惯,个别孩子到了青少年期生活仍不能很好自理,言谈举止也很幼稚,缺乏对环境的适应能力。如果保护过度加上溺爱、纵容,孩子就会变得任性、爱发脾气,在人际交往和社会中也会处处碰壁。孩子"闹独立"受到压制,也会形成反抗心理。

6. 重视语言发展

1~2岁的时候是孩子语言发展的关键期。如果孩子在这一时期内缺乏适宜环境刺激和教育引导,就可能出现语言缺陷或智力落后等问题。因此,一定要给孩子创造一个丰富的语言环境,使孩子的语言及智力得到良好的发展。

(三)3~6岁幼儿心理保健重点

此时的幼儿处于学龄前期,心理保健的重点是培养孩子的"角色意识"。

1. 培养"角色意识"

要让孩子知道他担当的是什么"角色",摆正自己在家庭中的位置:他是父母的孩子,爷爷、奶奶的孙子或孙女。要尊敬老人和父母,不能随心所欲,不应扮演"小霸王"的角色,不能以他为核心而让大人围着他转。应该培养他们有礼貌、知谦让、懂规矩、会合作。如果溺爱娇惯孩子,就会使他们以自我为中心,而在社会生活中会遭遇更多的冲突,甚至会酿成悲剧。

2. 让家庭充满欢笑

幼儿的神经系统还十分脆弱,疏泄心里紧张的能力还很差,特别需要感受更多的家庭温暖。在一个和睦的家庭中,敬老爱幼,互相关心,互相爱护,这样家庭氛围有利于幼儿心理的健康发展。父母乐观、镇静、愉快的情绪对孩子可以产生巨大的感染力。如果父母对子女的感情冷漠,父母不和,家庭破裂,而孩子在感情上的需要又得不到补偿,就会影响孩子的心理健康。

3. 保护孩子的独立性

随着幼儿自我意识的发展,他们自我变现的积极性越来越高,自尊心也明显增强。他们经常说"不",给人的感觉是越来越不听话。实际上,这是幼儿独立性、积极性、主动性发展的体现。此时,保教人员和家长不应采取强制甚至打骂、威胁的手段,而应因势利导,保护和培养儿童的自主性、探索精神和自尊心。否则,孩子幼小的心灵就会出现扭曲、怯懦、自卑、固执、依赖和神经质等问题。

4. 正确对待孩子的过失和错误

孩子小,知识和经验少,能力差,出现过失和错误是正常的。孩子正是在过失和错误中不断地吸取经验、增长见识的。保教人员和家长在教育孩子的态度上,要心平气和,尽量减少压力,循循善诱,讲清道理,不要伤害孩子的自尊心,更不能动辄斥责、打骂。在对孩子的教育上,父母要配合默契,态度一致,不能一方严加管教,另一方袒护。对于孩子的过失和错误,要给予更多的同情和谅解;否则,会促成他们的逆反心理,反而使错误行为达到强化。

5. 敞开家庭大门

让孩子多与小朋友接触,孩子们在一起就是学习、就是交际、就有乐趣。与伙伴玩耍是一种学习方式,从中可以学习相互接纳、增进友谊,学习与同伴合作和沟通,学习遵守规则和秩序,增强处理纠纷和矛盾的能力。这样的活动不仅能使孩子学到能力和本领,还可以收获更多的快乐。孩子多接触自然,开阔眼界,参加适宜的社会活动,有利于增强他们对社会的了解和适应能力。

6. 做好入学准备

从幼儿园升入小学是人生中一个重要的转折点。早上起得更早,中午休息时间短,学习取代了游戏而成了重要任务,这些都是重大改变。要让孩子尽快适应新生活,应该在入学前就有所准备。生活要有规律,养成早睡早起的习惯,做力所能及的家务,培养生活自理能力和热爱劳动的习惯。要教育孩子善于与小伙伴交往,学会合作与分享、理解与谦让。做好进入小学的心理准备,可以很好地预防"学校恐惧症"等问题的出现。

第二节 学前儿童常见的心理问题及预防

学前儿童心理问题的早期发现、早期干预和早期治疗,对学前儿童的正常发育和健康成长,乃至其一生的健康都具有十分重要的意义。

一、学前儿童心理问题的早期发现

在学前儿童的成长过程中,免不了会出现这样或那样的问题,对此,我们首先应该考虑其年龄阶段发育的基本特点。因为,有些问题是学前儿童发展阶段中的年龄特征,随着其年龄的增长以及教育的实施,这些问题会逐渐自行消失,不属于心理问题。例如,两岁以前的学前儿童,经常会出现尿床的现象,这是由其生理机能发育的年龄特点所决定的,属于正常现象。再如,两三岁的学前儿童经常表现出以自我为中心的行为,这也是其心理发展过程中的一个年龄特点,也属于正常行为。

那么什么是学前儿童的心理问题呢?

学前儿童的心理问题,是指学前儿童心理活动异常及行为表现偏离常态的现象。仍然拿上述例子来分析,两岁以前的学前儿童经常出现尿床的现象是属于正常的,但四五岁的学前儿童如果也经常出现尿床现象,那就不正常了,属于一种心理问题。同样,随着学前儿童年龄的增长、社会交往经验的获得以及教育的实施,学前儿童会逐渐变得能与同伴友好相处,学会分享与合作。如果四五岁的学前儿童仍然处处表现出以自我为中心,那他就很难与人相处,结果必然会导致社会适应上的障碍,这就是一种心理问题。

因此,在判断学前儿童心理是否正常的时候,首先必须结合学前儿童不同年龄阶段生理和心理发育的特征,并以此为基础,同时,还要考虑到学前儿童所处的社会环境特点以及教育文化背景,综合地加以判断。

由于学前儿童尚处于身心发育的迅速时期,其可塑性很大,这就为学前儿童心理问题的矫治提供了有利的时机。如果学前儿童的心理问题能得到及时的指导和矫治,这些在情绪和行为上的偏异就会得到较好的纠正,或者完全消失,这对于学前儿童的正常发育和健康成长乃至其一生的健康都具有十分重要的意义。因此,成人应及早地发现并重视学前儿童的心理问题,及时地进行分析,必要时,可以请儿童心理卫生工作者或儿童精神科医生进行鉴定确诊,然后针对具体情况,采取相应的对策和治疗手段,包括教育干预、心理治疗、药物治疗等。

二、学前儿童常见的心理问题及预防

学前儿童在发展的过程中,由于受到来自生理的、心理的以及社会环境、教养方式等多方面因素的影响,有为数不少的学前儿童会在其发展的某些阶段里,出现或多或少的在情绪或行为上的轻微偏异,如情绪不稳、爱发脾气、任性、冲动、多动、以自我为中心、破坏性行为、敏感、多疑、胆怯、退缩、害羞、过分谨慎、自卑、忧郁、孤僻、冷漠、依赖性强等。这些在情绪或行为上的偏异,除了具有程度上的差异外,有的还有一定的性别差异。

也有一些学前儿童会出现相对较重的心理问题,如夜惊、梦魇、遗尿症、神经性厌食、口吃、选择性缄默症、多动症、攻击性行为、吮吸手指、咬指甲、习惯性阴部摩擦等。

(一) 夜惊

1. 夜惊的概念

夜惊,是指睡眠时所产生的一种惊恐反应,属于睡眠障碍。

2. 学前儿童夜惊的主要表现

在睡眠中惊醒,学前儿童从床上突然坐起、两眼瞪直、惊慌失措或哭喊出声,表现出恐惧、害怕、惊慌、焦虑等神情。这时,如果叫他,通常难以唤醒;对于他人的安抚,他一般不予理会。夜惊的发作可持续数分钟,发作后仍能平静入睡,睡醒后基本上对此事没有记忆。

3. 引起学前儿童夜惊的主要原因

(1) 精神紧张、焦虑不安。如离开亲人进入到陌生环境;受到成人的严厉责备,睡前看了较紧张、恐怖的电视,或经常听一些情节较紧张的故事等。

(2) 不良的睡眠习惯。如睡眠时将手压在胸口上等。

(3) 躯体患有疾病。如因鼻咽部位患病而引起睡眠时呼吸不畅,或患肠道寄生虫病等。

4. 学前儿童夜惊的预防与矫治

消除引起学前儿童精神紧张、焦虑不安的各种因素,注意培养学前儿童良好的睡眠习惯。如果学前儿童患有躯体方面的疾病,应及早进行治疗,随着引起夜惊诱因的解除以及学前儿童年龄的增长,大多数学前儿童的夜惊会自行消失。

(二) 梦魇

1. 梦魇的概念

梦魇,是指以做噩梦为主要表现的一种睡眠障碍。

2. 学前儿童梦魇的主要表现

由于学前儿童在做噩梦时是处于极度的紧张、恐惧、焦虑之中,以致大声哭喊而惊醒。惊醒后,学前儿童仍表现出短暂的精神紧张、焦虑不安,但能向他人叙述恶梦中的某些片断,表达出恐惧、焦虑的体验;不多时,学前儿童可以完全摆脱对梦境的恐惧情绪,再度入睡。

3. 引起学前儿童梦魇的主要原因

(1) 精神紧张、焦虑不安。如遭受挫折,受到惊吓,睡前看了较紧张、恐怖的电视,或听了情节较紧张的故事等。

(2) 不良的睡眠或饮食习惯。如睡眠时将手压在胸口上,睡前吃了较多的食物等。

(3) 躯体患有疾病。如因患呼吸道疾病而引起睡眠时呼吸不畅,或患有肠道寄生虫病等。

4. 学前儿童梦魇的预防与矫治

消除引起学前儿童精神紧张、焦虑不安的各种因素,培养学前儿童良好的生活习惯,使学前儿童的生活有规律。如果学前儿童患有躯体方面的疾病,应及早进行治疗。

(三)遗尿症

1. 遗尿症的概念

尿床对于较小的学前儿童来说,也是一种较普遍的现象,但学前儿童到了四五岁以后,仍然经常性地出现不自主的排尿现象,则应视为患有遗尿症。由于遗尿多发生于夜间,故也称作夜尿症。在患遗尿症的学前儿童中,通常男童多于女童。

2. 学前儿童遗尿症产生的主要原因

(1) 由于精神紧张而引起大脑皮层功能失调。如精神受到创伤、受到惊吓、对生活环境的改变不能适应等。遗尿本身也是一种精神紧张的刺激,因而反过来又会加重遗尿现象。

(2) 没有养成良好的排尿习惯。

(3) 白天疲劳过度,引起夜间睡眠过深。

(4) 躯体患有疾病,如膀胱炎、糖尿病等。

3. 学前儿童遗尿症的预防与矫治

消除引起学前儿童精神紧张的各种因素,包括学前儿童因遗尿后产生的心理压力,帮助学前儿童逐步树立起克服遗尿的信心。安排好学前儿童的生活,避免学前儿童白天过累,晚间适当控制学前儿童的饮水量。培养学前儿童良好的排尿习惯。对于患有躯体疾病的学前儿童,应及早进行治疗,同时,也可以配合进行行为治疗、药物治疗等。

(四)神经性厌食

1. 神经性厌食的概念

神经性厌食,是指由于心理因素而引起的一种进食障碍。

2. 学前儿童神经性厌食的表现

学前儿童对食物缺乏兴趣,没有食欲,进食量很少,如果强迫进食则易引起呕吐。

3. 引起学前儿童神经性厌食的主要原因

(1)精神紧张。如受到强烈的惊吓,家庭关系紧张,对新环境不适应,离开亲人等。

(2)家长过分注意学前儿童的进食量,强迫学前儿童进食。

4. 学前儿童神经性厌食的预防与矫治

消除引起学前儿童精神紧张的各种因素,使学前儿童能精神放松,情绪愉快。成人要改变不良的喂养方式,不要强迫学前儿童进食,同时,积极地为学前儿童营造一种轻松、愉快的进餐环境。如果能有其他学前儿童与其一同进餐,则可以起到较好的矫治效果。

(五)口吃

1. 口吃的概念

口吃,是指在说话时不自主地在字音或字句上,表现出不正确的停顿、延长和重复现象。它是一种常见的语言节律障碍。

2. 学前儿童口吃的表现

口吃的学前儿童在说话时,通常还伴有情绪激动、跺脚、拍腿、摇头、瞪眼等表现。口吃的学前儿童常有自卑、胆怯、退缩、少言寡语、孤独、不合群等消极的心理特征。在患口吃的学前儿童中,通常男童多于女童。

3. 引起学前儿童口吃的主要原因

(1)精神紧张。如家长对学前儿童的期望过高,对学前儿童的态度过于严厉,由于父母离异、强烈的惊吓等使得学前儿童受到精神上的刺激等。口吃本身又会加剧学前儿童心理的紧张程度,因而,当学前儿童处于激动、紧张等状态时,其口吃现象则会表现得更为严重。

(2)模仿。学前儿童具有好模仿的特点,由于觉得口吃者讲起话来很好玩,于是经常加以模仿,时间长了便形成习惯。

(3)成人教育上的失误。两三岁的学前儿童,正处于语言迅速发展的时期,由于他们还不能迅速地选择词汇,或是不能迅速地组句,有时会表现出重复或延长某一个字或语言不连贯、不流畅的现象,这在学前儿童语言发展的过程中属正常现象,是一种发育性的口吃,而不是真正的口吃。随着学前儿童年龄的增长,这种口吃现象会逐渐消失。但如果在这一阶段中,成人经常对此加以纠正、训斥或加以模仿,无形之中会起到一种强化的作用,引起学前儿童对自己在说话时过分注意,担心自己说话不流利,精神变得紧张,这样口吃就会更加严重,结果反而真的形成了口吃。

4. 学前儿童口吃的预防与矫治

消除引起学前儿童精神紧张的各种因素,成人应用平静、柔和的语气与学前儿童说话,引导学前儿童不要着急、慢慢地说。绝不要对学前儿童口吃现象进行指责或过于纠

正。同时,成人也应注意周围的环境,尽可能避免因学前儿童口吃而遭到周围人的嘲笑或模仿。引导学前儿童练习朗读儿歌、练习唱歌也是帮助学前儿童矫正口吃的一种较好的方法。此外,还可以同时配以专门的训练。对于学前儿童在语言发育过程中出现的不流畅现象,成人应正确对待,不要使学前儿童对说话感到紧张和不安。

(六)选择性缄默症

1. 选择性缄默症的概念

选择性缄默症,是指并无器质性损伤或病变,只是由于心理因素而引起的在言语交往上选择性的保持缄默不语状态。这是一种保护性的反应。

2. 学前儿童选择性缄默症的表现

患选择性缄默症的学前儿童,通常在人多的场合或面对陌生人时,长时间地保持沉默不语,只是在亲人面前才开口说话。选择性缄默症多发生于三岁以上的学前儿童。在学前儿童选择性缄默症患者中,通常女童多于男童,而且,多见于较敏感、胆小、羞怯、体弱的学前儿童。

3. 学前儿童选择性缄默症的原因

学前儿童选择性缄默症产生的原因,主要来自心理因素,如精神紧张、恐惧、焦虑不安等。

4. 学前儿童选择性缄默症的矫治

消除引起学前儿童心理紧张的各种因素,使学前儿童能在轻松、愉快的环境中生活和活动。培养学前儿童广泛的兴趣,积极鼓励学前儿童参加各种游戏活动,成人不要过多地注意学前儿童的表现,更不要批评、训斥或逼迫学前儿童说话,否则,会使学前儿童的紧张心理加剧,甚至导致学前儿童产生逆反心理,这更不利于矫治。对于选择性缄默症较严重的学前儿童,可以请儿童精神科医生帮助治疗。

(七)多动症

1. 多动症的概念

多动症是多动综合征的简称。它是一种常见的儿童行为异常性疾患。多动症是指以明显的注意力不集中、活动过多、行为冲动和学习困难为主要特征的一组综合征。

多动症一般在学前儿童3岁左右起病。在患多动症的学前儿童中,通常男学前儿童多于女学前儿童。

2. 学前儿童多动症的主要表现

(1)活动过多、动个不停、不能静坐、常干扰别人的活动、活动无目标。

(2)动作笨拙,精细动作的能力较差。

(3)注意力不易集中、易转移,做事常常有始无终。

(4)易发脾气、易兴奋激动、情绪易波动。

(5)有冲动行为和攻击行为、行为易变、对小动物无故残忍。

(6)难于遵守集体活动的秩序和纪律等。

以上这些表现,并非每个多动症患者都具备,而且,其表现的程度也并非完全一样。

3. 学前儿童多动症的原因

学前儿童多动症产生的原因和机理很复杂,一般认为,它是由多种因素共同作用的结果,如遗传因素、脑损伤、代谢障碍、铅中毒以及不良的教育方式等。

4. 学前儿童多动症的矫正

多动症的症状可以随着年龄的增长逐渐消失,但是,由于学前儿童多动症患者所表现出来的行为影响到周围人对他们的态度,会引起成人对他们的不断干预,这些都将对他们心理的发展产生重要的影响,因此,应及早地进行矫治。

对于多动症的学前儿童,成人要对他们进行耐心的帮助和指导,多鼓励他们,多表扬他们,不断增强他们的自尊心和自信,帮助他们按照一定的规律生活,鼓励他们多参加小组和集体的活动,引导他们遵守一定的行为规范,加强其动作的练习。通过这些,可以对他们注意力和自我控制能力的发展起到一定的促进作用。同时,还可以配合使用其他的治疗方法,如行为治疗等。

(八) 攻击性行为

1. 攻击性行为的概念

攻击性行为,是指有意想伤害他人身体或心理的行为。

2. 学前儿童攻击性行为的表现

当受到挫折时,学前儿童采取打人、踢人、咬人、扔东西、夺取别人东西等类似的方式,来发泄自己紧张的情绪,以引起与别人的对立和争斗。学前儿童的攻击性行为多见于男学前儿童。

3. 学前儿童攻击性行为产生的主要原因

(1) 家庭教育不当。如家长对学前儿童过分溺爱,造成学前儿童任性、霸道。家长怕学前儿童吃亏,告诉学前儿童"别人要是打你,你就打他",这种错误的引导会使学前儿童从"以牙还牙"逐渐发展到欺负弱小。家长经常用惩罚的方式对待学前儿童,为学前儿童起到了不良的示范作用。

(2) 疏泄情绪、保护自己。当学前儿童受到挫折时,由于缺乏自我调节的能力或社会交往的经验,为了解除心理的紧张或维护自己的自尊,便采取攻击他人的行为来疏泄自己的情绪。

(3) 模仿。学前儿童具有好模仿的特点,如果在他生活的环境中经常有攻击性行为出现,或所看的电视中常有暴力行为镜头,他就会去模仿、学习。

4. 学前儿童攻击性行为的矫治

对于学前儿童的攻击性行为,成人应尽早给予矫正,否则,会使学前儿童出现社会适应性的困难,更会影响到学前儿童道德行为的发展。为此,家长应该改变家庭教育的方式,对学前儿童进行正确的引导和教育,不能简单和粗暴地对待学前儿童,应为学前儿童提供一个温暖、宁静、祥和的生活环境。托幼园所也应该调整好班级中的人际关系,帮助学前儿童学习如何与他人相处,如何调整自己的情绪,如何对待挫折等。对于攻击性行为较严重的学前儿童,可以采取相应的心理治疗。成人对学前儿童攻击性行为进行矫正和教育的过程,其实质就是帮助和促使学前儿童社会化的过程。

（九）吮吸手指

1. 吮吸手指的概念

吮吸手指,是指将手指放入口中进行吮吸的习惯性行为。

对于较小的婴儿来说,吮吸手指是一种常见的行为,也属正常现象;随着婴儿年龄的增长,到了两岁以后,这一行为会逐渐地自行消失。但如果在学前儿童期仍保留着吮吸手指的习惯,则应该视为一种心理问题。

2. 吮吸手指的不利影响

吮吸手指会给学前儿童带来许多不利的影响,如会引起同伴的嘲笑,致使学前儿童产生胆怯、紧张、自卑等;会将手指上的细菌、病毒、寄生虫等通过口腔带入体内,引起肠炎、肠道寄生虫病等;会使手指肿胀、脱皮、发炎甚至变形等;会引起下颌部发育不良,导致牙齿排列不整,影响面部的美观。

3. 引起学前儿童吮吸手指的主要原因

（1）喂养方式不当。婴儿期由于种种原因,在对婴儿进行喂养的过程中,没有能满足婴儿吮吸的需要和欲望,致使婴儿以吮吸手指的方式来抑制饥饿或满足吮吸的需要,以后逐渐形成了习惯。

（2）由于缺乏环境刺激,或缺乏成人的爱抚和关心,尤其是缺乏母爱,很容易导致学前儿童从小就以吮吸手指来自我娱乐或自我安慰。

（3）心理处于紧张状态。常处于父母争吵、家长的态度过于严厉等不良环境下成长起来的学前儿童,当他的心理处于紧张状态的时候,也会不自觉地表现出吮吸手指的行为。

4. 学前儿童吮吸手指的预防与矫治

改变不正确的喂养方式,不要让婴幼儿感到饥饿,从小培养学前儿童良好的生活习惯和卫生习惯。多给予学前儿童关心以及爱的满足,尤其是母爱,使学前儿童在心理上能获得安全感和满足感。给予学前儿童丰富的环境刺激,将学前儿童的注意力吸引到各种活动中去,分散和淡化学前儿童对吮吸手指的注意和依恋。不要嘲笑学前儿童,更不要恐吓或强行制止学前儿童吮吸手指的行为,以免引起学前儿童心理上的紧张,使其产生逆反心理或自卑感等。

（十）咬指甲

1. 咬指甲的概念

咬指甲,是指经常控制不住地表现出用牙齿去咬手指甲的行为。

2. 学前儿童咬指甲的表现

学前儿童咬指甲这一行为多发生在3岁以上。咬指甲表现较严重的学前儿童,会将十个手指的指甲都咬得很短,有的甚至会把指甲上的甲床咬出血来。还有的学前儿童不仅咬手指甲,而且,还咬手指上的各个小关节、衣服袖子或其他物品。

3. 学前儿童咬指甲的原因

学前儿童咬指甲的行为,主要是与学前儿童紧张的心理状态有关,其行为多半发生在学前儿童情绪紧张、焦虑不安的时候,如受到成人批评、训斥等,这是学前儿童内心处于紧张状态的一种表现。学前儿童咬指甲的行为一旦形成了习惯,即使不处于紧张状态,他也会经常地表现出这一行为,有的甚至终生难改。

4. 学前儿童咬指甲的预防与矫治

消除引起学前儿童心理紧张的各种因素,帮助学前儿童调节自己的心理状态。成人通过多关心学前儿童、多引导学前儿童参加各种游戏活动,使学前儿童摆脱紧张情绪,轻松而又愉快地生活和活动。培养学前儿童良好的卫生习惯,如勤剪指甲等。对于咬指甲较严重的学前儿童,可以采取行为治疗的方法。

(十一)习惯性阴部摩擦

1. 习惯性阴部摩擦的概念

习惯性阴部摩擦,是指用手抚弄自己的性器官,或用其他方式摩擦阴部的习惯性行为。学前儿童习惯性阴部摩擦这种行为,最早可以发生在1岁左右,通常男学前儿童比女学前儿童多。

2. 学前儿童习惯性阴部摩擦的表现

习惯性阴部摩擦主要发生在学前儿童入睡之前或刚醒来之时,有时,学前儿童也会不分场合地进行。除了抚弄自己的性器官以外,有的学前儿童还喜欢将两条腿摆放成交叉状,然后两腿上下进行摩擦;或者是骑坐在某一物体上,通过活动身体,以使阴部能受到摩擦。学前儿童在抚弄或摩擦自己的性器官时,常常会伴有面红、眼神凝视、表情紧张等不自然的现象,有的还会出现气喘、出汗等生理性反应;学前儿童的这种行为很少伴有性幻想,只是一种单纯性的抚弄或摩擦性器官的行为。

学前儿童偶尔抚摸或玩弄自己的性器官,这在其生长发育的过程中属于正常现象,成人不必大惊小怪,但如果学前儿童经常去抚摸或玩弄性器官,则应该引起足够的重视。

3. 学前儿童习惯性阴部摩擦产生的主要原因

(1)躯体的局部不适。如由于外阴部位出现湿疹或患包茎蛲虫病等引起的阴部瘙痒,促使学前儿童用手去摩擦阴部,以达到止痒的目的,经常这样便形成了习惯。

(2)由于偶尔抚弄性器官后感到舒服,或是觉得性器官很好玩,于是就经常抚弄,逐渐形成习惯。

(3)心理紧张。由于学前儿童精神紧张、情绪不安,便以抚弄自己的性器官来作为安慰自己、消除紧张情绪的一种方式。

4. 学前儿童习惯性阴部摩擦的预防与矫治

帮助学前儿童形成良好的生活、卫生习惯,经常给学前儿童清洗外阴,保持外阴部位

的清洁和干燥,这样,也能及时观察到学前儿童的外阴部位是否有异常或疾病,如果有,应该及时地加以治疗。帮助学前儿童养成上床后就入睡、醒来后就起床的良好习惯,不要让学前儿童躺在床上自由地玩。给学前儿童穿的裤子不要过紧过小,以免引起学前儿童的不适感觉。学前儿童在睡觉时,可以让学前儿童穿上较长的上衣,使学前儿童不能用手直接触及性器官。

学前儿童抚弄性器官本属无知,成人不要对其进行训斥或责骂,否则,不但不会使学前儿童减少这种行为的次数,反而会使学前儿童对这种行为产生罪恶感或神秘感、好奇感,其结果反而会强化学前儿童的这种行为。成人应该表现出对学前儿童的这种行为不太关注,同时,以转移学前儿童注意力的方式来使学前儿童放弃这种行为,如跟学前儿童说话、给学前儿童玩具玩、吸引学前儿童去参加其他的活动等。

三、学前儿童常见的心理疾病

(一)儿童恐怖症

1. 临床表现

儿童对于没有危险或基本没有危险的东西也感到害怕,而且这种害怕十分突出,儿童由于强烈的恐怖而出现回避、退缩行为,有时伴有心跳加快、心慌、出汗、脸色发白、尿频,甚至出现瞳孔散大这类植物性神经症状,这就是儿童恐怖症。儿童恐怖症多见于女孩。

根据儿童行为的发展规律,在一定时期内对某些动物或者雷电等情景会有一些恐怖的反应,但不会因此产生持续的情感障碍。如果有些儿童一直反复出现这类恐怖,而且反应剧烈,并有腹痛、恶心、呕吐、大小便次数增加等症状,这就属于一种病态的情绪,久而久之,会造成儿童社会适应不良,并且有相应的生理改变。

2. 类型

(1)常态恐怖。恐怖感是个体面临某种危险刺激或意识到危险将发生时产生的一种强烈的紧张不安的情绪反映。他往往伴随有一些生理上的不适表现,如心跳加速、呼吸短促或停顿、血压升高、脸色苍白、嘴唇颤抖、四肢无力、出冷汗、产生逃避行为等。正常的恐怖往往是一种本能的反应,动物也会有恐怖。因此在一般情况下,儿童出现恐怖感不奇怪。相反,如果儿童对任何事物都无恐怖感,这倒是真正的严重问题,因此在出现了真正的、可能伤及生命的危险时,没有恐怖感的儿童将不知道如何逃离危险。

(2)特质恐怖。如果在没有明显的恐怖性刺激出现的情况下却出现了严重而持久的恐怖,或在正常儿童不再对某事物产生恐怖的年龄却仍然表现出对该事物的严重恐怖,这样的恐怖就不再是正常的恐怖了,而是一种病态的、适应不良的恐怖病。这种不正常的恐怖在严重时甚至发展成为恐怖症。

恐怖感作为对危险刺激的警报,往往是个体对周围环境(特别是危害性环境刺激)的必要的反应,它能使个体及时感到危险、及时脱离危险而获得安全,因而是正常的、健康的。一般来说,儿童生长发育过程中所出现的恐怖,为时短暂,会随年龄变化而变化,且不甚严重,很少对儿童的心理发展和行为表现产生严重的影响,因此属正常的恐怖,家长

不必过分担心。但是不正常的恐怖感,特别是其中的恐怖症,对儿童的心理健康的危害是相当大的。它常使儿童感到不安全、成天生活在幻想的紧张与恐怖的气氛中,使儿童不能正常生活。

3. 防治

(1) 家庭防治。治疗的着眼点不仅是患儿本人而是整个家庭,因为发生在患儿身上的任何症状都不是孤立的问题,患儿只是家庭成员中的一员,患儿的言行不仅影响家庭成员,其本人也受到家庭各成员的影响。因此,在治疗时就不能只着眼于患者本人,而要了解患儿行为、情绪问题发生时的整个背景情况及与患儿间的相互影响。例如,有洁癖的母亲,就会要求其子女过分地讲究卫生,其母怕脏,怕传染病等行为方式就直接影响她的子女,可能直接增加患儿的恐怖心态。为此,要改变患儿的行为也要同时改变患儿母亲的行为。

① 帮助孩子分清现实的危险刺激与想象中的危险刺激。
② 训练孩子的适应能力和应变能力。
③ 家长在孩子面前要始终保持冷静,不要神经质似的大惊小怪。
④ 不要同孩子讲恐怖故事、恐怖事件(如鬼、怪、妖、魔等),也要尽量不让孩子看恐怖片。
⑤ 教孩子学会自我对话,通过自我暗示克服恐怖心理。
⑥ 不要采用恐吓、威胁的方式教育孩子。

(2) 心理治疗。

① 支持疗法:是心理治疗中最常用的最早开始采用的方法。主要通过对患儿的解释、安慰、鼓励、指导、疏通感情、调整环境等处理以达到治疗目的。

② 行为疗法(系统脱敏法、满灌疗法、阳性强化法等):这是一种十分科学有效的方法。本疗法认为,每个人的行为是外在环境对个体的作用,是经学习而获得的。那么,也可以通过重新学习来改变。行为治疗方法很多,在恐怖症中运用系统性脱敏治疗较多,它是一种逐渐地去掉不良条件性情绪反应的技术,如对一位害怕老鼠的儿童,在他吃着最好吃的东西的同时给他远远地看老鼠,重复数次,并且以后逐次移近看老鼠的距离,一直到他不害怕为止。

③ 认知领悟疗法:是通过解释使求治者改变认识,得到领悟而使症状得以减轻或消失,从而达到治病目的的一种心理治疗方法。由中国心理治疗专家钟友彬先生首创,是依据心理动力学疗法的原理与中国实情及人们的生活习惯相结合而设计的。心理动力学疗法源于心理分析,认知领悟疗法的适应证是强迫症、恐怖症和某些性变态等。

(二)强迫症

强迫症,又叫作强迫性神经症,是一类以自我强迫为突出症状的神经症。在儿童期,强迫行为多于强迫观念,年龄越小这种倾向越明显,患儿智力大多正常。

1. 症状

所谓儿童的自我强迫,应具有以下特征:

(1) 症状是属于患儿自我的,而非外力所致。
(2) 违反患儿的意志,反复呈现,不能自我控制。
(3) 患儿力图摆脱和抗拒强迫的内容。
(4) 症状强迫性出现与对抗的内心冲动(反强迫)过程导致患儿的焦虑和哭闹。
(5) 对症状具有批判力,患儿自己能感觉到它的不合理或毫无意义。

2. 诱发原因

导致儿童强迫症的原因尚未完全确定,目前认为主要有以下因素。

(1) 生理因素。患儿的外伤,严重的躯体疾病等都是诱发本症的生理因素。

(2) 心理因素。患儿在生活中碰到重大变故,如父母离异、亲人丧亡等精神刺激,引起恐惧,使儿童忧心忡忡、胆战心惊,这是强迫症的主要诱发因素。

(3) 性格的影响。这类儿童的性格大多内向,胆小拘谨,待人特别有礼貌,优柔寡断,行动较古板。

(4) 家庭影响。父母性格内向又胆小怕事,过分谨慎和拘谨,缺乏自信心,遇事迟疑不决,事后反复检查,过于克制自己,呆板,缺乏兴趣爱好等不良性格特征。父母对孩子过于苛求,如对清洁卫生过分要求,对生活刻板规矩等,可能是诱发本症的原因。

3. 矫正

对于儿童强迫症还没有很理想的治疗方法,目前常采用系统脱敏法、暴露疗法等行为治疗方法来治疗强迫症。从小注意对儿童良好的性格的培养,不要向儿童提出各种过于刻板的要求,为儿童创设较为宽松和融洽的生活气氛,这对预防儿童强迫症能起到积极的作用。治疗中应注意以下几点。

(1) 树立信心。对于有强迫症的儿童,家长要帮助他们自觉认识和克服自己的性格弱点,指导孩子处理问题要当机立断,帮助他们出主意、想办法,克服遇事犹豫不决的弱点。让孩子了解人的一生中必然要遇到各种各样的事情,不可能对每一件事情都处理得那么合适与周全,出现一些不完美是在所难免的。鼓励孩子对自己要有正确的评价,应该看到自己的力量,树立战胜疾病的信心,多方创造条件,让孩子获得成功,帮助孩子提高自信心。还要注意丰富孩子的业余生活,分散孩子的注意力,以减少他们不必要的疑虑。

(2) 意念训练。儿童出现不可克制的强迫现象时,家长要帮助儿童用意念努力对抗强迫现象,使紧张恐怖的心情放松,并告诉儿童这种行为没有任何意义,并分散儿童的注意力。当然,做到这点是非常不容易的,要有毅力,经过反复训练,多数儿童的强迫现象才会逐步消失。

(3) 行为疗法。在对于强迫症的认识上,行为治疗分为两个基本的流派。第一种观点认为具有强迫症的人是借助于各种行为和仪式动作来缓解焦虑,称为"驱力降低模型"。依照这个模型,治疗者主要集中于通过激发可以减少焦虑的情境来消除不适当行为与仪式动作。第二种观点是基于操作模型而建立的,强调对强迫行为的后果进行调节,因此在这个模型中大量运用惩罚和示范学习。对单纯用意念不能对抗的强迫现象,可以采用"行为对抗疗法"来帮助矫正。

对抗疗法基本上是一种操作性条件反射过程,把对抗刺激与强迫行为反复多次结合,形成一种新的条件反射,使之与原来的强迫行为相对抗,消除原有的错误行为。

一种具体做法是:吩咐儿童右手腕上套进用皮筋组成的橡皮圈,一旦出现不可克制的强迫现象时,如反复计数、反复检查等,立即拉弹右手腕上的橡皮圈,以对抗强迫现象。橡皮圈的拉弹力量以手腕皮肤稍有疼痛感为宜,同时计数拉弹次数及强迫现象持续的时间。刚开始时需要拉20~30次,才能对抗强迫现象。经过一段时间的反复训练,当拉弹橡皮圈3~5次能对抗强迫现象的时候,橡皮圈就可以脱掉,以后再出现强迫现象,就立即能想到手腕拉橡皮圈的对抗力量,用自己的意念就能消退强迫欲念。

(4) 培养爱好。家长要鼓励强迫症的患儿多参加集体活动,多与外界接触,培养孩子多方面的兴趣爱好。如唱歌、跳舞、听音乐、打球、跑步等,以建立新的大脑兴奋灶去抑制强迫症状的兴奋灶,转移对强迫症状的高度注意力,这样可大大促进病情的好转。

(5) 纠正父母不良性格。如果强迫症患儿的父母有性格偏异如特别爱清洁、过分谨慎、过于刻板、优柔寡断、迟疑不决等,要予以纠正,否则会影响患儿强迫症状的康复,并且不利于孩子的心理发展,这一点甚为重要。

(6) 药物治疗。严重的强迫症患儿,由于强迫症状影响上课学习和日常生活,因此必须进行药物治疗。

临床实践表明,使用氯丙咪嗪结合其他药物,对于强迫观念为主的强迫症,疗效比较满意,但必须在医师的指导下,由小剂量开始使用,且需要连续较长时间的药物治疗,才可控制强迫症状。

(三) 儿童孤独症

1. 症状

儿童孤独症是一种发生在儿童早期的全面性的精神发育障碍性疾病。主要有以下表现:

(1) 社会交往障碍,孤独离群。不会与人建立正常的联系。
(2) 兴趣狭窄,行为刻板重复,强烈要求环境保持不变。
(3) 言语障碍十分突出。
(4) 智力和认知障碍,大多智力发育落后及不均衡。

2. 原因

孤独症不是由于父母的养育态度所造成,它的成因目前医学上并无定论,很可能是多方面因素造成脑部不同地方的伤害。至于可能造成孤独症的因素,有下列几项。

(1) 遗传的因素。在20%的孤独症患者中,他们的家族可找到智能不足、语言发展迟滞和类似孤独症的表现。此外,孤独症男孩中约10%有X染色体脆弱症。

(2) 怀孕期间的病毒感染。妇女怀孕期间可能因德国麻疹或有流行性感冒等病毒感染,使胎儿的脑部发育受损而导致孤独症。

(3) 新陈代谢疾病。如苯酮尿症等先天的新陈代谢障碍造成脑细胞的功能失调和障碍,会影响脑神经信息传送的功能,而造成孤独症。

(4) 脑伤。在怀孕期间窘迫性流产等因素而造成大脑发育不全,生产过程中早产、难产、新生儿脑伤,以及婴儿期因感染脑炎、脑膜炎等疾病造成脑部伤害等,都可能增加患孤独症的机会。

3. 疗法

(1) 音乐疗法。音乐疗法是利用音乐达到治疗的目标,包括重建、维持及促进心理和生理的健康。音乐治疗师针对个人的特殊情况设计音乐治疗计划,利用各类音乐活动,配合心理学的运用来帮助需要者。音乐治疗在国外属于辅助医疗措施。

(2) 行为疗法。行为疗法主要用操纵性条件处理法,即患儿出现一个好的行为时给以奖励,以使该行为得到强化;对那些无意义、不合适的动作行为给以"惩罚",使之消退。不断地进行强化是该行为疗法成败的主要关键。行为疗法已在特殊教育中得到了广泛应用。

(3) 感觉统合训练。从临床观察发现,很多孤独症儿童的眼球移动不平顺、眼手协调不好、身体形象不良、视听动作不一致以及好动、分心等脑的低层次功能性失常,因此推定最可能的主要病因部位是在脑干部上端。通常孤独症病变开始的年纪是1~3岁之间,这时期脑神经的重要功能是由脑干部所控制,而大脑皮质精细功能尚未大力发挥作用。这显示脑干部上端功能的紊乱和协调不良,是孤独症最可能的原始病因。

(4) 家庭疗法。孤独症儿童在学习新的事物时,如果用不一致的方法教导,孩子容易产生不适应行为,效果也打了折扣,因此为建立一个适合孩子的学习环境,应给孩子进行家庭辅助。

(5) 药物疗法。如果孤独症患者有相关的疾病需要用药物治疗,必须遵医嘱。如果孩子有情绪不稳、注意时间太短或活动量过大的行为而影响学习时,也可以考虑请医生使用药物。

故事会

思考练习

（1）学前儿童心理健康的标志有哪些？

（2）影响学前儿童心理健康的因素主要有哪些？

（3）列举学前儿童常见的心理卫生问题。

（4）如何有效预防和应对学前儿童的睡眠障碍？

第五章

学前儿童的营养卫生

- 了解学前儿童所需营养的特点、膳食摄入量和食物来源等营养学基础知识；
- 掌握学前儿童的膳食特点；
- 掌握学前儿童的膳食配制原则。

- 学前儿童所需的营养；
- 学前儿童的膳食特点；
- 学前儿童的膳食配制原则。

营养是机体摄取食物，经过消化、吸收、代谢和排泄，利用食物中的营养素和其他对身体有益的成分构建组织器官、调节各种生理功能，维持正常生长、发育和防病保健的过程。有时亦可以表示食物中营养素含量的多少和质量的好坏。

均衡的营养是学前儿童进行生长发育和保持身心健康的物质基础。学前儿童生长发育迅速、新陈代谢旺盛，所以各种营养素和能量比成人相对多。学前儿童体内营养素的储备量相对小，适应能力也差。一旦某些营养素摄入量不足或消化功能紊乱，短时间内就可明显影响发育的进程，甚至导致各种疾病的发生。所以，托幼园所必须为儿童提供符合营养卫生的膳食，并与他们的家庭膳食相配合，以满足他们对营养的需要，促进他们的生长发育和身心健康。

案例评析

一个全日制幼儿园，幼儿们中午安排了一次午睡。幼儿园的叔叔阿姨们中午安排幼儿准时上床，按时起床，并让家长配合，幼儿回到家仍准时上床，按时起床，养成好的睡眠习惯，保证充足睡眠，但也不让睡眠过多。幼儿进餐也要求定时，并且每顿饭20~30分钟，让儿童细嚼慢咽，但要求儿童专心吃饭。一般，该园还每天安排3~4小时的户外活动。对幼儿的排便也进行了训练，培养定时大便，活动间歇，提醒幼儿如厕，不要憋尿。根据以上案例，试分析该园做法是否合理？为什么？

分析:该园的做法是十分合理的,它对儿童的主要生活环节进行了很好的安排。这样做意义重大。首先它保护了儿童神经系统的正常发育。将幼儿一日生活中的主要环节,如睡眠、进餐、活动、作业等加以合理安排,使儿童养成习惯,到什么时间就知道干什么,干时轻松愉快,形成动力定型。动力定型建立后,能节省神经细胞的功能消耗,达到"事半功倍"的效果。安排幼儿进行户外活动,不是使幼儿总是在户内作业、活动,使大脑皮质的"工作区"与"休息区"轮换,保证劳逸结合,可以预防过度疲劳,从而保护了幼儿发育不够成熟的大脑皮质。婴幼儿需要较长时间的睡眠进行休整,合理安排生活制度,使睡眠时间有了保证。幼儿合理的进餐,既可使幼儿获得足够的营养,又能保护功能尚未发育成熟的消化系统,对幼儿的睡眠、进餐、活动安排好了,也便于安排幼儿的教育活动,使幼儿更好地获得各种知识、技能,并养成良好的生活和行为习惯。

第一节 学前儿童需要的主要营养素

一、学前儿童的能量需要

人体维持生命、进行活动和保证正常生理功能均需一定的能量,又称为热能。在整个能量代谢的过程中,人体的能量需要与消耗是平衡的。

(一)学前儿童的能量消耗

人的一切生命活动都需要能量,学前儿童对能量的消耗,主要用于基础代谢、食物的特殊动力作用、生长发育、动作需要、排泄的损失等方面。

1. 基础代谢

机体在空腹、安静、体温正常、卧床、清醒的状态下,在适宜的温度(18～25℃)环境中,维持基本生命活动时所消耗的能量称为基础代谢。基础代谢的能量用于维持机体体温、呼吸、心跳、胃肠蠕动、神经腺体活动等需要。

学前儿童生理活动比较活跃,体表面积与体重的比值比成人大,热量散失相对较多。所以,年龄越小,相对基础代谢率越高。1岁以内的婴儿,每日每千克体重基础代谢约需230kJ,7岁儿童每日每千克体重约需184kJ。儿童的基础代谢率比成人高10%～20%,每日热能消耗约有60%为基础代谢。

2. 食物的特殊动力作用

机体摄取食物、消化食物时引起体内能量消耗增加的现象称为食物的特殊动力作用。食物的特殊动力作用与进食的总热量无关,而与食物的种类有关。以蛋白质的特殊动力作用最高,相当于其本身多供热能的30%左右,脂肪为4%～5%,碳水化合物为5%～6%。一般混合膳食增加基础代谢的10%左右。

3. 生长发育

这是处于生长发育期的学前儿童特有的能量消耗,其需要量与生长发育的速度成正比。在生长发育期内,如果能量供应不足,就会使儿童生长发育迟缓,甚至停顿。据估

计,婴幼儿体重每增加1kg,大约需要消耗2090kJ的能量,此项所需能量占总热能的25%左右。

4. 动作需要

人在从事任何体力和脑力活动的时候都会消耗相应的能量,学前儿童用于活动的热能消耗,存在明显的个体差异。活动量越大,活动时间越长,动作越不熟练,消耗的热能就越多,反之,消耗的热能越少。活泼好动的儿童就比安静的儿童消耗能量多,如好哭好动的婴幼儿比同龄安静的孩子用于活动的热量要高3~4倍。

5. 排泄的损失

每天摄入的食物不能完全被人体吸收。在正常情况下,食物不被吸收部分丢失的热量约占总热量的10%以下。当腹泻或肠道功能紊乱时可成倍增加。

(二)学前儿童能量的需要量和食物来源

学前儿童膳食中的热能供应必须满足他们的实际需要。学前儿童每日膳食中热能供应量的推荐标准见表5-1。

表5-1 学前儿童每日膳食中热能供应量　　（单位:kJ/kg）

	新生儿（第一周）	0~12个月	1岁	2岁	3岁	4岁	5岁	6岁
男	60kJ/kg	95 kJ/kg	1100	1200	1350	1450	1600	1700
女			1050	1150	1300	1400	1500	1600

一般情况下,机体的热能需要与其食欲相适应。当正常的食欲得到满足时,其热量需要一般得以满足,对儿童来说则表现为生长发育和身心活动正常。如果长期能量供应不足,就会使儿童生长减慢,抵抗力下降,还可影响儿童智力和行为的正常发育;而长期能量摄入过多,又会造成体内脂肪储存过多,引起肥胖症,进而引起生理功能改变,导致疾病的发生。

人体每时每刻消耗的热能来源于食物中产热的营养素。食物中能产热的营养素主要是蛋白质、脂肪和碳水化合物,它们在体内每克能产生并供应机体消耗的热能分别是16.81kJ、37.56kJ、16.74kJ。这三种产能营养素在体内的代谢,既各具有生理功能,又相互影响。所以学前儿童的膳食中,这三种产能营养素在总能量的供给中有一个适当的比例。例如,3~6岁儿童每日膳食中蛋白质所供给的热能应占总热能的12%~15%,脂肪占30%~35%,碳水化合物占50%~60%。随着年龄段的不同,这些比例也略有变化。

三种产能营养素普遍存在于食物中,动物性食物一般比植物性食物含有较多的蛋白质和脂肪,而植物性食物中的油料作物也含有丰富的脂肪,粮食中则以碳水化合物和植物性蛋白为主。

二、产能营养素

(一)蛋白质

蛋白质是细胞和组织的重要成分,蛋白质与核酸是生命的物质基础。

1. 蛋白质的生理功能

(1) 构造新细胞、新组织。人体的任何一个细胞、组织和器官中都含有蛋白质。若不计水分,肌肉组织的二分之一是蛋白质;人脑中的蛋白质占体重的百分之五十,人脑功能越复杂的部分蛋白质含量越高。皮肤、毛发、韧带、血液等都以蛋白质为主要成分,就是骨骼中也含有蛋白质。婴幼儿正值生长发育时期,要不断增加新的细胞、新的组织,就需要蛋白质作为原料,身体的生长可视为蛋白质的不断积累过程。

(2) 承担或调节生命活动。蛋白质是构成酶、激素、抗体等的基本原料。这些物质都具有调节生理功能的作用。比如,人体内的各种化学反应几乎都是在生物催化剂——酶的参与下进行的。迄今已知的酶有1 000余种,正是由于各种酶的催化作用,新陈代谢才能沿着一定的途径正常进行。

(3) 供给能量。蛋白质可提供能量,在体内经分解,释放能量,但是蛋白质的这种功能可以由糖类和脂肪所代替。因此,供给能量是蛋白质的次要功能。

2. 蛋白质的组成

氨基酸是组成蛋白质的基本单位,共20多种。由几十个乃至几万个氨基酸"手拉手"地按一定顺序排起队来,就组成形形色色的蛋白质。人必须从食物中摄取蛋白质,经过消化,分解为氨基酸,再组合成人体的多种多样的蛋白质。

在营养学上根据氨基酸的必需性分为必需氨基酸、非必需氨基酸。所谓必需氨基酸是指在人体内不能合成,必须由食物中的蛋白质来提供的氨基酸。非必需氨基酸并非体内不需要,只是可以在体内自行合成,食物中缺少了也无妨。已知成年人的必需氨基酸有8种:缬氨酸、赖氨酸、色氨酸、苯丙氨酸、蛋氨酸、亮氨酸、异亮氨酸、苏氨酸。1岁以内的婴儿还应多补充组氨酸。

3. 蛋白质食物来源

蛋白质的食物来源可分为植物性蛋白质和动物性蛋白质两大类。蛋白质的营养价值取决于其所含必需氨基酸的种类数量以及氨基酸之间的比例。如蛋白质中所含氨基酸的种类、数量以及比例接近人体组织器官中的蛋白质,则该蛋白质的营养价值高,称为优质蛋白,如鸡蛋、乳类、豆类等所含蛋白质。植物性蛋白质中,粮谷类食物所含蛋白质少,且必需氨基酸的组成也不均衡,故其蛋白质的营养价值较低。因此,一般认为动物性蛋白质比植物性蛋白质营养价值高。对婴儿而言,提供蛋白质最好的食物是母乳(主食),其次是蛋、鱼、禽、猪肉及大豆等。

4. 蛋白质供给量

根据中国居民膳食营养素摄入量,婴幼儿每日膳食中蛋白质的推荐摄入量如表5-2。

表 5-2　婴幼儿每日膳食中蛋白质的推荐摄入量

年龄(岁)	蛋白质(g)	年龄(岁)	蛋白质(g)
0～1	1.5～3g/kg 体重	4～5	50
1～2	35	5～6	55
2～3	40	6～7	60
3～4	45		

（1）蛋白质缺乏。蛋白质缺乏在各个年龄层都可能发生，常见的原因有：食物摄入不足、需求量增多或消耗增加。处于生长阶段的婴幼儿每千克体重的蛋白质需要量比成年人多，因此蛋白质对婴幼儿的影响尤为突出。若长期蛋白质摄入不足会导致贫血、精神疲劳、免疫力降低等，严重者可进而出现发育迟缓、病理性营养不良和智力发育障碍等现象。

（2）蛋白质过量。如果膳食中的蛋白质供给量长期超过人体需要量，会加重肾脏和肝脏的负担，从而导致与代谢紊乱相关的疾病。

（二）脂肪

1. 脂肪的生理功能

（1）构成机体组织。脂肪是组成人体细胞的重要成分。

（2）储存能量。人体自身能量的贮存形式为脂肪。因为脂肪的产热量大，所占空间存储在皮下、腹腔等处。人在饥饿时首先动用体脂，以避免消耗蛋白质。

（3）维持体温、保护机体。脂肪层如同软垫，可以保护和固定器官，使器官免受撞击震动的损伤；脂肪不易导热，可以减少热量散失，有助于御寒。

（4）促进脂溶性维生素的吸收。维生素 A、D、E、K 等不溶于水而溶于脂肪。膳食中有适量脂肪存在，有利于脂溶性维生素的吸收。

（5）增加饱腹感。脂肪在胃内停留时间较长，使人不易感到饥饿。

（6）增加食物的美味。脂肪可使膳食增味添香。

2. 脂肪的组成

脂肪是由甘油和脂肪酸构成。脂肪酸从结构上可分为饱和脂肪酸和不饱和脂肪酸。不饱和脂肪酸中，有几种在体内不能合成，必须从食物中摄取，故称为必需脂肪酸（见表 5-3），如亚油酸、亚麻酸等。

3. 脂类食物来源

膳食中的脂肪主要来自于动物脂肪和富含油脂的植物。脂肪含量较高的食物包括猪油、猪肉、植物油、核桃、葵花籽、花生、松子等。来自于植物性食物的脂肪除棕榈油均富含不饱和脂肪酸。其亚油酸含量高，并含有较多的维生素 E。

动物性脂肪除某些海产动物外，一般含饱和脂肪酸和胆固醇较多。故对人类而言，脂肪最好的食物来源是植物油类。所以在脂肪的供应中，要求植物来源的脂肪不低于总脂肪量的 50%。

表 5-3　常见食物中必需脂肪酸含量(占脂肪酸总量的百分比)

食 物 名 称	亚油酸	亚麻酸	食 物 名 称	亚油酸	亚麻酸
豆油	52.2	10.6	鸡肉	24.2	2.2
芝麻油	43.7	2.9	鸡蛋黄	11.6	0.6
花生油	37.6	—	猪肝	15.0	0.6
菜籽油	14.2	7.3	猪瘦肉	13.6	0.2
鸡油	24.7	1.3	羊肉	9.2	1.5
猪油	8.3	0.2	牛肉	5.8	0.7
牛油	3.9	1.3	牛奶	4.4	1.4
羊油	2.0	0.8	鲤鱼	16.4	2.0
奶油	3.6	1.3	鲫鱼	6.9	4.7

4. 脂肪的供给量

根据中国居民膳食营养素参考摄入量,婴幼儿每日膳食中脂肪的推荐摄入量如表 5-4。

表 5-4　婴幼儿每日脂肪推荐摄入量

年龄(岁)	脂肪(%)	年龄(岁)	脂肪(%)
0～0.5	45～50	1～6	30～35
0.5～1	35～40		

长期摄入脂肪类食物不足时,会导致营养不良、体重减轻、脂溶性维生素缺乏,甚至发育迟缓;如果长期摄入脂肪类食物过量,反而对身体有害。

(三)糖类

1. 糖类的生理功能

(1)提供能量。在维持幼儿生长发育所需要的能量中,55%～65%由糖类提供。糖类在体内释放能量较快,供能也快,是神经系统和心肌的主要能源,也是肌肉活动时的主要燃料。维持神经系统和心肌的正常供能。

(2)构成细胞和组织的重要生命物质。糖类是构成机体组织的重要物质,并参与细胞的组成和多种活动。每个细胞都有糖类,其含量为 2%～10%,主要以糖脂、糖蛋白和蛋白多糖的形式存在。

(3)节约蛋白质。当膳食中糖类供应不足时,机体为了满足自身对葡萄糖的需要,则通过化学作用将蛋白质转化为葡萄糖为机体提供能量;而当摄入足够量的糖类时则能预防体内或膳食中蛋白质消耗,不需要动用蛋白质来供能,即糖类具有节约蛋白质的作用。

(4)解毒。糖类经过糖醛酸途径可以生成葡萄糖醛酸,是机体内的重要结合解毒剂。通过食物进入人体的有害物质(如酒精、细菌毒素等)在肝脏中能与其葡萄糖醛酸结合,从而降低或解除其毒性或生物活性,起到解毒的作用。

(5) 增强肠道功能。非淀粉多糖类,如纤维素,虽然不能在小肠内消化被吸收,但能刺激肠道蠕动,增加结肠的发酵,增强肠道的排泄功能。

2. 糖类的组成

糖类按照分子结构分为单糖、二糖和多糖。单糖分子结构简单,不能水解,不经消化即可被吸收利用,如葡萄糖和果糖等。二糖是由两个分子单糖失去一个水分子缩合而成的化合物,水解产生两个分子单糖,不能被人体直接吸收,必须经过水解生成单糖后才能被人体吸收,如蔗糖、麦芽糖、乳糖等。多糖是由许多单糖分子失去水分子后缩合而成的高分子化合物,水解后最终产生单糖。多糖按能否被人体吸收可分为两大类,一类为能被人体吸收的多糖类,如淀粉、糖原等;另一类为不能被人体消化吸收的多糖类,如膳食纤维等。

3. 糖类食物来源

糖类食物主要来自谷物类、根茎类、薯类食物及食糖。蔬菜、水果中也含有少量果糖、果胶和纤维素。动物类食物含糖量极低,动植物油类不含糖。

4. 糖类供给量

人体对糖类的需求量没有明确的标准,常以占总供能量的百分比来表示。中国营养学会根据目前我国膳食糖类实际摄入量的建议,建议幼儿糖类的参考摄入量为占总能量的 55%～65%。

膳食中糖类供给不足时,可促使体内蛋白质和脂肪的分解,导致体重减轻、血糖过低、营养不良、发育迟缓。膳食纤维供应不足时,易导致便秘、高血脂和肠道疾病的发生。摄入量过量时,过多的热能转化为脂肪积存于体内,会导致肥胖以及由肥胖引起的一系列问题。

三、矿物质

(一) 钙

1. 钙的生理功能

(1) 形成和维持骨骼和牙齿的结构。钙是骨骼和牙齿的主要成分,人体中的钙 99% 存在于骨骼、牙齿之中。骨钙的更新速率随着年龄的增长而减慢,学前儿童的骨骼每 1～2 年更新一次,成年人更新一次则需要 10～12 年。

(2) 调节肌肉和神经的正常活动。骨骼以外的钙虽然占 1% 左右,但在体内有着调节神经和肌肉兴奋性的作用。比如,血浆中钙离子若明显下降,则神经、肌肉兴奋性增强,而引起手足抽筋。

(3) 参与血凝过程。钙有激活凝血酶原使之变成凝血酶,参与血液凝固的作用。

2. 钙缺乏和过量的影响

钙摄入量过低可导致钙缺乏症,主要表现为骨骼的病变,即佝偻病。除此以外,还表现为牙齿排列不齐和手足搐搦症等现象;钙摄入过量对机体可产生不利影响,如增加肾结石发生的概率。

3. 钙的食物来源

奶和奶制品含钙丰富,且吸收率高。豆类、绿色蔬菜、各种瓜子也是钙的较好来源。少数食物如虾皮、海带、发菜、芝麻酱等含钙量特别高。

(二)铁

1. 铁的生理功能

铁是合成血红蛋白的重要原料。铁与红细胞形成和成熟有关。铁可以提高机体免疫力,增强中性粒细胞吞噬的功能。此外,铁还有许多重要功能,如参与嘌呤和胶原的合成、抗体的产生、脂肪从血液中转运以及药物在肝脏的解毒等。饮食中摄入的铁不足,可致缺铁性贫血。

2. 铁缺乏和过量的影响

铁缺乏对人体的危害是多方面的,特别是在婴幼儿、孕妇、乳母中容易发生铁缺乏而导致的营养缺乏病,从而影响组织器官功能,降低食欲。铁缺乏的儿童容易烦躁,对周围事物不感兴趣。而孕妇的铁缺乏易造成妊娠早期流产或早产。铁过量可致中毒,急性中毒常见于误服过量铁剂,多见于儿童。过量铁可导致肝纤维化、肝硬化、肝细胞瘤。

3. 铁的食物来源

铁广泛存在于各种食物中,但分布极不均衡,吸收率相差也极大。根据铁的吸收率,可以分为血红素铁和非血红素铁。动物性食物中的铁,因与血红蛋白、肌红蛋白结合,可被肠黏膜直接吸收,因此动物性食物中的铁吸收与利用率高。例如,肉、鱼、禽类所含的铁吸收率达11%～22%。含铁丰富且吸收率高的主要为动物性食品,如动物肝脏、动物血、瘦肉、鱼类等。植物性食品中含铁量高的有黑木耳、海带、芝麻酱等。黄豆、黑豆含铁也较高,但吸收率不太高。

特别要提出的是乳类,乳类含铁极少,每100毫克乳类含铁0.1～0.2毫克。以乳类为主的婴儿在出生6个月以后要注意补充铁。

(三)锌

(1) 锌的生理功能。60多种酶依赖锌的催化。

(2) 锌缺乏的影响。锌缺乏症的常见体征是缺锌性侏儒症、复发性口腔溃疡、味觉减退甚至严重的引起厌食症、异食癖、面黄肌瘦、头发稀疏、免疫功能减退等。

(3) 锌的食物来源。锌的来源广泛,但食物中的锌含量差别很大,吸收利用率也有很大差异。贝类海产品、红色肉类、动物内脏等含锌量较高。植物性食物含锌较低,精细的粮食加工过程可导致大量的锌丢失。

(四)碘

碘在体内主要参与甲状腺激素的合成,其生理功能也是通过甲状腺激素的作用表现出来的。

1. 碘的生理功能

（1）参与能量代谢。在蛋白质、脂类和糖类的代谢中，促进分解代谢、能量转换、增加氧耗量、参与维持与调节体温。

（2）促进代谢和体格的生长发育。所有哺乳类动物必须有甲状腺激素以维持其细胞的分化与生长。

（3）促进神经系统发育。

2. 碘缺乏和过量的影响

碘缺乏会引起地方性甲状腺肿和少数克汀病的发生，孕妇严重缺碘，可殃及胎儿发育，使新生儿生长损伤，尤其是神经、肌肉、认知能力低下以及胎儿死亡率的上升。

较长时间的高碘摄入可导致高碘性甲状腺肿大等高碘性危害。

3. 碘的食物来源

海洋生物含碘量丰富，是碘的良好来源。除此以外，我国在1993年以后，在全国逐步推广和实施了在食用盐中添加碘剂。

四、维生素

维生素是维持人体正常生命活动必不可少的一类营养素。它们大多数不能由机体合成或合成量不足，不能满足机体的需要，须经过食物获得。维生素既不能提供能量，也不能构成组织，但它参与机体代谢活动的调节。学前儿童常见维生素供应量见表5-5。

表5-5 学前儿童常见维生素供应量

年龄（岁）	V_A（μg）	V_D（μg）	V_{B_1}（mg）	V_{B_2}（mg）	V_C（mg）
0～0.5	400	10	0.2	0.4	40
0.5～1	500		0.3	0.5	50
1～4	600		0.6	0.6	60
4～7			0.7	0.7	70

维生素的种类很多，化学结构差异很大，通常按溶解性质将其分为脂溶性维生素和水溶性维生素两大类。脂溶性维生素顾名思义是易溶于脂肪，主要包括维生素A（视黄醇）、维生素D（钙化醇）、维生素E（生育酚）、维生素K（凝血维生素）；水溶性维生素则易溶于水，主要包括维生素B族、维生素C和维生素K。一般来说，水溶性维生素对热的稳定性较差，遇热易分解。脂溶性维生素对热比较稳定，但容易被氧化分解，特别是在高温照射下，氧化速度加快；其次在酸性和碱性溶液中也易遭到破坏。在膳食加工的时候，要注意其各自特性进行合理加工。

（一）维生素A（视黄醇）

1. 维生素A的生理功能

（1）维持正常视觉功能。维生素A与正常视觉有密切关系；人体视网膜上有两种视觉细胞,一种叫作视锥细胞,另一种叫作视杆细胞。前者感受强光刺激,并能辨别颜色;后者接受弱光刺激,其中的感光物质称"视紫红质",维生素A是视紫红质的重要组成成分。

(2) 维护上皮组织细胞的健康。维生素A对于上皮的正常形成、发育与维持都十分重要。

2. 维生素A缺乏和过量的影响

维生素A缺乏可导致"夜盲症":有些人尽管白天视力很好,但到了傍晚或光线暗的地方就看不清了,维持暗光下的视觉,这就是"夜盲症"。维生素A摄入过多可致中毒。常因家长给儿童服用过多浓缩鱼肝油或维生素A制剂所致。

3. 维生素A的食物来源

人体从食物中获得维生素A主要有两个来源。一类来自动物性食品中的维生素A。各类动物的肝脏都含丰富的维生素A,其次是肾、心、乳类、禽蛋也含有一定量的维生素A。另一类来自植物性食品中含有的维生素A(胡萝卜素),在小肠内可转化为维生素A被人体吸收。胡萝卜素的主要来源有菠菜、胡萝卜、番茄、柿子、橙色蔬菜及水果等。

(二) 维生素D(钙化醇)

1. 维生素D的生理功能

(1) 促进钙的吸收。维生素D可促进小肠黏膜对钙的吸收,同时可以促进肾小管对钙、磷的重吸收。

(2) 促进骨组织的钙化。促进和维持血浆中适宜的钙、磷浓度,满足骨钙化过程的需要。

(3) 促进牙齿生长。

2. 维生素D缺乏和过量的影响

婴幼儿维生素D缺乏可引起佝偻病。

维生素D过量会引起中毒。最主要的表现为精神方面的改变,烦躁、睡眠不安,同时食欲减退,继而出现恶心、呕吐、烦渴、多汗等。严重时可损害心、肾功能。

3. 维生素D的食物来源

经阳光中紫外线的照射,皮肤中的7-脱氢胆固醇可变为维生素D,这是人体获取维生素D的主要来源。天然食物来源的维生素D不多,主要集中在海鱼、动物肝脏、蛋黄、奶油和干酪等食品中。

(三) 维生素B_1(硫胺素)

(1) 维生素B_1的生理功能。构成辅酶的主要成分。维持体内正常代谢。

(2) 维生素B_1缺乏的影响。维生素B_1缺乏症又称为"脚气病"(人们常说的"脚气"是指霉菌所致的脚癣,与维生素B_1缺乏症无关)。患脚气病最初的症状是乏力,脚无力。病情进一步发展,可出现肢体麻木、水肿、感觉迟钝,严重时因心力衰竭而死亡。

(3) 维生素B_1的食物来源。维生素B_1广泛分布于天然食品中。最为丰富的来源是葵花籽油、花生、大豆粉、猪瘦肉；其次为小麦粉、小米、玉米、大米等谷类食物。粮谷类是主食，也是维生素 B_1 的主要来源。在麸皮和糠中维生素 B_1 的含量很高，但在加工过程中损少较多。因此建议食用碾磨不太精细的谷物，防止食物维生素 B_1 缺乏。

（四）维生素 B_2（核黄素）

（1）维生素 B_2 的生理功能。机体中许多重要辅酶的主要成分，参与蛋白质、糖和脂肪的代谢。

（2）维生素 B_2 缺乏的影响。维生素 B_2 缺乏时主要表现为口角炎及舌炎。口角湿润、发白、糜烂，渐生裂缝，唇部纵裂增多，在张大嘴或哭时，裂缝可出血，舌面光滑，呈鲜艳的红色。

（3）维生素 B_2 的食物来源。乳类、肝、肉、蛋、鱼、绿叶蔬菜、豆类、粗粮等含较丰富的维生素 B_2。

（五）维生素 C（抗坏血酸）

1. 维生素 C 的生理功能

（1）促进胶原蛋白合成。维生素 C 有促进胶原蛋白合成的作用，有益于伤口愈合、止血。

（2）还原作用。可以使高价铁还原为低价铁，从而促进铁在肠胃中的吸收。

（3）增强机体抵抗力，可缓解某些有害物质的毒性。

（4）抗氧化作用。可清除体内的自由基，起到抗氧化作用。

2. 维生素 C 缺乏的影响

维生素 C 缺乏症又称为坏血病，是一种以多处出血为特征的疾病。坏血病除可引起皮下出血（出现痕斑）、牙龈出血等多处出血外，还可引起骨膜下出血，以致肢体在出血局部疼痛、肿胀。坏血病患者若得不到及时治疗，发展到晚期，会因发热、水肿、麻痹而死亡。维生素 C 的缺乏还可引起胶原蛋白合成障碍，故导致骨有机质形成不良而产生骨质疏松。

3. 维生素 C 食物来源

膳食中的维生素 C 主要来源于新鲜的蔬菜和水果等。某些野果如酸枣、猕猴桃等含维生素 C 丰富。母乳含丰富维生素 C，可保证乳儿获得足够的维生素 C。人工喂养儿因牛奶煮沸后维生素 C 极少，需添加富含维生素 C 的橘汁、番茄汁、菜水等，以预防维生素 C 缺乏症。

五、水

1. 生理功能

（1）构成细胞和体液的必要成分。

（2）参与人体新陈代谢。水是机体新陈代谢必不可少的，机体内一切化学反应都必须在水中进行。

（3）调节体温。

（4）润滑作用。比如泪腺分泌眼泪，避免角膜干燥。关节腔里有滑液，避免骨与骨之间的摩擦。

2. 水缺乏的影响

水摄入不足或水分丢失过多，可引起体内失水亦称脱水。

3. 儿童对水的需要量

人是一个水的生命体。年龄越小体内水分所占的比例越高，新生儿占体重的80%，婴儿占体重的70%，幼儿占体重的65%，成年人占体重的60%。年龄越小，水的相对需要量越多。小儿新陈代谢旺盛，体表面积相对较大，水分蒸发多，所以水的需要量也多。若按每天每公斤体重计算，0~1岁120~160毫升；1~3岁100~140毫升；3~7岁90~110毫升。此外，水的需要量与小儿的活动量、气温和食物的种类有关。活动量大、气温高、多食蛋白质和无机盐时，水的需要量增加。

第二节　学前儿童膳食的配制

一、学前儿童膳食配制的原则

（一）提供合理的、营养均衡的膳食

1. 膳食应多样化

不同的食物所含的营养成分不完全相同，依照食物的性质和所含营养素的类别，可以将食物大致分为五大类：谷类、肉蛋鱼类、豆类及其制品、蔬菜与水果类、热能性食品。

为了保证学前儿童的健康，促进学前儿童的生长发育，学前儿童应摄取多种食物，以获得丰富的营养和充足的热能。学前儿童膳食应贯彻食物多样性的原则，主食与副食搭配，粗粮与细粮结合，荤食与素食结合，尽可能保证每天摄取五大类食物，以获得充足的营养。

2. 膳食的搭配要合理

在摄取多种多样食物的同时，还应注意到食物之间的搭配，做到平衡膳食。

例如，膳食中优质蛋白质最好占总蛋白质摄入量的50%以上。

各种营养素供热占总热能的百分比是：蛋白质占总热能的10%~15%，脂肪占总热能的25%~35%，碳水化合物占总热能的50%~60%。

三餐之间搭配应遵循以下原则：早餐高质量，中餐高质量、高热量，晚餐清淡易消化。从数量上看，学前儿童各餐热能的分配应为：早餐占全天热能的25%~30%，午餐占30%~40%、午点占10%左右，晚餐占25%~30%。

（二）烹制方法应适合学前儿童的年龄特点与喜好

烹调时在尽可能地保存各种食物营养素的同时，应做到细烂软嫩，利于学前儿童消化。同时,还应做到味美色香,花样多,以增进学前儿童的食欲。

(三)讲究饮食卫生

应保证提供给学前儿童的食物、膳食制作过程、餐具等均合乎卫生标准。例如膳食原料应选择新鲜的,须防止食物变质,不吃腐败的食物。厨房及其设备应保持清洁卫生,餐具应及时清洗消毒,工作人员应注意个人卫生等。

二、各年龄阶段学前儿童膳食的配制

(一)一岁以内婴儿的喂养

1. 母乳喂养

母乳是婴儿最理想的天然食品。母乳喂养好处很多,不仅在我国,世界各国都提倡母乳喂养。母乳中的营养成分含量和相互搭配比例极适合婴儿,也易被婴儿消化吸收。母乳中含有多种抗体,可提高婴儿机体对疾病的抵抗力。母乳温度适宜,清洁卫生,食用方便而且经济。母乳喂养可以加深母子之间的感情,使婴儿能感受到母亲的关怀和爱抚,从而获得安全感和满足感,有利于婴儿心理的健康发展。

母乳喂养的三个基本原则如下。

(1)树立喂奶信心。孕妇分娩前应掌握有关母乳喂养的知识,懂得母乳喂养的重要性及方法,树立用自己的乳汁喂哺婴儿的坚定信念。这种思想准备会刺激大脑皮层,对分娩后的泌乳大有益处。

(2)早开奶。新生儿出生后第一次吮吸母亲的乳头叫开奶,这时分泌的乳汁叫初乳,初乳是黄色的。含有丰富的蛋白质和抗体,既容易消化吸收,又抗感染,是新生儿出生后头几天的营养佳品。目前,世界各国都主张尽早开奶,一般在出生后半小时即可将新生儿抱在母亲的怀中,进行皮肤接触,继而让新生儿吮吸母亲的乳头,即可吃到少量初乳。有的母亲奶量极少或根本没有奶,也应让新生儿吮吸,这样可以促进乳腺的分泌,使母亲早下奶、多下奶。早开奶使新生儿在环境骤变、抵抗力极差的情况下,及早喝到营养价值极高的初乳,有利于新生儿的健康。

(3)按需喂哺。在新生儿饥饿时应及时喂奶,不应定时喂奶,因为新生儿胃容量小,母乳分泌不足,而且新生儿每次吃进的奶量极少,所以,在新生儿饥饿时应及时喂奶,这既可满足新生儿的需要,解除饥饿感,也可促进母乳的分泌。随着乳汁分泌的增多,新生儿胃容积的增大,喂奶的时间间隔可以逐渐延长,喂哺的次数可逐渐规律化。

新生儿头几天吃奶时间较短,一般为2~4分钟,以后,每次增至8~10分钟,最长不超过20分钟。喂哺前,母亲应清洁双手和乳头。母亲喂奶的姿势可坐可卧,以母亲感到舒适为宜。喂奶时,应吸空一侧再吸另一侧,有利于乳汁的分泌。哺乳完毕,应将婴儿抱起,头放在母亲的肩头,轻拍婴儿后背,以便打嗝排气,防止溢奶。乳母应注意:合理营养、劳逸结合、心情愉快,这样有利于乳母健康和乳汁分泌。

2. 人工喂养

因母乳缺乏或其他原因不能以母乳喂养,可选用其他乳类、乳制品或豆制代乳粉等食物喂养,称为人工喂养。

进行人工喂养时需注意:应选择既富含营养,又易于消化的婴儿食品,一般以配方奶粉为好。乳儿的奶具应及时清洗消毒。两顿奶之间应喂适量的水。人工喂养的小儿,出生后应遵医嘱服用适量的鱼肝油,并坚持晒太阳。

3. 添加辅食

随着婴儿月龄的增加,对营养素的需要量也在逐步增多,母乳和各种代替品中的营养成分如铁、钙、维生素等已不能满足婴儿生长发育的需要,而且,婴儿消化系统功能也在不断地增强,胃容量在增大,牙齿逐渐开始萌出,这些都对食物的种类、性质提出了新的要求。为了保证供给婴儿足够的营养,提高婴儿的咀嚼和吞咽能力,使婴儿逐渐适应乳类以外的各种食物,应逐渐给婴儿添加半流食和固体食物。而且,保证婴儿逐步添加辅食,还有利于今后的断奶。

(1) 添加辅食应遵循的原则

① 循序渐进,逐步适应。辅食的添加应由少到多,由一种到多种,由稀到干,由软到硬,由细到粗,适时添加,循序渐进。如蛋黄的添加可在婴儿4个月时开始,每天只喂一次,可喂1/4个蛋黄,持续3~4天,若一切正常,可逐渐加量。

水果和蔬菜的添加,最初可吃一点儿水果汁、蔬菜汁,以后可以喂水果泥、菜泥,长牙后可喂碎菜和软水果。

② 辅食应在喂奶前添加,防止婴儿吃饱奶后不吃辅食。

③ 炎热的夏季或婴儿生病时,应暂时延缓添加新辅食。

④ 辅食的种类以及添加量应结合婴儿的月龄、健康状况及营养需要而定,可增可减,灵活掌握。若添加过早,会引起婴儿消化不良;添加过晚,可引起婴儿营养不良和断奶困难。在给婴儿添加辅食的时候,还应注意观察婴儿在精神、食欲、睡眠、大小便等方面有无异常,若出现问题应及时调整。

(2) 辅食添加的顺序

① 4个月以后可开始添加蛋黄、米粉、奶糊、水果泥、蔬菜汁等。

② 6个月以后可开始添加稀粥、烂面条、饼干、菜泥、土豆泥、水果泥等。

③ 8个月可开始添加碎菜、瘦肉末、鸡蛋羹、动物血、肝泥、鱼末、软饭、粥或压碎的芝麻、花生、核桃等。

④ 1岁以后应以软饭、粥、面条、包子、饺子等食物作为婴儿的正餐,如午餐和晚餐,但每日仍应为婴儿提供一定量的奶类食物。

总之,辅食的添加既要遵循以上的原则,同时也要考虑婴儿的个体差异,在观察的基础上,灵活地调整辅食的种类和数量,帮助婴儿顺利地渡过断奶阶段。

(二) 1~3岁幼儿的膳食

这一时期的幼儿,生长发育十分旺盛,对营养的需求量大,牙齿逐渐出齐,咀嚼能力有所提高,胃的容积在逐渐增大,胃肠消化能力也在逐渐增强,已基本接受了成人的饮食。但与成人相比无论是消化能力,还是对各种食物的适应能力都是较低的,因此需要为幼儿专门调配膳食。

为幼儿准备的食物,应做到碎、细、烂、软、嫩,以符合他们娇嫩的消化系统。此时期幼儿的主食如米饭、面条等应做得软些,馒头、包子、花卷、馄饨、饺子等应做得小些。在菜肴方面,为幼儿准备的鱼、鸡、鸭等带骨、带刺的食物,应先脱骨去刺或剁成馅做丸子、带馅食品或做成肉末烹制,蔬菜应切成碎末状。2岁后小儿食用的肉和蔬菜可切成小丁、小块或细丝状。幼儿的食物都不应带有辛辣味。

幼儿膳食的烹制应做到色鲜味美,不宜使用色素。在外形上,主食可做成幼儿喜爱的小动物的形象,如金鱼卷、刺猬包、蝴蝶卷等,这可大大提高学前儿童的食欲。

(三) 3～6岁学前儿童的膳食

这一时期的学前儿童乳牙已全部出齐,咀嚼能力和消化吸收能力较3岁前有所增强。他们的膳食种类已与成人基本接近。食物的烹制也无须像以前那样过于细致,属于向成人膳食的过渡阶段。如饭不用做得很软、肉和菜不必切得太碎,可以在成人的协助下吃少刺的带鱼、黄花鱼和带骨的鸡、鸭块和猪排骨等食物,但膳食仍需注意易于消化吸收,色香味美,避免辛辣味。

三、学前儿童的进餐与喝水

进餐与喝水是人的生理需要,学前儿童对食物的偏好、摄取食物的方式以及进餐习惯会受到各种因素的影响,有些偏好和习惯对健康不利,它们一旦形成,便很难改变,甚至影响终身,因此需要成人的正确引导和培养。

(一) 学前儿童进餐的卫生

1. 激发学前儿童良好的食欲

食欲是由食物引起的兴奋,食欲的产生是生理因素和心理因素共同作用的结果。食欲一方面由生理刺激引起,即依靠食物进入消化道,引起消化道的蠕动和消化液的分泌;另一方面依靠心理的刺激,即食物的色香味和由此唤起的愉快的经验,两方面吻合时便产生了旺盛的食欲。

学前儿童的食欲有其变化的过程。1岁左右的婴儿生长发育极为旺盛,机体对食物的需要量逐渐增加,故食欲较旺盛。2～3岁的学前儿童因活动的范围扩大了,注意力经常集中在对周围事物的探索和游戏之中,致使学前儿童的食欲有所下降,并表现出时好时坏、波动不定的特点。对同一食物的态度上,学前儿童也表现出时而喜欢,时而不喜欢,缺乏稳定性。4岁以后学前儿童的食欲基本稳定下来,在饥饿时能主动摄食,保持着较好的食欲。但较大学前儿童的食欲也会因种种原因出现波动,如患病、不高兴、精神紧张等都会引起食欲降低。

如何保持学前儿童良好的食欲呢?

(1) 学前儿童饮食应多样化,注意其色香味形,以吸引学前儿童进食。

(2) 不要在进餐过程中批评学前儿童。

(3) 尽早教会学前儿童自己动手吃东西,这样能提高学前儿童进餐的兴趣。

(4) 适当地参加体育活动,可使学前儿童保持较好的食欲。

2. 培养学前儿童良好的饮食习惯和文明的进餐行为

进餐是健康的需要,也是文明的表现。教师应逐渐培养学前儿童饭前洗手和饭后擦嘴漱口、不挑食、不偏食、细嚼慢咽、不撒饭、不敲碗筷、咀嚼不出声等良好的饮食习惯和文明的进餐行为。

3. 进餐时教师应仔细观察,精心照顾学前儿童

学前儿童进餐时,教师应仔细观察每一个学前儿童的进餐行为,观察学前儿童的进餐情绪、进餐速度、进餐量以及对食物的偏好,发现问题及时处理。如发现学前儿童进餐时情绪低落、食欲较差时,应检查和询问学前儿童是否发烧、有无牙疼、嗓子疼、肚子疼等。对于挑食的学前儿童应进行耐心的引导工作,可让学前儿童少量尝试各种食物。当学前儿童吃带骨、带刺的食物时,更应密切观察,进行必要的指导,若发现骨、刺卡入喉咙,应迅速做出处理。学前儿童进餐时还容易出现不小心咬破舌头、咬破嘴唇、掉了门牙、打翻饭碗等现象,教师应耐心细致地帮助解决。

4. 饭前或饭后不宜做剧烈的活动

为了保证学前儿童消化道的正常蠕动、消化液的正常分泌以及良好的食欲,在进餐前或后的半小时内不宜做剧烈的活动,应进行一些安静的活动,如手指游戏、念儿歌、听故事等,这些活动可使学前儿童的交感神经、呼吸系统、循环系统等平静下来,为进餐做好生理上的准备。

(二)学前儿童喝水的卫生

1. 使学前儿童养成喝白开水的习惯

白开水对学前儿童十分重要。托幼园所应保证白开水的供应,并要提醒学前儿童摄入白开水。平时应培养学前儿童喝白开水的习惯,在家中,家长应为学前儿童树立榜样,主动饮用白开水。学前儿童应尽量以白开水为饮料,减少甜饮料的摄入量。对于不习惯喝白开水的学前儿童,应由少到多,逐渐增加饮水量,同时教师和家长应通过多种形式使孩子理解白开水对身体的好处。

2. 培养学前儿童主动饮水的习惯

教师应按时提醒学前儿童喝水,每次尽可能喝足量,还应帮助学前儿童养成渴了就喝、主动饮水的好习惯。注意区别对待不同的学前儿童也很重要。对不爱喝水的学前儿童,教师应格外注意引导他们饮水,对体质差的学前儿童、患病初愈的学前儿童、经常上火的学前儿童、嗓子肿痛的学前儿童应多提醒他们饮水。

3. 学前儿童喝水时具体的卫生要求

(1)喝水前应先洗手,然后去拿自己的杯子,喝完水后将杯子放回原处。

(2)开始喝水时要小口尝试,避免烫嘴。若水较烫,应等凉了后再喝。

(3)喝水时不要说笑,防止呛咳。

(4)养成剧烈运动后、吃饭时不喝水的习惯。

第三节　膳食管理制度

托幼园所应建立并严格执行膳食管理制度,保证提供给学前儿童的膳食符合营养要求和卫生要求。

一、学前儿童的膳食管理

学前儿童的膳食应由专人负责管理。学前儿童的伙食费应专用,做到计划开支,精打细算,合理使用。工作人员的伙食应与学前儿童的伙食分开,不允许侵占学前儿童的伙食。

学前儿童的膳食管理主要包括:

(1) 合理安排学前儿童的就餐时间和就餐次数。

(2) 根据当地不同季节食品的供应情况,制定出适合于学前儿童年龄特点的食谱,并定期进行更换。

(3) 准确掌握当日学前儿童出勤的人数,做到每天按人按量供应主副食,不吃隔夜饭菜。

(4) 遵守开饭时间,按时开饭,保证学前儿童吃饱、吃好每餐饭。

(5) 定期计算学前儿童的进食量和营养量,对学前儿童的饮食状况以及营养状况进行分析,发现问题及时采取相应措施等。

二、厨房及厨房工作人员的卫生要求

(一) 厨房的卫生要求

(1) 厨房应保持光线充足,空气流通,并设有纱窗、纱门以及防蝇、防鼠等设备。

(2) 保持厨房以及厨房用具的整洁与卫生,经常打扫、清洗与消毒,保证厨房内无蝇、无蚊、无蚂蚁、无蟑螂、无老鼠等。

(3) 严格做到厨房生、熟食用具与餐具等分开,烹调操作应采用流水作业法,以防生食与熟食交叉感染。

(4) 每餐使用过的用具和餐具应及时清洗和消毒。

(5) 厨房内严禁外人出入,严禁吸烟等。

(二) 厨房工作人员的卫生要求

(1) 厨房工作人员应保持个人的清洁卫生,做到勤洗头、勤洗澡、勤换衣、勤剪指甲,上班时不化妆、不涂指甲油、不戴首饰。

(2) 炊事人员应坚持上岗前洗手、换上工作服、戴好帽子,如厕前脱下工作服,便后或接触过污物、生食后应用肥皂洗手再进行烹调,操作前洗手,以及在尝菜时使用专用的筷子或匙等卫生制度。

(3) 厨房工作人员在制作面点以及分饭、分菜前,必须洗净双手后再接触食物,在做

饭菜或分饭菜时,不能对着食物咳嗽、打喷嚏或说话等。

(三) 食品的卫生要求

(1) 严格执行《食品卫生法》。

(2) 购买新鲜、质量好的食品,做好食品的贮存和保鲜工作,不用和不食腐败变质的食物。

(3) 购买的熟食需加热处理后方能食用。

(4) 对于烧熟的食物,冬季要做好保温工作,夏季要做好防烫和防变质工作。

(5) 学前儿童每天食用的食物在送往班级以前,应留样保存 24 小时(置于冰箱内),以备抽查。

知识窗

蛋白质的互补作用

由于食物蛋白中氨基酸的比值各有不同,故可根据各种食物中蛋白质的氨基酸组成,把含蛋白质的食物适当地混合起来食用,相互补偿单一食物蛋白质的缺点,使氨基酸比值更接近人体需要的模式,这种现象称为蛋白质的互补作用。

例如,玉米、小米、大豆单独食用时,其生物价分别为 60、57、64,如果按照 23%、25%、52% 的比例混合食用,生物价可提高到 73;同时若在植物性食物的基础上再添加少量的动物性食物,蛋白质的生物价也会提高。如面粉、小米、大豆、牛肉单独食用时,其蛋白质生物价分别为 67、57、64、76,若按照 39%、13%、22%、26% 的比例混合食用,蛋白质生物价可提高到 89。可见,动物性食物和植物性食物混合食用比单纯植物性食物混合要好。这是设计和评价食谱时值得参考的。

故事会

思考练习

（1）碳水化合物的食物来源有哪些？

（2）安排学前儿童膳食应遵循哪些原则？

（3）如何培养儿童好的饮食习惯？

（4）评定蛋白质营养价值的依据有哪些？

（5）什么是必需氨基酸、蛋白质互补作用、膳食纤维？

（6）铁、锌、碘的生理意义有哪些？

第六章

学前儿童一日生活的卫生与保健

- 了解幼儿园保健工作的基本内容及实施原则；
- 了解幼儿园一日生活活动、教育活动、体育锻炼的组织方法、卫生要求和保健技能。

- 幼儿园保健工作的基本内容及实施原则；
- 幼儿园一日生活活动、教育活动、体育锻炼的组织方法、卫生要求和保健技能。

学前儿童的保健工作是幼儿园工作的重要组成部分。它对学前儿童的健康成长起着不可低估的作用,是维护和增进学前儿童健康的重要保证。

案例评析

4月的一天,我带学生到郑州市某幼儿园实习。上午10点中班幼儿在楼顶平台户外活动,孩子们正在开心的玩着。突然,有个小女孩从队伍中出来,双腿屈曲地朝楼梯口跑去,后面的实习生边喊边追,我问实习生"那个小女孩怎么了","老师,她尿裤子了"。听到后我快步冲到小女孩的面前,用双手抱住小女孩,在她耳边说,"让新老师带你去把裤子悄悄地换掉,不让其他小朋友知道"。小女孩听完,不再挣扎,把手递给实习生。不一会儿,小女孩回来了,蹦蹦跳跳地回到了队伍中。

分析:幼儿园的孩子总免不了偶尔出现尿床、尿裤的现象,对此,我们应该如何处理呢?是责备幼儿,还是理解和爱护幼儿?幼儿都有自尊心,如果这时幼儿教师能对幼儿表现出理解和关心,帮助幼儿悄悄地换下尿湿的裤子,把尿湿的褥子悄悄地拿出去晒一晒,并且帮助幼儿逐渐改掉尿床、尿裤的毛病,这样做,不仅对幼儿的身体进行了保育,而且也对幼儿的心理进行了保育,即保护了幼儿的自尊心,帮助幼儿逐渐适应集体生活。

第一节 保健概述

一、幼儿园保健工作的基本内容

《幼儿园工作规程》指出,幼儿园的任务是实行保育与教育相结合的原则,对幼儿实施德、智、体、美等方面的教育。

（一）为学前儿童提供良好的生活环境

良好的生活环境主要包括：良好的、符合安全与卫生要求的物质环境和良好的精神环境。

幼儿园的设施、设备要符合学前儿童的生理和心理特点，环境布置要温馨、有童趣。保教人员不仅要保证自身具有良好、健康的情绪和心理状态，还要为学前儿童营造一个尊重、自由、宽松、亲切的心理氛围。

（二）做好日常生活的保育工作

为学前儿童制定科学合理的生活制度，提供合理、均衡的膳食，对学前儿童的进餐、饮水、睡眠、起床、穿脱衣服、盥洗、排泄等各个生活环节给予精细照顾。

（三）做好教育过程中的保健工作

要注意教学环境的安全与卫生，合理调整活动室的通风、保暖、照明，关注儿童的坐、立以及阅读、书写、握笔的姿势是否正确，玩具、剪刀、铅笔等是否安全卫生。

儿童绘画活动通常属于教育活动，教师在组织儿童进行这一活动时，应提醒孩子要注意用眼卫生、坐姿与握笔姿势是否正确、光线来源与亮度是否合理。

（四）做好卫生保健工作

托幼机构卫生保健工作的主要任务是贯彻预防为主、保教结合的工作方针。幼儿园卫生保健工作的内容包括建立科学、合理的一日生活制度，为儿童提供合理的膳食，制订与儿童生理特点相适应的体格锻炼计划，建立健康检查制度，严格执行卫生消毒制度，协助落实国家免疫规划，加强日常保健护理工作，建立卫生安全管理制度，制订健康教育计划，做好各项卫生保健工作信息的收集、汇总和报告工作。卫生保健工作主要由保健医生负责，但也需要全园保教人员及其他人员的共同配合。

（五）做好安全管理工作

做好房屋、设备、消防、交通等安全防护和检查工作；做好学前儿童的安全教育工作，如不跟陌生人走，不吃陌生人给的食物，不告诉陌生人自己家的住址、电话和姓名等；做好药品和危险品的管理，如药品、消毒液、危险品应放在孩子拿不到的地方；做好学前儿童入园和离园时的管理工作，防止意外伤害的发生。

（六）做好组织学前儿童体格锻炼的工作

根据学前儿童的年龄及生理特点，每日有组织地开展各种形式的体格锻炼，掌握适宜的运动强度，保证运动量，提高儿童身体素质。每天保证学前儿童有充足的户外活动和体育活动时间，充分利用日光、空气、水和器械，有计划地进行儿童体格锻炼。

（七）做好特殊儿童的保育工作

对体弱、残疾以及有心理问题的儿童提供特殊照顾、帮助与指导。

二、幼儿园保健工作的实施原则

（一）坚持保育与教育相结合的原则

保育和教育相结合是儿童健康成长不可缺少又不可分割的条件。坚持保育和教育相结合，并将其渗透到幼儿园教育的各个环节是保健管理工作的基本原则。保育与教育必须相互结合、互相联系、互相渗透。因此，保教人员在组织实施各项活动中要树立保育和教育相结合的意识，尊重儿童身心发展的特点和规律，做到"保中有教""教中有保""保教结合""保教并重"。

（二）坚持全员参与原则

幼儿园的保育工作，不只是保育员和幼儿教师的工作，它更需要卫生保健人员、食堂工作人员、后勤管理人员、保安人员的参与及全体工作人员相互配合、协同工作，才能做好儿童保育工作。

（三）坚持家园同步的原则

《幼儿园教育指导纲要（试行）》指出，家庭是幼儿园重要的合作伙伴。要做好儿童的保育工作，还需要得到儿童家庭的支持与配合。家长与保教人员应密切配合，培养儿童良好的进餐、饮水、盥洗、排泄、睡眠等生活习惯和生活自理能力。

第二节　学前儿童生活活动的卫生与保健

幼儿园一日生活包括日常生活活动和在园的各种教育活动。幼儿园日常生活活动是指幼儿园一日活动中的各个生活环节和一些每天都要进行的日常活动。包括入园、晨检、晨间锻炼、进餐、饮水、盥洗、如厕、睡眠、起床、散步、户外活动、离园等。幼儿园教师、保育员、保健医生等应共同参与幼儿园一日生活的各个环节。

一、入园环节

入园是幼儿一日生活的第一个环节，保教老师和保健医生应做好入园前的准备、晨检及接待幼儿入园的工作。

（一）入园前的准备

幼儿入园前保育员应做好开窗通风、清洁卫生及准备饮用水等工作。

1. 开窗通风

冬季室内开窗通风的时间应为 10～15min，而且至少每半日通风 1 次，夏季则执行全天通风制度,在使用空调的房间里应保持每半日通风1次,每次10~15min。在呼吸道传染病易发时期,应增加通风次数和通风时间。一般冬季室温不低于18~20℃,夏季室温应不超过28℃。盥洗室全日开窗通风。

2. 清洁卫生

活动室、寝室和盥洗室是儿童每日生活的主要场所,其卫生状况将直接影响儿童的健康和幼儿园的教育工作。

卫生清洁工作主要包括擦拭窗框、窗台、玩具柜、桌椅,扶床栏,拖地,摆放桌椅,冲刷便池、水池,准备香皂、卫生纸、擦脸油或护肤霜。

(1)擦拭。擦拭顺序应为从上到下,面、边棱、腿、各拐角等都要擦到,使之无灰尘、无擦拭痕迹。

(2)拖地。拖地时要压住拖把,从左向右横拖,到两端时不要抬起拖把,可将拖把用力一转,把脏物带走;雨天干拖,晴天湿拖,油腻地板用热水、碱水拖。

(3)准备洗手液、卫生纸。将洗手液放在洗手台上,每个或每两个水龙头下都要放一瓶洗手液(图6-1);卷装卫生纸剪成20cm长,放入纸筐中备用,卫生纸放在儿童易发现、易拿到的地方。

图6-1 盥洗室

3. 准备饮用水

为儿童准备充足、清洁、温热的饮用水及经消毒的水杯。

(二)晨检

晨检是幼儿园保健工作的一个重要环节,是预防疾病的重要手段。

晨检的主要内容包括"一摸、二看、三问、四查"。一摸,摸幼儿的额头、颌下和腮部。判断是否发烧,下颌部淋巴结、腮部是否有肿大的现象;二看,看幼儿的精神状态、面色、咽部有无异常,皮肤有无皮疹及某些传染病的早期表现。对可疑者应立即隔离、观察或去医院诊治;三问,问家长了解幼儿在家中的饮食、睡眠、精神状态和大小便等方面的情况;四查,查看幼儿有无携带不安全的物品(如小刀、玻璃片、小珠子等),发现后要及时处理,避免意外发生。

（三）接待来园

迎接幼儿入园,主动与幼儿及家长问好。拉拉幼儿的小手、摸摸他的头或抱一抱,让幼儿的情绪受到感染而高兴地入园。与家长简短交谈,了解幼儿的健康状况;做好个别幼儿带药记录;帮助幼儿放置所带书包、衣物;对托班、小班哭闹的幼儿要安抚以稳定其情绪。

二、晨间锻炼

晨间锻炼是儿童入园后的第一个集体性活动,开展晨间锻炼可使儿童一天的生活有一个良好的开端,使精力更加充沛,注意力更加集中。晨间锻炼多以集体游戏与分散活动相结合。但要注意形式多样,激发每一个儿童参加锻炼的积极性。

保教老师要提供合适、安全的运动材料,根据活动的需要设置相应的环境。对活动场地进行清理、合理安排,防止儿童在活动中相互干扰。晨间锻炼的运动量应从小运动量开始,不宜过大,让儿童在活动中逐步由安静状态过渡到一定程度的兴奋状态。运动量过大时会使儿童很快产生疲劳,影响一天的正常生活。

三、进餐环节

进餐环节的组织是在保育员、教师相互配合的基础上共同完成。

（一）进餐环节的组织

1. 餐前准备

（1）保育老师的准备在餐前 20～30 min 应擦桌子、分发餐具、分发食物。

① 擦桌子。采用"几"字形的擦拭方法。餐桌需要擦拭 2-3 遍,先将抹布对折成长方形,第 1 遍用清水毛巾擦拭,擦半张桌子后翻一个面。第 2 遍用消毒毛巾擦,第 3 遍用清水毛巾擦。再按以上顺序擦拭桌子四周边沿(图 6-2)。

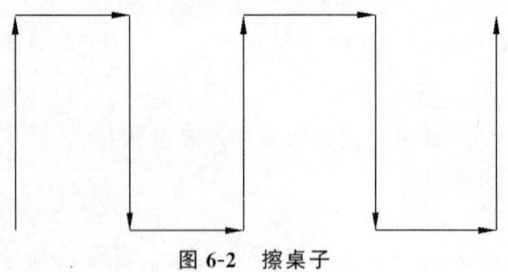

图 6-2 擦桌子

② 分发餐具。按座位的次序发放,保证一人一碗一盘。碗摆放的位置应对着椅子的中间,离桌边一横拳的距离,盘子应摆放在碗的前面;分发勺子和筷子时,手应捏在勺柄处或筷子的尾端,勺子和筷子应放在盘子上,摆放整齐。每张桌子的中间摆放一个杂物盘。小班由保育老师分发,中班、大班由值日生在保育老师的指导下分发。

③ 分发饭菜。应本着公平对待、少盛多添的原则。饭菜分别装在碗和盘中,先盛少

量的汤再盛饭菜。对饭量小、吃饭慢、身体弱的幼儿可先盛先吃,饭菜的量要少一些,多添几次,可以让他坐在食欲好的幼儿旁边。对肥胖儿可少添主食、多添蔬菜和粗纤维的食物。

(2) 教师的准备。进餐前 20～30min 让儿童做一些安静的活动。组织儿童如厕、盥洗后两只小手扣合着回到座位,在等待进餐时,教师可组织儿童进行手指游戏,介绍当天的食谱等。

2. 进餐过程

进餐过程包括营造适宜的进餐氛围、促进食欲、指导进餐、培养文明良好的进餐姿势与进餐习惯。

(1) 营造良好的进餐氛围。如整洁、明亮的教室或餐厅,摆放整齐的餐具、播放轻松悦耳的轻音乐等,保教老师应态度和蔼、亲切、周到地照顾儿童进餐。

(2) 促进食欲。当饭菜端出来后,可以采用灵活多样的方法,提高儿童的食欲。如用猜谜的方式让幼儿猜猜饭菜的名称,还可采用讲故事的方法引导幼儿产生对某种食物的想象,老师也可故意用夸张的语言说:"好香呀,黄瓜炒鸡蛋、胡萝卜炒肉末,有绿有黄,有红有白,真好看,太香了,我都忍不住要吃了。"

(3) 指导进餐。

① 指导儿童正确使用餐具。指导托班、小班的学前儿童正确使用勺子,指导中班、大班的学前儿童正确使用筷子。对托班、小班时可用"喂娃娃吃饭"等游戏引导幼儿逐步掌握正确的用勺方法;对中班可用"筷子夹物"等游戏引导其掌握筷子的正确拿法。

② 指导幼儿正确咀嚼食物。鼓励幼儿细嚼慢咽,一口一口地吃,一口咽下后,再吃另一口;告知幼儿吃每一口食物时不能过多,口中食物过干时可喝一口汤。

③ 培养幼儿良好的进餐姿势。进餐时要求幼儿将脚平放在地面上,身子可略微前倾,不向左、右倾斜,不佝腰,不耸肩,前臂自然地平放在餐桌的边缘处,左手扶碗,右手拿勺或筷子,若要将碗端起,应双手端。保教老师应随时纠正幼儿不良的进餐姿势,如托腮、趴在餐桌上、身体倾斜倚靠着餐桌、身体向后仰靠在椅子上等。

④ 养成良好的进餐习惯。进餐要定时,让幼儿每天在固定的时间进餐,正餐间隔时间 3.5～4h,进餐时间 20～30min/餐;进餐要定位,幼儿在自己的座位上进餐,不可端着碗四处走动,走到哪,吃到哪;进餐要定量,不挑食,不偏食,不暴饮暴食;进餐要专心,幼儿的进餐应情绪愉快、平静、注意力集中,幼儿在进餐时玩耍、看书、看电视等,都会降低食欲,影响食物的消化;进餐要文明,咀嚼和喝汤不出声,餐具相互碰撞不应发出过大的响声,不敲碗筷,夹菜不挑挑拣拣,餐桌上礼让,不应独占好吃的食物等。

3. 进餐结束

餐后保持桌面、地面和衣服整洁。请幼儿将用过的碗、盘、筷子(勺)分别放在教师指定的容器内。督促幼儿漱口、擦嘴、洗手。将自己的椅子放于固定位置,餐后安静活动或散步时间 10～15min。

(二) 进餐卫生

培养幼儿饭前饭后、便前便后洗手的好习惯。吃饭尽量做到不洒饭、不剩饭、不用手抓饭、不吃不洁食物,餐前可先喝两口汤,湿润口腔,刺激消化液的分泌。

(三)注意事项

在进餐过程中,应尽量避免幼儿说笑打闹,防止异物进入呼吸道;不在进餐中批评幼儿,不催促进餐,不比赛进餐;及时解决进餐中出现的意外问题,如呕吐、打翻饭碗、牙疼、肚子疼、哭啼等;对于挑食的幼儿,应进行耐心细致的引导,可让幼儿少量尝试该种食物,当幼儿吃带骨、带刺的食物时,更应密切观察,进行必要的指导。

四、饮水环节

(一)饮水环节的组织

1. 饮水准备

在幼儿园内,每个班级要配备一个保温桶,内盛清洁、温度适宜的开水,每个幼儿配备一个专用的、定期消毒的杯子,保温桶和杯子放置的高度应方便幼儿取放。

2. 组织饮水

(1)小班幼儿教师应将温度和水量适中的饮水倒入幼儿杯中,放置在幼儿面前,嘱咐幼儿轻轻端起水杯,缓慢地倾斜水杯,一口一口地将水喝下。

(2)中班、大班幼儿能够有秩序地到饮水桶处接水。先接半杯水,端水杯回自己的座位,坐下安静地喝水,喝完可再喝。

(3)幼儿喝完水后将水杯放回原处,杯口朝上。

(4)保证幼儿按需喝水。

每日上午、下午各1~2次集中饮水,1~3岁儿童饮水量50~100ml/次,3~6岁儿童饮水量100~150ml/次,并根据季节变化酌情调整饮水量。也可结合实际情况,随时饮水,如户外活动结束后、午睡起床后、教育活动结束后、活动区活动结束后等。

(二)饮水卫生

使幼儿养成喝白开水的习惯,需要时会主动取水喝。不喝生水,喝水时不说笑,不边走边喝水,剧烈活动后不要马上喝水,可喝一些淡盐水。

五、睡眠环节

(一)睡眠环节的组织

1. 睡前准备

(1)营造良好的睡眠环境。保育员应提前做好寝室的通风换气,调节好寝室的温度,确保寝室空气清新、温度适宜;拉上窗帘,使寝室内光线柔和;托班、小班幼儿由老师事先摊好被子,中班、大班幼儿上床后自己摊好被子;两位相邻的幼儿交叉各睡一头,避免口对口呼吸。睡眠前可组织学前儿童进行一些安静的活动,如户外散步、桌面游戏等。睡前不喝刺激性饮料,不看惊险故事片,教师应提醒幼儿上床前排尿,检查幼儿的口袋,防止幼儿将小物品带到床上玩耍。

(2) 指导幼儿正确脱衣服。脱衣服时,坐在床边或小椅子上,按顺序脱:先解上衣扣子,再解鞋带,脱鞋,脱裤子,脱袜子,脱上衣。请幼儿把衣裤、鞋袜放在固定的地方。女孩将自己头饰、皮筋放在指定的小筐里,散开头发午睡。

2. 睡眠中的巡视

幼儿入睡后,教师不能擅自离开,不做私事,不闲谈。每隔 15min 巡回观察一次,随时给幼儿盖被子;纠正幼儿不正确的睡姿;提醒个别幼儿小便,以免尿床;安慰无法入睡的幼儿。发现有尿遗、在被子下玩玩具、折弄被褥、玩弄生殖器等现象要及时帮助与引导。密切关注感冒、咳嗽的幼儿,若有发热及其他异常情况,应及时告知保健医生。

3. 起床与整理

(1) 指导幼儿穿衣。起床后保教老师要提醒幼儿及时小便,并指导幼儿正确穿衣。幼儿穿衣服的顺序:上衣、袜子、裤子、罩衣、鞋。大班幼儿可自己穿衣,小班、中班幼儿由老师指导并帮助。老师检查及帮助幼儿整理领口、袖口、裤口、扣子、鞋子、鞋带。

(2) 整理床铺。整理床铺顺序:翻(晾)被、叠被、铺平床单和枕巾,检查、整理床铺。

叠被子的方法:先将被子靠近自己的一端向中间折,再折另一端。将折好的长条形被子的两段向中间折,然后再对折,叠好被子的宽度应与床铺的宽窄相一致,叠出豆腐块形的被子。小班由老师叠,中班由老师指导并帮助叠,大班幼儿自己叠被子。

铺平床单和枕巾后检查幼儿是否将异物放在床上,检查出尿湿的被褥应及时拆洗晾晒。

(3) 午点。老师为女孩子梳头,其余盥洗后的幼儿在座位上喝水、吃点心和水果。

(二) 睡眠卫生

保证儿童充足的睡眠时间,3～6 岁儿童每天保证睡眠 11～13h,午睡时间根据季节以 2～2.5h/d 为宜,3 岁以下儿童日间睡眠时间可适当延长。培养幼儿独自入睡、按时睡眠、按时起床的良好习惯。引导幼儿不趴睡、跪睡、蒙头睡等,鼓励幼儿采用右侧卧或仰卧的睡姿。

六、盥洗环节

盥洗环节是幼儿园过渡性的生活环节,盥洗不仅是为了保证皮肤的清洁和健康,同时还要培养幼儿的谦让意识、讲卫生的好习惯,提高幼儿的生活自理能力。幼儿园的盥洗内容包括:洗手、洗脸、漱口、刷牙、洗澡、洗脚等。

(一) 盥洗环节的组织

1. 组织盥洗的原则

保育员应明确地向婴幼儿说明盥洗的规则,提出盥洗的要求。要求幼儿互相谦让,不拥挤,不打闹,不玩水,认真清洗。

2. 组织盥洗的方法

将幼儿分为若干小组,每组 5～6 人。组织一部分幼儿进入盥洗室,以保证盥洗时不等待、盥洗室不拥挤为度。保育员应站在盥洗室的门口,既能了解盥洗室的情况,又能组织未盥洗的幼儿。要及时发现幼儿在盥洗、如厕中出现的问题,如帮助幼儿提裤子、擦屁股、卷衣袖等。幼儿盥洗后要检查幼儿的手洗得是否干净,检查部位是手指缝、手背、手指甲、手腕等。在冬季还应督促婴幼儿涂抹护手霜。

3. 指导幼儿盥洗

盥洗室地面保持清洁干爽,防止幼儿滑倒。在水池前的地面上铺设渗水地垫;准备若干小块香皂,数量与水龙头相同或隔一个水龙头一个。

(1) 洗手(图6-3)。

卷袖子→拧水龙头→将手打湿→关水龙头→搓肥皂→搓手心、手背、手指、手指缝、手腕→打开水龙头→冲洗干净→捧水冲水龙头→关水龙头→在水池内甩小手→取毛巾擦手→挂毛巾

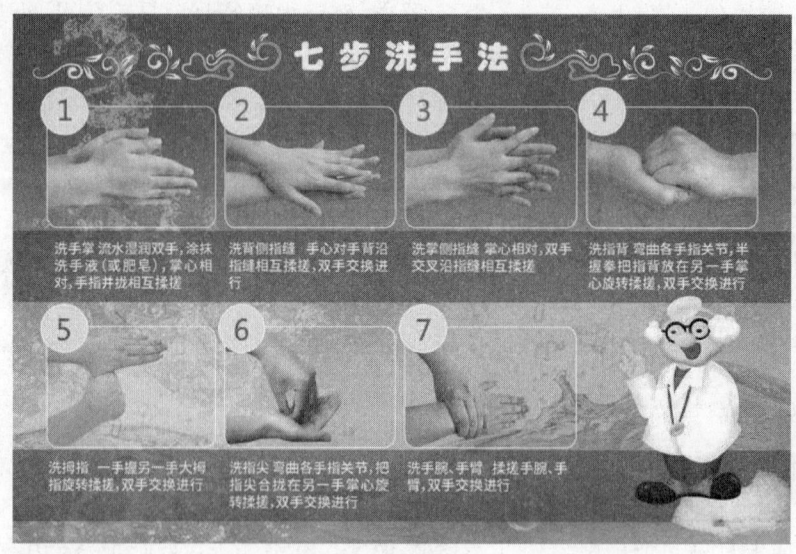

图6-3 七步洗手法

附:《洗手歌》

卷起小袖子,打开水龙头,洗洗小手;

关上龙头,打肥皂,肥皂肥皂像块糕糕,搓在手中冒出白泡泡;

手心手心搓一搓;

手心手背搓一搓;

五指交叉搓一搓;

指背指背搓一搓;

拇指指根搓一搓;

指尖指尖搓一搓;

手腕手腕搓一搓;

打开龙头冲小手;

哗哗流水清又清,小手洗得真干净。

捧捧水,冲龙头,关上龙头甩小手,一、二、三;
取毛巾擦小手,手心手背擦干净,挂上毛巾拍拍小手。

(2) 洗脸

洗脸前提醒幼儿擤鼻涕,将毛巾浸湿拧干。

先用毛巾擦眼角→外眼角→然后擦前额→脸颊→鼻孔下方→口周→下巴→脖子及耳朵。其间应清洗毛巾1~2次,以保证毛巾的清洁,在冬季洗脸后应涂抹幼儿护肤品,以保护幼儿的皮肤不粗糙干裂。

(3) 漱口刷牙

漱口:口中含一口水,不能咽下,应用力鼓腮,做"咕噜"的动作,然后吐漱口水。

刷牙:①冲洗牙杯和牙刷,将牙杯接满清水。②挤牙膏,双手持牙膏缓慢地用力挤压,待牙膏挤出约黄豆粒大小后,拿起牙刷,将牙膏涂在牙刷上。③漱口。④顺着牙缝竖着刷,先刷门牙,再刷两边,上牙由上向下刷,下牙由下向上刷,先刷牙的外侧面,再刷牙的内侧面,最后横着刷牙的咬合面,每次刷牙的时间不能少于3min。⑤接水漱口。⑥冲洗牙刷,将牙刷在牙杯里反复振荡,并用水将牙刷洗涮干净。⑦将牙刷头朝上放入牙杯,以便风干。

(二) 盥洗卫生

培养幼儿饭前饭后、便前便后、手脏时主动洗手的习惯;培养幼儿每天洗脸、洗脚、洗屁股的好习惯;培养幼儿定期洗头、洗澡、换衣的习惯;培养幼儿经常剪指甲,男幼儿勤剪头发的习惯。

七、如厕环节

如厕环节是幼儿园过渡性的生活环节,幼儿控制排便能力较弱,保教人员要根据情况允许幼儿随时大小便。如厕环节组织是否到位,它直接关系到幼儿情绪是否愉快,也是培养幼儿自理能力的重要契机。

(一) 如厕组织

1. 给幼儿营造安全、卫生、方便并富有童趣的厕所环境

如保持地面清洁、干燥;提供便于幼儿取用的便纸、便于幼儿使用的废纸篓和纸袋;便池旁贴有小脚印,安装小扶手等。

2. 分组组织幼儿如厕

教育幼儿不推不挤、先下后上、互相谦让、爱护厕所卫生和设施、遵守如厕秩序。

3. 培养幼儿如厕的自理能力

(1) 引导幼儿独自正确如厕

脱裤子→排便→正确使用手纸擦拭→提裤子→冲洗便池→洗手。

(2) 教幼儿擦屁股的方法

幼儿排完大便后要从前往后擦。对折、叠好后再擦一次。

教师要帮助小班的幼儿便前脱掉裤子,便后为其擦屁股并帮助其穿上裤子,将内衣塞入裤子里,不露肚脐和后背。对于中班、大班的幼儿,教师要鼓励幼儿自己擦屁股、整理衣裤等。

(3) 督促幼儿冲厕、洗手

幼儿大小便后,要指导幼儿及时冲厕,督促幼儿洗手。检查幼儿是否尿湿裤子,并及时更换和清洗。

(二) 如厕环境

(1) 培养幼儿用语言表达大小便的习惯,有了尿意、便意要及时排尿、排便,不憋大小便,排便时不弄脏便池外面。
(2) 培养幼儿专心排大便的习惯,避免幼儿在蹲坑或坐便时玩耍。
(3) 培养幼儿便后及时冲厕、洗手的习惯。
(4) 厕所和便器要保持清洁卫生,定期消毒。
(5) 保教人员应观察了解幼儿的排便情况,发现异常后应及时解决。

八、户外活动

《幼儿园工作规程》明确指出:幼儿户外活动时间在正常情况下每天不得少于2h,在寄宿制幼儿园不得少于3h,其中体育活动不少于1h,在高寒、高温地区可相应增减。

儿童户外活动场地应日照充足,地面平整、防滑、排水通畅。户外游戏场地面积人均应不小于$4m^2$,活动器材安全性符合国家相关规定,活动设施与儿童接触部位无锐角。

(一) 户外活动前

在户外活动前,保教老师应做好场地、器械的准备工作。检查户外场地是否安全。协助幼儿做好进行户外活动前的准备工作。如饮水、如厕、增减衣物、系好鞋带、整理装束、为每个儿童背后垫一条汗巾等。提醒幼儿上下楼梯靠右走,队伍前、中、后都应有教师。

(二) 户外活动中

在户外活动时,要注意动静交替,幼儿的运动量要适宜,不过度活动,防止疲劳;提醒幼儿在分散活动中,不随意奔跑、打闹,注意活动中的安全;根据活动量的大小、儿童身体出汗的情况及时增减衣物;户外活动中,时刻注意观察儿童,发现问题后应及时处理。照顾体弱儿和因身体不适等特殊原因不能参加活动的儿童。

(三) 户外活动后

做好户外活动结束后的整理工作。保教老师和儿童共同收拾器械并摆放整齐,整理场地;督促幼儿按顺序排好队;回到室内后协助并指导儿童脱外衣、盥洗、擦汗、饮水等活动。

九、离园环节

（一）离园前的准备

离园前保教人员要提醒幼儿如厕,引导幼儿做好清洁、整理工作,如脸部的清洁,衣服的整理,鞋是否穿得正确,书包、用具是否规整好等;在等候家长时教师可组织一些较为安静和有趣的游戏,吸引幼儿的注意力以分散其等待家长的不安情绪,让离园活动安全有序。

（二）幼儿离园时

教师应亲自将幼儿交给家长并亲切地与幼儿道别,对晚接的幼儿要妥善安排好活动,不要让幼儿独处或坐"冷板凳"。家长接幼儿时,教师可与家长简单交流幼儿在园情况,对个别有特殊情况者,如发生冲突的、身体不适的、有磕碰现象的、进食量发生变化的等要及时与家长沟通以免产生误解。

（三）幼儿离园后

保育员可做清洁、消毒、整理班级物品工作。离开前要巡视厕所、卧室,确保没有幼儿留下。最后检查窗户是否关好、水龙头是否拧紧、电灯是否关闭、电源是否切断等。一切检查合格后将门锁好。

第三节 学前儿童教育活动的卫生与保健

一、教学活动的卫生与保健

幼儿园的教学活动是由教师的"教"、幼儿的"学"、教育内容与方法手段等基本要素构成。幼儿园的教学活动应遵循卫生学原理,保证学前儿童生理和心理的发展。

教学活动应安排在幼儿精力最充沛、注意力最集中的时候,一般在上午9点开始,不同的年龄班级教学活动的时间、次数、内容也各不相同。一般情况下小班1节/d,10～15min;中班2节/天,20～25min/节;大班2节/天,25～30min/节,大班下期可适当延长5min左右,为入小学做好准备。教学内容要浅显易懂,积极结合教具运用直观手段和游戏教学法。

在进行教学活动前,要完成教学活动场地的准备,如环境应清洁、室内应通风、光线要充足。按教学内容和光线的要求,摆放设备和桌椅,若光线来自幼儿身体的左前侧,则幼儿的座位不能背光。按照教学活动的内容与要求准备好教具与学具,如美术活动的材料、纸、笔、颜料、擦手巾等。做好音乐活动座位的安排,做好音响、各种小乐器、头饰及各种辅助材料的准备。

教学活动中,要提醒幼儿保持正确的坐姿和握笔的姿势,注意用眼卫生。如果提醒

后仍无改正,保教老师应进行个别辅导,甚至是示范。在教学活动时,保教老师还要注意观察幼儿需要,如个别幼儿需要小便,应悄悄带其上厕所;个别幼儿情绪不愉快时,应及时稳定其情绪;个别幼儿阅读有困难时,保教老师可以与幼儿一起阅读;个别幼儿绘画时不敢大胆入笔时,可以悄悄用语言、眼神或表情给予鼓励。总之应为幼儿创设一个和谐、宽松的活动氛围。

教学活动后,保教老师与幼儿一起收拾和整理活动中使用的工具和材料,及时把幼儿在活动中的样品(特别是有保留价值的作品)进行归类、整理,标上日期再放到档案盒中。最后做好活动场地的清洁卫生工作。

二、游戏活动的卫生与保健

《幼儿园教育指导纲要(试行)》指出:幼儿园教育应尊重幼儿的人格和权利,尊重幼儿身心发展的规律和学习特点,以游戏为基本活动,保教并重。

《幼儿园工作规程》指出:游戏是对幼儿进行全面发展教育的重要形式。应根据幼儿的年龄特点选择和指导游戏。应因地制宜地为幼儿创设游戏条件(时间、空间、材料)。游戏材料应强调多功能和可变性。应充分尊重幼儿能力和个性的全面发展。

游戏活动可分为室内和室外游戏活动。室内游戏活动要保证活动室通风良好,空气新鲜,采光和照明充分,有较大的活动空间,游戏材料要丰富、卫生、无毒、无害。室外游戏活动场地要平整、清洁、无污染、无噪声、周围环境安全,游戏活动设施不存在安全隐患。

在游戏活动前,应根据幼儿的年龄特点、游戏活动的内容及气温情况及时给幼儿增减衣服,以免着凉或受热。在游戏活动中,要为儿童游戏提供充足的时间,要经常观察幼儿游戏情况,适时适宜照顾幼儿的活动,满足幼儿在游戏中的各种需要,如适时地对材料进行调整、补充,照顾幼儿小便、喝水等。对游戏中幼儿的不安全行为要及时制止。游戏结束后应与儿童一起收拾、整理玩具和材料,归类摆放好。

三、劳动中的卫生与保健

劳动是幼儿教育的内容和手段之一,通过劳动使幼儿学习简单的劳动知识和技能,初步形成独立生活的能力,养成良好的劳动习惯。幼儿的劳动按内容分为:为自我服务劳动、为他人服务劳动、种植饲养、手工劳动四种。

小班幼儿劳动的要求要简单、分量要轻、时间要短。劳动内容应以自我服务为主,也可以让他们参加一些为集体服务的劳动,比如游戏后在老师的帮助下收拾玩具、图书等;种植一两种容易生长的植物或饲养一些小动物。中班幼儿在自我服务方面要提高他们劳动的质量,如要求他们独立穿衣服,独立洗脸、洗手,而且要洗得干净。在为集体服务方面可以要求他们做值日生工作,比如分发餐具,照料动植物,定期种植一些花草、蔬菜等。大班幼儿在生活方面不仅能熟练地自我服务还能帮助同伴。为集体服务、做值日生是大班幼儿劳动的主要任务,在种植方面可种一些需要照料的植物。

组织幼儿劳动时,必须注意劳动的安全与卫生。幼儿应当在空气新鲜、光线明亮的条件下劳动,不能在严寒、酷暑、噪声、污染的环境或危险地域进行。不宜让幼儿参加清除垃圾、收集废品的工作;为幼儿准备的劳动工具应符合儿童年龄、体力、动作发展的水平;劳动时间不宜过长,4~5岁儿童以10~15min为宜,5~6岁也不要超过30min;劳动强度不能太长;要保持劳动的连续性、经常性,尤其是自我服务、值日生工作,更应贯穿于幼儿的日常生活中。

四、大型活动的卫生与保健

幼儿园组织幼儿参加大型文娱演出、联欢会、运动会、旅游、参观和节日庆典等活动时,应针对幼儿的年龄特点和具体情况,采取多种形式对幼儿进行安全教育。要注意每年不宜频繁举办大型活动。幼儿参加人数不宜过多,提醒以班、年级为单位分散进行;活动时间不宜过长,如全园性的娱乐活动以不超过1h为宜,小班幼儿若不能坚持,可提前退场。外出活动地点离幼儿园要近;要为幼儿准备安全、充足的玩具;所有活动都要认真组织,确保安全。传染病流行期间,禁止举行任何大型活动。

第四节 学前儿童体育锻炼的卫生与保健

《幼儿园工作规程》指出:幼儿园保育和教育的主要目标之一是促进幼儿身体正常发育和功能的协调发展,增强体质,培养良好的生活习惯、卫生习惯和参加体育活动的兴趣。

适宜的体育锻炼能促进儿童的生长发育、增强体质、提高儿童适应环境的能力和对疾病的抵抗能力,培养勇敢坚强的心理素质。

适宜的体育锻炼能促进儿童的生长发育、增强体质、提高儿童适应环境的能力和对疾病的抵抗能力,培养勇敢坚强的心理素质。

一、学前儿童体育锻炼的卫生原则

学前儿童体育锻炼应坚持不懈、持之以恒,每天至少有1h以上的户外体育锻炼;学前儿童的体育锻炼要循序渐进,动作要由简到繁、由易到难,时间由短到长,运动量由小到大,逐渐提高锻炼强度;学前儿童体育锻炼要注意个体差异,对不同年龄、不同性别、不同健康状况的学前儿童选择锻炼的方法应有所不同,活动中注意对体弱儿进行特殊照顾(如活动量、衣着、持续时间等);要结合年龄、季节变化,安排内容多样化的体格锻炼,创造条件开展日光浴、水浴、空气浴锻炼,开展各年龄组的体育锻炼;学前儿童体育锻炼前要做适当的准备活动;大运动量的锻炼后,要进行一些整理活动(如慢跑、散步、放松体操等)。

二、学前儿童体育锻炼的保健

全面了解儿童健康状况,患病儿童应停止锻炼;病愈恢复期的儿童运动量要根据身体状况予以调整;体弱儿童的体格锻炼进程应当较健康儿童缓慢、时间缩短,并要对儿童的运动反应进行仔细观察(表6-1)。

表6-1 运动量与儿童生理反应观察一览表

时间	外显指标	生理反应		
		轻度疲劳	中度疲劳	重度疲劳
活动进行中	面部色泽	稍红	相当红	十分疲劳或苍白
	排汗情况	不多	较多	大量出汗
	呼吸情况	中速轻快	显著加快	呼吸急促、节奏紊乱
	动作反应	协调、准确、步态轻稳	协调、准确和速度降低	动作失调、步态不稳、用力颤抖
	注意力及反应	注意力集中、反应正常	能集中注意力但不够稳定、反应力减弱	注意力分散、反应迟钝
	运动情绪	愉快	略有倦意	精神疲乏
活动后	饮食情况	良好、适量增加	食欲一般、食量降低	食欲降低、食量减少、恶心、呕吐
	睡眠质量	入睡快、睡眠良好	入睡较慢、睡眠一般	很难入睡、睡眠不安
	精神状况	精神爽快、情绪好	精神略有不振、情绪一般	精神恍惚、厌倦练习

(一)运动前的准备

在运动前保教人员先要检查场地的安全情况,如场地要平坦、防滑、无积水,要打扫干净,不乱堆杂物,要除去枯枝烂叶或碎石等杂物。再检查运动器械有无损坏,如滑梯是否有开裂或附着发毛等情况,并擦干净运动器械的表面。同时,备好运动器具和玩具,如皮球、绳子、飞镖、沙袋等,事先检查皮球是否有气,是否打足气等。然后准备好干毛巾、水等。最好提醒婴幼儿大小便,协助老师帮助幼儿脱去外套,将内衣束于裤内,使裤角不拖地,系好鞋带等。

(二)运动中的备件

在运动的过程中,要及时提醒和帮助儿童增减衣服,擦去脸上和颈部的汗水,提醒儿童喝水;要关注活动中儿童的安全和场地周围环境的安全,加强运动中的保护,避免运动伤害。要提醒儿童不玩危险的物品,不做危险的动作,不打闹,不吵架,不狂奔乱跑等。运动中要注意观察儿童精神、情绪、面色、呼吸情况、出汗量等,如发现儿童出汗量多、精神略有疲倦、气喘吁吁,要提醒儿童休息或减少活动量,提醒或帮助儿童用干毛巾擦汗。对个别身体不适的儿童及体弱儿、肥胖儿,更要注意掌握活动时间,及时提醒休息,应特别加强护理和照顾,如运动前在背上垫干毛巾,运动后抽去毛巾,使衣服不湿。儿童常用物品要求,如表6-2所示。

表 6-2　儿童常用物品要求

项　目	园　所	
	托儿所	幼儿园
被子宽度	100cm	120cm
被子长度	140cm	160cm
被子重量	1000g	1500g
褥子宽度	根据床大小	根据床大小
褥子长度	根据床大小	根据床大小
褥子厚度	5～6cm	5～6cm
幼儿枕头	长30cm×宽20cm 厚5～6cm	长32cm×宽20cm 厚5～6cm
擦手毛巾	长18cm×宽8cm	长18cm×宽8cm
擦嘴毛巾	长18cm×宽8cm 或18cm×18cm	长18cm×宽8cm 或20cm×20cm
幼儿洗手肥皂	洗衣皂的1/4或香皂的1/2	洗衣皂的1/4或香皂的1/2
幼儿便纸	18cm×18cm	18cm×18cm
幼儿茶杯	直径6～7cm	直径7～8cm
幼儿饭碗	直径10～12cm 重75g	直径10～12cm 重75g
幼儿筷子长度	托班用小勺	20cm左右（中班下学期使用）

（三）运动后的整理

运动结束时要收拾好玩具，归类摆放；将生活用品放回原处；提醒帮助儿童将衣服带回教室，穿上外衣，确保儿童不受凉。做好儿童的清洁整理工作，如洗手、擦脸、休息、喝水等。运动结束后还要注意观察儿童的精神、食欲、睡眠等状况。

知识窗

小儿腹泻饮食禁忌

（1）小儿腹泻不能吃生冷和刺激类食物。生冷瓜果、冷拌菜等生冷类和辣椒、芥末等刺激性食物对肠道有刺激，腹泻时不宜吃。

（2）小儿腹泻不能吃导致腹胀的食物。豆类、过多的牛奶等会使肠内胀气，加重腹泻。某小孩因不能消化牛奶中的乳糖而致泄，所以腹泻时可暂时停用含乳糖的乳制品，待病愈后缓量摄取，直到逐渐适应。但酸牛奶含有乳酸杆菌，能抑制肠内有害细菌，且无乳糖，可以食用。

（3）小儿腹泻不能吃高糖食物。糖果、巧克力、甜点、饮料等含糖量较高，糖类会加重体内酸碱失衡,造成腹泻加重现象。以母乳为主食的婴儿,腹泻时应当暂时食用低糖的奶粉或米粉、米糊等。

(4) 小儿腹泻不能吃高脂食物。因腹泻时消化能力降低,奶油、肥肉、油酥点心等高脂肪类食物,常因脂肪未消化而导致滑肠,造成腹泻不止。

(5) 小儿腹泻不能吃不易消化的食物和垃圾食品。油炸、烧烤等方式的加工,会导致难以消化,造成腹泻。火腿、香肠、腌菜、方便面等过度加工的垃圾食品中包含有害成分,肠道会将这些有害物质排除,这是致泄因素之一。

(6) 小儿腹泻不能吃粗纤维较多的食物。芹菜、菠菜、韭菜、榨菜,笋类等含粗纤维较多,能加速肠道蠕动,加重腹泻。

(7) 细菌性痢疾患儿,不宜采用止泻药。

故事会

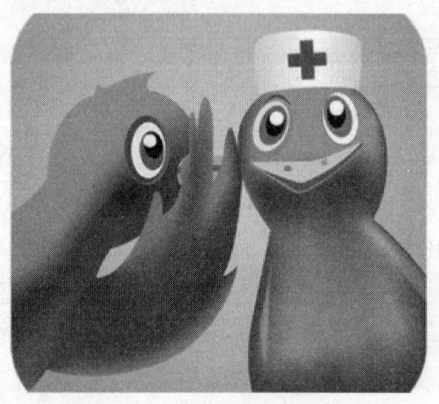

思考练习

(1) 幼儿园保健工作的基本内容包括哪些?
(2) 如何营造良好的进餐环境、睡眠环境?
(3) 在组织幼儿进餐的过程中,为什么不要处理幼儿行为上的问题?

第七章

学前儿童的安全与急救

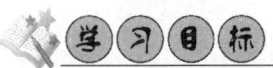

- 掌握幼儿园的安全管理措施;
- 掌握学前儿童的安全教育;
- 掌握发生意外伤害的急救原则;
- 掌握常见意外伤害应急处理方法。

- 幼儿园的安全管理措施;
- 学前儿童的安全教育;
- 发生意外伤害的急救原则;
- 常见意外伤害应急处理方法。

目前意外伤害已取代传染病和呼吸系统等常见疾病,成为导致儿童死亡的首位原因,也是导致儿童严重疾病和残疾的主要因素之一。健康儿童在幼儿园突然发生意外伤害,不但会使儿童蒙受很大的痛苦,给儿童家庭带来巨大的不幸,也会给幼儿园的正常工作造成冲击和影响。因此幼儿园应十分重视安全措施,预防意外伤害的发生,及时妥善处置突发的意外伤害。

案例评析

彤彤两岁起就不爱说话,妈妈问她吃饱没有,她向来只是点头或摇头作答,很少痛痛快快地说个明白。妈妈担心她是个哑巴,去医院发音检查,发声器官完好无损,稍长大一点后有所改善,但见到亲戚或客人,还是"金口难开"。开始,妈妈认为可能是孩子性格内向、害羞的缘故,也许长大就好了。可是到了彤彤开始上小学的时候,情况变得更糟。老师点名让她发言,彤彤经常是一言不发,急得老师不知所措。到这个时候,妈妈才知道彤彤的心理出问题了,于是不得不带她去看儿童心理门诊。

分析:彤彤患的是儿童缄默症。

儿童缄默症最直接的诱因是在小时候受到惊吓、恐惧等刺激,或者受到频繁的严厉责备、打骂,导致儿童羞怯、懦弱与自卑。

患了缄默症的儿童不是不能说话,而只是由于心理因素的影响,不愿说话或不敢说话。因此,治疗和纠正儿童缄默症必须先从以下两个方面着手。

(1)让孩子愿意说话。家长和孩子在一起的时候应该多进行语言上的交流。比如讲故事,介绍一些新事物,提问题让孩子回答等,这样做不仅扩大了孩子的词汇量,还激发了他们学习语言的兴趣。千万不要出现孩子一言不发,大人也沉默不语的局面。

(2)让孩子大胆地说话。家长和教师应该戒急戒躁,不能训斥、责备、逼迫孩子说话。当孩子有一点进步时,要及时地鼓励。经常让孩子参加同龄伙伴们的集体活动,让孩子有一个自由的无拘束的语言空间。如果条件允许,可以经常带孩子到视野开阔的地方,鼓励孩子放声宣泄。当然,严重的患儿还得适当进行心理治疗。

第一节　托幼机构的安全管理与安全教育

一、学前儿童发生意外事故的原因分析

(一)学前儿童运动机能不完善

自学前儿童学会独自走路时起,意外伤害事故便相伴而生。1岁时,学前儿童学会了走路,但动作生硬、笨拙,头占身体的比例大而且重,常使学前儿童摔倒。学前儿童跌倒时四肢不会作出相应的调整,头面部便首当其冲成了跌打的对象。随着学前儿童年龄的增长、动作能力的提高,学前儿童受伤的部位扩展到了四肢。2～3岁的学前儿童已行走自如,但跑步却不熟练,缓慢的反应速度,较差的平衡能力,较小的注意范围,常使学前儿童在跌跌撞撞的小跑中摔伤身体。3岁后学前儿童的动作能力有了明显的进步,但相对水平仍然较低,有时也会出现摔倒的现象。

(二)学前儿童对危险因素缺乏认识

学前儿童认识水平较低,缺乏对外界事物的理解和判断,更不会推理事物之间的因果关系。因此,经常由茫然无知的行为引来意外伤害事故。如学前儿童突然从跷跷板上跳下,挥舞木棍玩耍时,丝毫不考虑会对别人有什么危害等。像这样由于缺乏对危险事情的认识而发生的意外伤害事故,在托幼机构及家庭中比比皆是。

(三)学前儿童有好奇、好动、活泼、易冲动的特点

学前儿童具有强烈的好奇心,活泼好动,有时还会情绪激动和冲动。这些都有可能使他们忽略周围的环境因素,丧失理智和判断能力,从而出现各种事故。如学前儿童想看看窗台上的东西或窗外的情景,于是就站在小椅子上而导致不慎摔倒;当与他人争抢玩具时,拿起玩具向他人头上扔去或去推他人等。

(四)保教人员安全意识淡漠、安全知识贫乏、安全救助技能欠缺

在保育者人数不足、师生距离比较远的情况下,意外事故发生频率会提高。保教人员

缺乏安全意识,或缺乏对危险事物的警觉性和应变能力等,都是一种安全隐患。研究表明,10:00~14:30是托幼机构意外伤害发生的高峰期。原因是教师在组织幼儿活动后,思想由紧张状态进入放松状态,对学前儿童的安全监护有所松懈,而这时儿童正从兴奋期转入疲劳期,体力和自控能力明显下降。在对幼儿实施保教过程中,保教人员容易重视教学而轻视安全,贪图方便而忽略危险排除,最终因麻痹大意而导致学前儿童意外伤害事故的发生。

二、托幼机构的安全管理

托幼机构在意外事故的预防与安全管理方面应重点做好以下几个方面。

(一)创设安全的环境,经常检查园内、班内的设备

1. 活动场所

室内地面最好采用木地板,水泥地面应铺有草垫或地毯或设有围栏,让学前儿童有安全活动场所。椅角、桌角、墙角以圆角为宜,以免跌倒时发生碰伤。儿童出入的门应向外开,不宜装弹簧;在门缝处加塑料或橡皮垫,以免夹伤造成手指、脚趾骨折。窗户、阳台、楼梯应有栏杆,栏杆应采用直栏,高度不低于1.1米,栅间距不大于11厘米,中间不设横向栏杆,以免儿童攀越。活动场所应有安全通道和出入口,应有消防灭火装置和报警装置。幼儿园房舍应远离马路、江河、危险品仓库等,以免发生车祸、溺水等。水池、地下水管道、水沟的地面出口均应加盖,以免儿童失足落入。定期检修建筑物的设备和用具,发现问题要及时处理。学前儿童的一切设备要牢固、简单、安全、没有尖角和裂缝,运动器械如滑梯、攀登架、秋千、转椅等要经常检修。器械放置的位置必须安全,如器械之间、器械与墙壁或树干之间应有一定距离,太近了易发生意外伤害。

2. 生活用品

儿童睡床应有床栏,床栏插销应安在儿童摸不到的地方,以防坠床。热水瓶、热锅、家用电器、火柴、打火机、刀、剪等应放到儿童够不到的地方,以免发生烫伤、触电、割伤。室内如安装烤火炉应具有安全设施,如烟囱、小通风窗等。同时注意烟囱接头是否漏气,并定期清扫,以防堵塞而引起煤气中毒。炉旁应有围栏,暖气应加护罩,以免烫伤。室内电器插座应安装在儿童摸不到的地方,使用拉线开关或用插座绝缘保护罩;电线应用暗线,以免儿童接触。要经常检查电器、电线是否漏电。

3. 玩具

给儿童选择玩具除了根据年龄特点,还应符合安全要求。不给儿童体积小、锐利、有毒的玩具及物品,如珠子、扣子、棋子、别针、图钉、硬币、小刀、剪子等,以免塞入耳、鼻、口中,造成耳、鼻、气管及食管异物,或者引起刺伤、割伤及中毒等。大型玩具如滑梯、跷跷板、攀登架等,应定期检查是否牢固、有无损坏,损坏后要停止使用,及时维修;学前儿童在玩耍时要有成人在旁照顾或监护。易燃易爆物品不能让儿童玩耍,放鞭炮、放焰火时要防止炸伤儿童,预防发生火灾。

4. 食物

为防止发生食物中毒,应确实加强食品卫生管理。儿童食品应严格选择,保证新鲜

无毒。有毒、腐败变质以及过期的食品不能食用,食物在运输、加工、储存、烹调时应严防污染变质。

(二)建立药品和危险物品的保管制度

1. 保健人员负责检查学前儿童用药的准确性

家长送处于疾病恢复期的孩子入园时,最好将药物亲自交到保健人员的手中,由保健人员检查、核准孩子所服药物是否对症,并登记用药儿童的姓名、性别、班级、药名、用量、服药的时间及次数,然后,再分送到各班,转交给代班教师,同时做好用药情况的说明。

2. 妥善保管学前儿童的药物

保健人员及保教人员应将学前儿童的药物妥善保存,放在学前儿童拿不到的地方,并按时、准确地给病儿喂药。

3. 教师要认真给学前儿童喂药

教师应监督学前儿童服药,并做认真记录,防止学前儿童不肯服药、乱服药或重复服药。

4. 危险用品应由专人管理

托幼机构的危险用品多是指有腐蚀性的、有剧毒的、易燃易爆的物品或药品,它们通常是用于厕所清洁的化学药品,用于装修、维修的油漆、涂料,用于消毒的药品和杀虫剂等。这些物品应有专人保管,平时应上锁保存,使用时应有记录,用完的瓶罐应统一回收处理,切不可随便丢弃。

(三)建立学前儿童接送制度,防止走失

1. 加强对门卫的管理

托幼机构应选择做事仔细、有责任心的门卫,负责管理园所的大门。园所的大门应只在接送时间对外开放,其余时间一律关上,防止学前儿童溜出园外。非接送时间接学前儿童的家长,应出示证件,进行登记。到幼儿园办事的外来人员应先登记,在传达室等候,不得随便入内。

2. 建立班级的交接班制度

各班应建立严格的交接班制度,保教人员在工作时间不得擅自离开学前儿童,教师在带领学前儿童进行室外活动前以及活动之后均应清点学前儿童人数,防止学前儿童独自离开集体。

3. 建立并严格执行接送制度

为了学前儿童的安全,托幼机构应建立严格的接送制度,要求学前儿童的接送者必须是学前儿童的父母、祖父母或固定接送人。如果临时改变接送人,应事前与教师打招呼,并带接送人来园与教师相认。除此之外的一切外人,都不得接走学前儿童。

教师应认真执行以上规定,每次应把学前儿童亲自送到家长手中。教师应把好教室门,防止学前儿童擅自离开教室。

(四)教师应在学前儿童一日生活的各环节中仔细观察,准确预见,发现危险因素,及时做出果断处理

开展保教人员安全教育,加强保教人员的安全意识教育。托幼机构要完成保育和教育的双重任务,保证学前儿童的安全是最首要的工作。托幼机构全体教职工应把学前儿童安全问题置于头等重要地位,加强责任感,强化安全意识,认真细致地做好工作,避免意外事故的发生;应进行安全基础知识和意外伤害急救处理的培训,防止学前儿童意外伤害的发生。

1. 防止小物品进入体内

小物品一般是指直径不足2厘米且圆滑的物品,如花生米、黄豆、米饭粒、珠子、棋子等。由于这些物品很小,学前儿童带在身上不易被发现,玩耍时如果误将其放入口、鼻、耳中,会造成异物进入体内,给学前儿童带来伤害或危险。这就要求教师在对学前儿童进行教育的同时,对学前儿童进行必要的检查。检查可在一日中的某些环节进行,如入园晨检时、午睡前等;也可随时检查,发现苗头及时解决。

2. 室内外应防跌伤

当学前儿童进行户外自由活动及有组织的活动时,由于各种原因,可引起跌伤。因此,要求教师在组织学前儿童进行户外活动前,应检查器械和活动场地,清除活动场上的砖头、石块、碎玻璃、树枝等,然后检查学前儿童的衣服是否符合活动时的要求并采取相应的措施,如挽起过长的裤腿,裤腿过宽可用皮筋扎住,提醒学前儿童提裤子、系紧鞋带等。

跌伤不仅发生在室外,在室内也时有发生。活动区游戏中常因拥挤发生绊倒跌伤,争抢玩具发生摔伤,甚至学前儿童坐在椅子上,向后仰或向前倾也会发生摔伤后脑勺或摔伤下巴、嘴唇的事故。教师应使活动区尽量宽敞,少障碍物,并且要明察秋毫,发现危险的苗头时,应及时制止。

此外,在盥洗室内教师也应注意学前儿童的安全,防止学前儿童跌倒而造成事故。

3. 防烫伤

给学前儿童的水和饭都须降温后端进室内。暖壶应放在学前儿童拿不到的地方,避免学前儿童直接接触,造成烫伤。寄宿制幼儿园在给学前儿童进行盥洗时,应注意倒热水的方式以及水温,以免不慎烫伤学前儿童。

4. 及时发现睡眠中出现的问题

学前儿童蒙头睡觉或在被子里玩弄物品,有时也会导致危险,因此保教人员在学前儿童睡觉的过程中也要注意观察。

三、托幼机构的安全教育

学前儿童的身心正处于逐步发展的阶段,缺少生活经验和常识,自理能力也较差,虽然教师和家长在竭尽全力小心翼翼地呵护他们,以尽量减少事故的发生,但我们应该清

楚地认识到成人对孩子的保护毕竟是有限的,因此在关注和保护孩子的同时,更重要的应该是教给他们必要的安全知识,增强孩子的自我保护意识和能力。

(一)对学前儿童进行安全意识教育,教育儿童遵守各种安全制度

教师可以通过安全教育活动,特别是通过游戏,使他们产生安全意识,自觉遵守安全规则;也可以通过新闻媒体报道、日常生活中的经历进行安全教育,培养他们安全和自我保护的意识。学前儿童安全意识教育主要有自我保护意识的教育、不伤害他人意识的教育、遵守安全规则意识的教育。教师应利用各种途径进行安全意识教育,丰富学前儿童的社会经验,进而向他们提出一些安全规则,讲清原因,教育儿童遵守各种安全制度,养成良好的常规习惯,如教育学前儿童不能随便离开自己所在的班,有事必须先告诉老师得到允许后才能离开。教师要教育学前儿童在出入各室,上下楼梯时不打闹、不拥挤,遵守体育运动、游戏的各项规则。教师还应教育儿童遵守交通规则,走路要走人行道,横过马路要走横道线(斑马线),不能在马路上停留、打闹和玩耍等。

(二)学前儿童安全知识与技能的教育

1. 知道玩电、玩火、玩水的危害性

教育儿童在距离水边较近的地方玩耍时要注意安全。教育儿童不玩火不摆弄电器。在室外遇到雷雨时,不可在大树下或高大建筑物下避雨,以免遭雷击。不玩弄电源插座、插头、电线;不玩火柴、打火机;不在水池边玩耍,不私自下水游泳;不摸开水和煮开的汤;学习触电、起火、落水时自救的简单技能。

2. 养成不将东西放入口中的习惯

不捡地上的东西吃,不吞吃非食物的东西,不把钱币、玻璃球等小东西含在嘴里,不乱吃药。

3. 不携带危险物品

危险物品包括小刀、针等锐利的器具。

4. 知道外出活动时的注意事项

外出活动时注意安全,要整理好衣着,穿好鞋子,系好鞋带,以免活动时绊倒发生危险;不随意离开集体;不随便采摘花果、抓捕昆虫,以免中毒或被咬伤等。

5. 遵守运动和游戏规则

运动和游戏时,应按一定顺序进行。避免碰撞;掌握使用运动器械的正确方法,遵循安全规则,不做危险动作,不相互推拉;走路奔跑时要注意四周是否有障碍物等。

6. 防拐骗

不吃陌生人的东西,不要陌生人的钱物,不听陌生人的话,不跟陌生人走,不擅自离园出走,不单独外出,人多拥挤处要与大人携手同行。学会遇到坏人和走失时求救的方法。

7. 学习认识交通标识,遵守交通规则

过马路走人行横道,横穿马路不慌张,注意看清左右有无来车;不在街上乱跑;乘车

第七章 学前儿童的安全与急救

时,不可将头、手伸出车外,要扶好车上的把手或系好安全带等。

8. 养成良好的饮食习惯

不吃腐败变质、不干净的食物,吃饭时细嚼慢咽,不打闹奔跑。

9. 学会打求救电话

求救电话包括 119 火警电话、110 匪警电话、120 医疗急救。

总之,学前儿童在每一生活环节和活动中都应注意遵守安全规则,不去危险的地方,不做危险的动作,并且学会简单的自我保护的技能和求救于成人的方法。

(三)提高自护自救能力

根据学前儿童园常见的意外事故,设计专题教学活动。以生动、有趣的教学形式帮助学前儿童理解安全常识和掌握安全行为技能;同时,可以将自我保护的学习内容融入学前儿童喜爱的游戏活动之中,使学前儿童在轻松、愉快的气氛之中练习自我保护技能,发展自我保护能力。

教师应制订安全疏散演习计划,画出各班安全疏散线路图让学前儿童熟悉,并定期举行全园安全演习等。教师通过各种行之有效的方法,教会学前儿童防触电、防溺水、防火、防摔伤、防走失、防拐骗等自我保护的技能,使学前儿童学习实际的防危保安的本领,从而强化学前儿童的安全意识,提高学前儿童自护能力,防止各种事故的发生。

第二节 学前儿童常见意外伤害的处理

一、学前儿童发生意外伤害的原因及急救原则

(一)学前儿童发生意外伤害的原因

1. 危险意识缺乏

学前儿童年龄小,对周围环境缺乏正确的认识,自我保护能力差。因此,经常由茫然无知的行为引来意外伤害事故。如学前儿童会突然从跷跷板上跳下;挥舞木棒玩耍时,丝毫考虑不到对别人有什么危害。

2. 好奇、好动、好模仿

好奇,对任何事物都想动手去摸,因此,很容易发生意外事故。如有的孩子用手指去挖电源插座的小孔,就可能造成触电事故;喜欢模仿和尝试成人的行为,如玩打火机时易造成火灾、烫伤。生性活泼好动,往往喜欢攀高、下跳、爬窗台、跨护栏,容易发生摔伤或坠落事件。

3. 骨骼和皮肤薄

学前儿童的颅骨骨质比成人薄,成人从床上摔下一般不会有严重后果,学前儿童则容易发生颅骨骨折、颅脑损伤。60℃的开水,对成人来说最多烫伤Ⅰ度,而学前儿童的烫伤则可能为Ⅱ度,表皮脱落,甚至深入皮下组织。

4. 运动功能不完善

学前儿童的骨骼、肌肉、关节以及控制和协调运动的神经系统尚未发育完善,动作的协调性较差,反应不够灵敏,平衡能力低,而且学前儿童又好动,故容易发生跌伤、扭伤、骨折等。

5. 其他因素

各种客观的环境因素常会导致学前儿童意外事故的发生,例如,幼托机构的用房过分拥挤、活动场地狭小、地面不平整,家具、墙柱不是圆角,玩具的边角锐利,保教人员的数量过少和照顾不周等,都可能是学前儿童意外事故发生的原因。

(二)意外伤害程度的判断

1. 根据发生意外的原因判断

可迅速危及生命的意外有:溺水、触电、外伤大出血、血管破裂、中毒、车祸等,必须在现场争分夺秒地进行正确而有效的急救,以防止可以避免的死亡发生,烧伤、烫伤、骨折虽然不立刻致命,但也十分严重,如果迟迟不作处理或处理不当,也可能造成死亡或终生残疾。

2. 依据伤者的情况判断

(1) 呼吸的变化。垂危患儿的呼吸已由正常节律变得不规则,时快时慢、时深时浅,再观察鼻翼或胸廓。如果鼻翼扇动,胸廓在吸气时反而下陷,这都说明呼吸已十分困难。呼吸已停时,应立即做人工呼吸。

(2) 脉搏的变化。可触摸桡动脉和颈动脉检查脉搏。垂危患儿的脉搏由规则节律的跳动变得细而快或节律不齐,说明心的功能和血液循环出现了严重障碍。一旦心跳停止,应立即做胸外心脏按压进行急救。

(3) 瞳孔的变化。瞳孔一般直径为3mm,遇到光线后能迅速收缩。垂危患儿眼睛无神,瞳孔已不能随光线的增强而迅速缩小。最后瞳孔会逐渐散大,对光线完全失去反应能力。

(三)意外伤害的急救原则

1. 挽救生命

呼吸和心跳是最重要的生命活动。在常温下呼吸、心跳若完全停止4min以上,生命就有危险;超过10min则很难起死回生。如果患儿呼吸、心跳已很不规律,快要停止或刚刚停止,不能机械地等待医生或送医院才能进行抢救,而应在现场立即实施人工呼吸、按压心脏等急救措施,以期恢复患儿的自主呼吸,维持其血液循环。

2. 防止残疾

发生意外后,在实施急救措施挽救生命的同时,还要尽量避免患儿日后留残疾。如学前儿童发生严重摔伤时,有可能造成腰椎骨折,施救时就不能用绳索、帆布等材质的担架抬救患儿,也不能抱或背患儿,这样会损伤脊髓而造成其终身残疾。这样的急救虽然说可以挽救奄奄一息的生命,但却可能造成患儿终身的不幸,而这种不幸是完全可以通过采用恰当的急救措施避免的。如发生上述损伤,一定要用门板之类的担架转运患儿。

3. 减少痛苦

意外事故造成的损伤往往是很严重的,常常会给患儿的身心带来极大痛苦,因而在搬动、处理时动作要轻柔,语气要温和。必要时施以镇痛、镇静药物。

二、心肺复苏急救术

由于各种原因引起的窒息、溺水、触电、中毒等意外伤害,可造成呼吸骤停。通过胸外心脏按压和人工呼吸急救,使中断的心肺功能恢复,即心肺复苏。

2010年10月18日美国心脏协会公布了最新的心脏复苏指南。最新徒手心肺复苏步骤为心跳呼吸停止的判断、胸外按压(Compression,C)、开放气道(Airway,A)、人工呼吸(Breathing,B),适用于成人、儿童和婴儿,但不包括新生儿。

(一)心跳、呼吸停止的判断

(1)判断患者有无反应。轻拍患者并大声呼唤。
(2)判断患者有无呼吸。眼睛观察胸廓有无起伏5~10s。
(3)判断有无心跳。方法是触颈总动脉搏动。

以上三步骤应在10s内完成。

(二)胸外心脏按压法

胸外心脏按压法是使心恢复跳动的简便易行的抢救方法。心位于胸骨与脊椎之间,于胸骨偏下处,即两乳头之间(图7-1),施加压力,使胸骨下陷挤压心,使血液排出。当压力解除后胸骨自动恢复原位,心舒张,血液回流入心,血液循环得以维持(图7-2)。

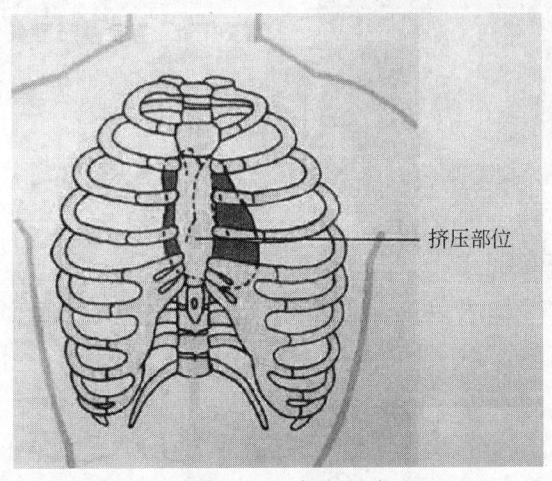

图7-1 加压部位

1. 新生儿拇指按压法

被救护者若为新生儿,救护者可用双手环绕新生儿躯干,把拇指放在胸骨上(两乳头

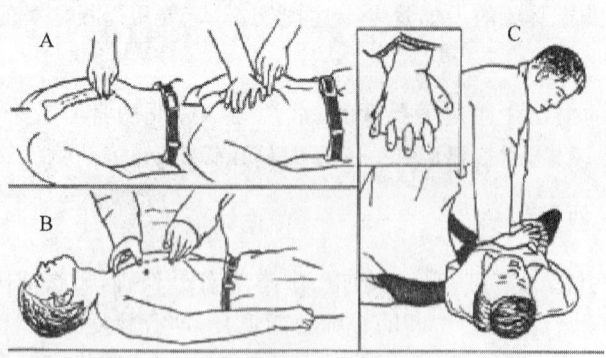

图 7-2 胸外心脏按压法

连线中点的胸骨上),其他手指在新生儿背部支撑其脊柱。两拇指按压,使胸骨下陷 1~2cm,然后放松,每分钟按压 120 次左右(图 7-3)。在按压过程中不要用整个手来挤压胸部(肋骨),胸部被挤压后会造成肋骨骨折或气胸。

2. 婴儿双指按压法

被救护者若为 1 岁以下婴儿,救护者一手食指置于婴儿两乳头连线与胸骨交界处,中指、无名指与食指并拢置于胸骨上;将食指抬起,中指、无名指同时用力垂直向下按压,按压深度使胸骨下陷约 4cm,按压放松,在整个压下与放松的过程中,手指应始终与胸壁接触(图 7-4)。这样能够最好地控制施加于胸骨的压力,同时确保定位准确。每分钟至少按压 100 次,按压与吹气之比为 30∶2。

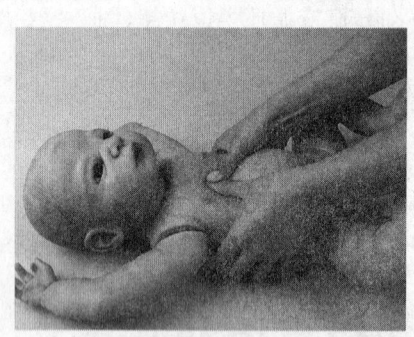

图 7-3 新生儿拇指按压法(用于新生儿和婴儿)

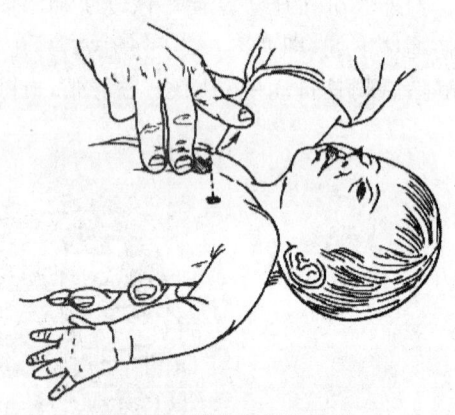

图 7-4 婴儿双指按压法

3. 1~8 岁儿童

被救护者为 1~8 岁儿童时,救护者一手掌根在两乳头连线中点按压胸骨(手臂伸直,垂直向下用力),按压深度使胸骨下陷约 5cm,放松时掌根不要离开胸壁,每分钟至少按压 100 次(图 7-5)。

单人施救者胸外按压与人工呼吸的比例 30∶2,双人施救者胸外按压与人工呼吸比

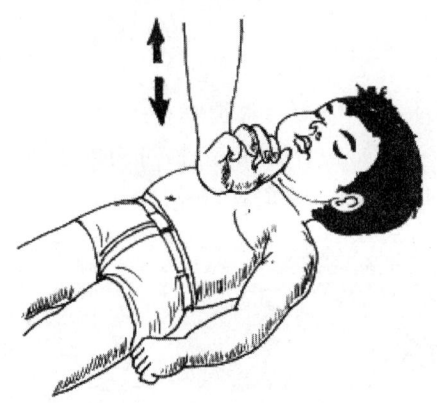

图7-5 单掌按压法

例15∶2(婴儿和儿童)。

4. 成人

用左手掌根紧贴患者的胸部按压区,右手掌与左手背重叠交叉,十指相扣,左手五指翘起,按压时上半身前倾,双臂伸直,垂直向下,用力、有节奏地按压,按压深度至少5cm,压下后放松,但掌根不要离开胸壁,反复操作,按压频率至少100次/min(图7-6)。

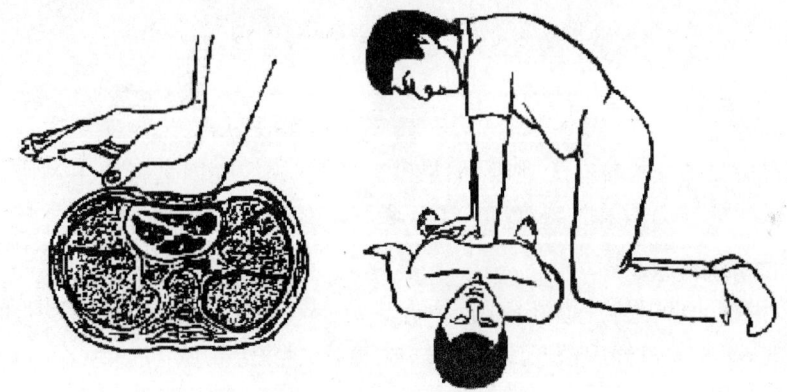

图7-6 成人胸外按压法

一般情况下,人工呼吸和胸外按压应同时进行。按压30次后立即开放气管,进行口对口人工呼吸。胸外按压与人工呼吸比例为30∶2。

(三)开放气道

开放气道是人工呼吸前至关重要的一步,其目的是维持呼吸道畅通,保障气体自由出入。

首先清理口腔,将其头偏向一侧,用手指探入口腔,清除分泌物及异物。

1. 仰头抬颌法

救护者用一手掌外侧缘置于患儿(被救护者)的前额,另一手食指、中指置于下颌,将下颌骨上提,使其头部后仰(图7-7),儿童、婴儿头部后仰的程度分别为下颌角、耳垂的连线与地面呈 60°、30°。

2. 托颌法

此法用于怀疑头部、颈部有外伤者。救护者将手放置在伤者头部两侧,紧握伤者下颌角,用力向上托下颌(图 7-8),如伤者紧闭双唇,可用拇指将口唇分开。如果需要口对口呼吸,则将下颌持续上托,用面颊贴紧伤者口鼻。

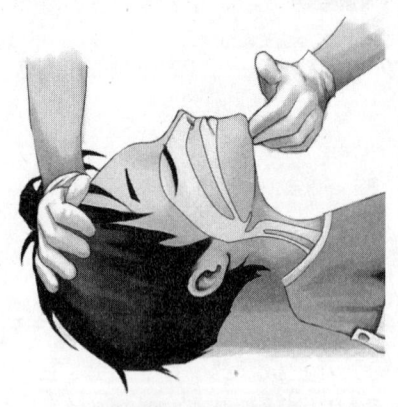
图 7-7 仰头抬颌法

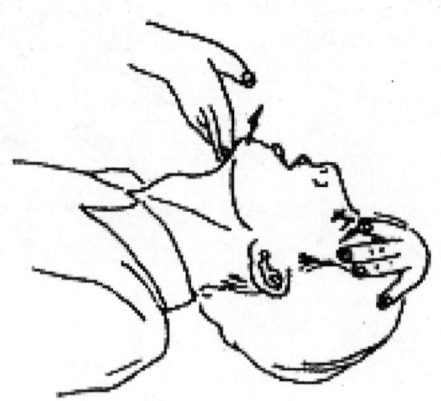
图 7-8 托颌法

(四)人工呼吸

开放气道后要马上检查有无呼吸,如果没有呼吸,则应立即进行人工呼吸。最常见、最方便的人工呼吸方法是采取口对口人工呼吸和口对鼻人工呼吸。

1. 口对口鼻吹气法

(1) 1 岁内婴儿。保持气道开放,救护者深吸一口气,用双唇嘴包住婴儿的口鼻,再均匀缓缓吹气,吹完一口气后松开,每 2~3s 吹气 1 次,每分钟吹 12~20 次。观察胸廓微微起伏即可(图 7-9)。

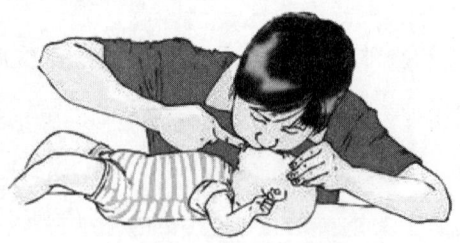
图 7-9 口对口鼻吹气

(2) 1~8 岁儿童。救护者用放在患儿前额手的拇指、食指捏紧患儿的鼻翼,救护者先深吸一口气,用双唇包严患儿口周(可在口上垫两层纱布),再缓慢持续将气体吹入,吹气时间持续 1s,同时观察患儿胸部隆起。吹完一口气后离开,放开患儿鼻孔。每 3~4s

吹1次,反复进行,每分钟吹12~20次。观察胸廓微微起伏即可。如果患儿牙关紧闭,则采用口对鼻吹气法,方法同口对口吹气法相同。

（五）判断心肺复苏有效的指征

若救护人员实施心肺复苏救护方法正确,又有以下征兆,则表明心肺复苏有效。

患儿面色、口唇由苍白、青紫变红润;能触摸到动脉搏动、自主呼吸逐渐恢复;瞳孔由大变小,对光反射恢复;患儿眼球能活动,手脚抽动,呻吟。

三、出血

不少意外事故的伤害可引起不同程度的出血。对于出血,特别是大动脉出血,首先应采取有效的止血措施,然后再作其他处理。学前儿童的血液量较少,如在短时间内失血过多,超过人体血液量的三分之一,就可危及生命。

（一）出血类型

1. 皮下出血

皮下出血多发生在跌倒、受挤压、受挫伤时,皮肤没有破损,只是皮下软组织形成血肿、瘀斑。一般外用活血化瘀的药,不久即可痊愈。

2. 外出血

外出血是指皮肤损伤,血液从伤口流出。外出血可分为毛细血管出血、静脉出血和动脉出血三种:①毛细血管出血时,血液像水珠样渗出,多能自动凝固止血。②静脉出血时,血色暗红,血液缓慢流出,较动脉出血易止血。③动脉出血时,血色鲜红,出血量多,呈节律喷射状,与心跳一致,时间稍长,就可危及生命,应立即止血,送伤者去医院抢救。

3. 内出血

内出血是指深部组织或内脏损伤时引起的出血。内出血时,体表没有伤口,无血液外流,但对伤者生命的威胁很大。伤者脸色苍白,出冷汗,手脚发凉,呼吸急促,心慌,脉搏细弱,怀疑有内出血应火速送医院抢救。

（二）止血方法

1. 加压包扎止血法

加压包扎止血法常用消毒纱布、干净毛巾、棉布等,折成比伤口稍大的垫子盖住伤口,然后再用绷带或三角巾加压包扎,以达到止血的目的,可用于毛细血管或静脉出血。

2. 指压止血法

指压止血法是指用手指或手掌等将出血的血管上端(近心端)用力压向贴邻的骨骼上,以阻断血流,达到暂时止血的目的。此法常用于紧急抢救时的动、静脉出血,不适用于长时间止血。

3. 止血带止血法

止血带止血法适用于大血管出血,尤其是动脉出血,一般在使用加压包扎无效时才

使用此法,止血效果较好。使用此法时常用橡皮管、绷带、三角巾等。上止血带前,先抬高伤肢,帮助静脉血回流。看准出血点,在止血带与皮肤间垫上垫子,将止血带扎在伤口的近心端接近伤口处;止血带的松紧应适度,以摸不到远端的脉搏为宜。每隔半小时左右应放松止血带,以免组织坏死。如果出血停止,就不必再扎止血带;如仍出血,则放松30秒至1分钟后再扎上止血带。

四、骨折与脱臼

(一)骨折

学前儿童在意外事故中容易发生骨折,以四肢骨折为多见。骨折分为闭合性骨折和开放性骨折。两者紧急处理不相同。骨折处理的正确与否,直接影响到骨折的愈合,若处理不当会造成肢体严重残废,甚至危及生命。

1. 症状

学前儿童的骨折常伴有剧烈的疼痛,骨折的肢体失去功能,骨折处肿胀、畸形。复杂性骨折除以上症状外,还可伴有血管、神经、肌肉的损伤,发生出血、骨折远端以下肢体麻痹等。

学前儿童发生"青枝骨折"后疼痛不明显,肢体仍能活动,易被忽视,骨折自愈后会形成畸形。

2. 急救处理

(1)急救的重点应是及时止痛、止血、防止休克,不要盲目地搬动患儿,特别是在可能伤及患儿的脊柱和颈部时更应小心,以免加重伤势,引起严重的并发症。

(2)固定骨折,确定是闭合性骨折后,可使用绷带和夹板,将骨折处上下关节都固定起来。上肢应采取屈肘固定,下肢应采用直肢固定。绷带不宜绑得过紧,时间不宜过长。四肢固定时,应露出伤肢的指尖和趾尖,以便观察血液循环,如出现指、趾苍白、发凉、麻木、青紫等现象,表明夹板绑得太紧,应放松绷带,重新固定。在紧急情况下,如无夹板,也可用木棒、竹片、手杖等代替,下肢骨折也可将伤肢和健肢绑在一起进行固定。

(3)如是开放性骨折,在夹板固定以前应先止血。创面消毒处理,外露骨头应盖上纱布,再用夹板固定,送医院治疗。

(二)脱臼

外伤、牵拉上肢或穿、脱衣服用力过猛,常引起学前儿童脱臼,即骨与骨之间的联结完全或部分地脱离了原来正常的位置,正常的运动功能受到了限制。脱臼后肢体变形,如发生关节肿胀。脱臼后的紧急处理方法与骨折相似,不能胡乱搬动,止痛固定以后送医院处理。

五、烧(烫)伤

高温(如热水、蒸汽、火等)、电以及化学物质作用于学前儿童的皮肤和黏膜,会引起这些部位的损伤。

（一）烧（烫）伤深度分类

(1) Ⅰ度烧（烫）伤仅损伤皮肤表层，局部皮肤红肿，感到灼痛无水泡。

(2) Ⅱ度烧（烫）伤伤及真皮，局部除红肿外，并有水泡，疼痛剧烈。

(3) Ⅲ度烧（烫）伤伤及皮下组织、肌肉，痛觉消失。

（二）对于烧伤或烫伤的处理应注意的问题

(1) 消除烧（烫）伤的原因。如果学前儿童是由于火焰烧伤的，则应立即脱去着火的衣服，如衣服和皮肤粘在一起时，切勿撕拉，只能将未粘的部分剪去，粘着的部分留在皮肤上，以后处理，并用冷水冲患处，防止烧伤范围的扩大。

(2) 保护创面用清洁被单包裹，以免创面再污染。除轻度烧（烫）伤均应送医院处理。

(3) 特殊处理。被化学药品烧伤时，一般损伤面应用大量净水冲洗；被碱烧伤，则可用弱酸性溶液如醋酸冲洗。但是，被石灰烧伤时，切忌用水冲洗，因为生石灰与水作用可放出大量热能，加重烧伤，这种情况可用干净纱布轻轻擦去石灰颗粒后再清洗。

六、急性中毒

引起学前儿童中毒的物品较多，出现的症状亦各有不同。常见的急性中毒包括食物、有毒植物、药物等。近年来，药物中毒有增多之势，在农村发生有机磷农药中毒较多。

（一）煤气中毒

煤或炭在燃烧不完全时会产生一氧化碳，天然气、石油液化气也含有一氧化碳，一氧化碳与血液中血红蛋白结合，破坏了氧气的运输，使人体缺氧。这就是煤气中毒。冬季室内用煤炉取暖，若室内通风不良、烟筒漏烟、风倒灌等常可使人发生煤气中毒。

1. 症状

中毒轻者感到头痛、头晕、耳鸣、恶心、全身无力。中毒严重者呼吸困难，最后不省人事，如不及时抢救，可出现呼吸、心跳停止。煤气中毒特有的症状是中毒者的皮肤、嘴唇呈樱桃红色，这与其他疾病引起缺氧而表现为嘴唇青紫有明显不同。

2. 急救处理

(1) 立即打开门窗，尽快将病人移至通风好的房间或户外，呼吸新鲜空气，同时注意保暖。

(2) 呼吸、心跳已停止者，立即进行胸外心脏按压和口对口人工呼吸，及时护送入医院。

（二）食物中毒

食物中毒是误食含毒的食物而引起的中毒，包括细菌性食物中毒、化学性食物中毒及有毒动植物中毒。其中以细菌性食物中毒为最多见。

细菌性食物中毒，多发生于天气炎热季节，主要由于食物在制作、储存、运输、出售过程中处理不当而被细菌污染，食用后引起中毒，常见的细菌有沙门氏菌、大肠杆菌、嗜盐菌等。另一种原因是食物被葡萄球菌、肉毒杆菌和链球菌污染后，细菌在食物中大量繁殖，释放出外毒素，食用后被肠道吸收引起中毒反应，这种被细菌外毒素污染的食物经高温处理后，细菌虽被杀死，但毒素未破坏，食用后仍可引起中毒。

1. 症状

食物中毒往往为短时间之内儿童食用同种食物，同时或相继发病，症状相似，先有恶心、呕吐、腹痛、水样便或脓血便，继而体温升高，迅速出现失水、酸中毒甚至休克。

2. 急救处理

急救时需要及时催吐、导泻、补液、抗休克等，应立即将患儿送医院进行抢救，并收集残留食物、呕吐物、排泄物并及时送医院检查。

（三）误服毒物

学前儿童误吃了有毒的东西，或乱吃了药片、药水等，要立即催吐、洗胃，以尽量减少有毒物质的吸收。

1. 洗胃的方法

只要病儿未处于昏迷状态，要耐心给孩子讲清道理，取得合作。可先让病儿喝些清水，再采用机械刺激的方法催吐。令孩子张大嘴，用筷子、匙柄或手指轻轻刺激他的嗓子眼（咽弓和咽后壁），引起呕吐。反复喝水、催吐，直到吐出的全为清水，表明洗胃已较彻底了。

2. 兼有保护胃黏膜作用的洗胃剂

现场急救除可用清水洗胃以外，当遇到一些腐蚀性较强的毒物。为保护食道、胃的黏膜，可使用面糊、蛋清、豆浆、牛奶等清洗，既可达到洗胃的目的又能保护胃黏膜。若误将碘酒作止咳药服用了，可用米汤洗胃。米汤中的淀粉与碘发生化学变化，可达到解毒的目的。催吐后，会吐出像蓝墨水一样的东西。然后反复喝米汤再催吐，直到米汤不变颜色为止。

3. 迅速送医院急救

若吃进毒物已过 4 个小时，毒物进入肠道，洗胃就没有用了。或病儿已昏迷，应速送医院处理。

4. 注意事项

在急救的同时，要收集病儿吃剩的东西、呕吐物，以及小孩口袋内的残留的有毒物质，以供医生检验毒物的性质，为进一步解毒、治疗提供依据。

七、异物入体

（一）鼻腔异物

学前儿童出于好奇，常把豆子、小珠子、纽扣、橡皮等较小的物品塞入鼻中，这不仅会影响呼吸,还会引起鼻腔炎症,甚至引起气管异物。此时教师应仔细观察,及时取出异物。具体的方法是:深吸一口气,用手堵住无异物的一侧鼻孔,用力擤鼻,异物即可排出。若异物未取出,切不可擅自用镊子夹取圆形异物,否则会将异物捅向鼻子深处,甚至落入气管,危及生命。因此,发现鼻腔异物应马上去医院处理。

(二)眼内异物

学前儿童眼内异物最为多见的是小沙粒、小飞虫等入眼。异物入眼后,可粘在睑结膜的表面,进入睑结膜囊内,也有的则嵌在角膜上。对于不同的情况,应采用不同的方法。具体的方法是:让学前儿童轻轻闭上眼睛,切不可揉搓眼睛,以免损伤角膜。教师清洁双手后,方可为学前儿童处理。沙粒粘在眼结膜表面时,可用干净柔软的手绢或棉签,轻轻拭去。若嵌入眼睑结膜囊内,则需要翻开眼皮方能拭去。翻上眼皮的方法是:让学前儿童向下看,用拇指和食指捏住他的眼皮,轻向上翻即可。若运用以上各法不能取出异物,学前儿童仍感极度不适,有可能是角膜异物,应立即去医院治疗。

平时应注意培养学前儿童形成爱护眼睛的意识,不用脏手揉眼,不互相扔沙子,眼睛不舒服时应立即告诉家长或老师。

(三)外耳道异物

外耳道异物一般分为两种:一种是非生物异物,如学前儿童玩耍时塞入的小石块、纽扣、豆类等;另一种是生物异物,如小昆虫等。学前儿童外耳道异物可引起耳鸣、耳痛、外耳道炎症及听力障碍,应及时取出。学前儿童外耳道异物属非生物异物和水时,可用倾斜头、单腿跳跃的动作,将物品跳出。若无效,应上医院处理。切不可用小棍捅、用镊子夹,否则易损伤学前儿童外耳道及鼓膜。若外耳道异物为小昆虫,可用强光接近学前儿童的外耳道,或吹入香烟的烟雾将小虫引出来。若不见效,应立即上医院。

(四)气管异物

气管、支气管异物多见于 5 岁以下的学前儿童。学前儿童口含食物或小物件,哭闹、嬉笑时最易发生气管异物。学前儿童气管有异物时,会出现呛咳、吸气性呼吸困难、憋气、面色青紫等现象,此时情况紧急,应立即加以处理。如发生在年龄较小的学前儿童身上,可将其倒提起来,拍背。若发生在年龄较大的学前儿童身上,可让其趴卧在成人腿上,头部向下倾斜,成人轻拍其后背;或成人站在患儿身后,用两手紧抱学前儿童腹部,迅速用力地向上勒挤。若仍不能取出,应立即送往医院处理。

(五)咽部异物

咽部异物以鱼刺、骨头渣、瓜子壳、枣核等较为多见。异物大多扎在扁桃体或其周围,引起疼痛,吞咽时疼痛加剧。咽部异物最好用镊子取出,切不可采用大口吞饭的方法,否则会使异物越扎越深,出现危险。若无法取出,应立即上医院处理。

八、虫咬伤

夏秋季节蚊虫增多,被蚊虫叮咬的机会也随之增多。学前儿童中较多见的有被蚊子叮咬、蜂类蜇伤、洋辣子刺伤。蚊子咬伤时可用清凉油、绿药膏、酒精、氨水等涂于患处。蜂和洋辣子刺伤时,伤口处疼痛红肿,此时先用橡皮膏将皮肤中的刺粘出来,然后用肥皂水涂于伤处。人被黄蜂蜇伤,轻则伤处红肿、疼痛,重则有气喘、呼吸困难等症状。黄蜂毒液呈碱性,可在伤口涂弱酸性液体,如食醋。有气喘等过敏症状者,可服用扑尔敏、苯海拉明等,并送医院治疗。

九、惊厥(抽风)与晕厥

(一)惊厥

学前儿童出现惊厥的原因很多,高烧惊厥较为常见,如患上感、流脑、中毒性痢疾等均会使学前儿童高烧,进而惊厥。此外,由于学前儿童缺钙而引起的手足抽搐或患有癫痫、低血糖或中毒等也会引起惊厥。儿童惊厥的表现通常是突然发作,意识丧失,头向后仰,眼球凝视,呼吸细弱且不规则,口唇青紫,四肢和单侧或双侧面部抽动,持续的时间可由1～2分钟到十几分钟甚至几十分钟不等。学前儿童惊厥后,成人千万不可惊慌失措,不可大声呼叫或用力摇晃、拍打学前儿童。对此,应采取以下措施。

(1)让病儿侧卧,便于及时排出分泌物,防止异物入气管。同时,松开衣领、裤带,保持血液循环的畅通。

(2)不要紧紧搂学前儿童抽动的上下肢,避免学前儿童从床上摔下。

(3)将毛巾或手绢拧成麻花状放于上下牙之间,以免学前儿童咬伤舌头。如果病儿牙关紧闭,无法塞入毛巾,不可硬撬。

(4)随时擦去痰、涕。

(5)用针刺或重压人中穴,即唇沟上三分之一处。

注意:在急救处理的同时,应做好去医院的准备工作。当学前儿童发烧时,切忌包裹过严过厚,否则会使体温持续上升,导致惊厥。

(二)晕厥

晕厥是短时间大脑供血不足而失去知觉,常因疼痛、精神过度紧张、闷热、站立时间过久等引起。晕厥发生前,病儿多有头晕、恶心、心悸、眼前发黑等症状,然后晕倒,面色苍白、出冷汗,但很快能清醒过来。幼儿晕厥时,应让其平卧,头部略放低,脚略抬高,以改善脑缺血状况,松开衣领、裤带。清醒后,喝些饮料,一般经短时间休息后即可恢复。

十、中暑

日光长时间照射学前儿童的头部或天气过于暑热,可致使学前儿童中暑,从而出现

162

头疼、头晕、耳鸣、眼花、口渴甚至昏迷。中暑时应采取以下措施处理：

（1）将病儿移至阴凉、通风处，解开其衣扣，让其躺下休息。

（2）用凉毛巾冷敷头部，用扇子扇风，帮助散热。

（3）让病儿喝一些清凉饮料，或口服十滴水、人丹等。

注意：炎热的夏季，学前儿童户外活动时间应避开早10点半至下午2点半，因为此时的阳光正处于最灼热的阶段。炎热季节学前儿童可在树荫或屋檐下游戏，避免阳光直接照射。天气炎热时教师应提醒学前儿童多喝水。

十一、冻伤

学前儿童冻伤多为轻度冻伤，多见于耳朵、面颊、手、足等处，局部红肿，有痛和痒的感觉，可用冻疮药膏涂于局部。由于受冻处容易复发，不易根治，因此，平时学前儿童应注意不要穿过小的鞋子，洗手后将手仔细擦干，脚常出汗的学前儿童应及时换掉汗湿的鞋垫或袜子，并注意经常按摩手、脚、耳、鼻等处。

十二、头部摔伤

学前儿童玩耍时摔伤头部，不为少见，有时出血，有时不出血。对此，应采取的措施如下。

（1）出血时，马上用一块清洁的纱布轻轻按压伤口，以达止血的目的，并及时送医院。

（2）摔伤后未见出血，成人应对学前儿童进行24小时的密切观察。如果出现以下症状应及时送往医院急救：①受伤后有恶心、呕吐的现象；②受伤后有过意识丧失的现象，或正处于意识丧失的状态；③头部剧烈疼痛；④眼、耳、鼻周围有出血症状；⑤有抽风、麻痹、言语障碍等症状。

注意：教育学前儿童摔伤头部后务必及时告诉大人。

十三、小外伤

1. 跌倒蹭破皮肤的处理

学前儿童奔跑、跳跃时不慎跌倒，很容易蹭破膝盖、胳膊肘，尤其是穿衣较少的夏季更为常见。蹭破皮肤后应先观察学前儿童伤口的深浅，若伤口较浅仅仅蹭破了表皮，只需将伤口处的泥沙清理干净即可。如果伤口较深、有出血，应该用自来水或生理盐水清洁伤口，并用酒精消毒伤口，处理后无须包扎。若伤势较严重，需去医院治疗。

2. 扎刺的处理

学前儿童周围的物品并非十分光滑，如带刺的花草、木棍、竹棍等。竹刺、木刺扎入皮肤后，有时有一部分露出皮肤，有刺痛感，应立即取出。具体处理办法是：先将伤口用自来水或生理盐水清洗，然后，用消毒过的针或镊子顺着刺的方向把刺全部挑、拔出来，不应有残留，并挤出瘀血，随后再用酒精消毒伤口。如果刺扎在了指甲里或难以拔除，应送医院处理。

3. 剪刀、小刀等文具的划伤与切伤的处理

学前儿童在使用剪刀、小刀等文具或触摸纸边、草叶和打碎的玻璃器具、陶器时,都可能会发生手被划破的事故。具体处理办法是:用干净的纱布按压伤口止血,止血后,在伤口周围用75%的酒精由里向外消毒,敷上消毒纱布,用绷带包扎。如果是玻璃器皿扎伤,应先用清水清理伤口,用镊子清除碎玻璃片,消毒后进行包扎。

4. 挤伤的处理

学前儿童的手指经常被门、抽屉挤伤,给学前儿童造成痛苦,严重时,可出现指甲脱落的现象,应及时发现并处理。具体办法是:若无破损,可用水冲洗,进行冷敷,以便减轻痛苦;疼痛难忍时,可将受伤的手指高举过心脏,缓解痛苦。若有出血,应消毒、包扎、冷敷。若指甲掀开或脱落,应立即去医院。

知识窗

儿童心脏复苏(1~8岁)

操作步骤

(1) 意识。

判断有无意识:呼唤、轻拍(喂!你怎么了?再轻拍肩部),触摸肱动脉,用5~10s判断有无心跳。

(2) 呼叫。

若无意识、无运动、无脉搏,则应立即高声求助(来人啊!救命啊),并呼叫EMS系统,马上进行胸外按压。

(3) 按压。

将患儿放置于心肺复苏体位,救护者跪于患儿一侧。

(4) 心肺复苏。

A 打开气道

观察并清除口腔异物,解开衣服,采用仰头抬颌法开放气道。

B 人工呼吸

若无呼吸,应立即进行口对口(鼻)人工呼吸。吹气2次,每次1s。

如果最初吹气不成功,则应重新开放气道,再进行吹气,确保每次人工呼吸后,患儿胸部略有起伏。

C 胸外心脏按压

准确定位,正确操作;每做30次按压,应做人工呼气2次,再重新定位,重复做胸外按压。连续做5个周期(约2min)后,重新评估患儿的呼吸、循环体征。若没有呼吸、脉搏,应继续以30∶2的比例实施心肺复苏。

故事会

 思考练习

(1) 学前儿童发生意外事故的原因是什么？
(2) 托幼机构如何有效开展安全教育？
(3) 骨折的现场急救原则是什么？
(4) 如何处理鼻出血？
(5) 什么叫"青枝骨折"？
(6) 如何观察小儿呼吸？
(7) 怎样对患儿进行人工呼吸？
(8) 进行胸外心脏按压应注意什么？

第八章

幼儿园卫生保健工作制度

- 掌握幼儿园卫生保健制度的具体内容;
- 掌握幼儿园一日生活制度的依据,健康检查制度的内容;
- 掌握幼儿园常用的消毒方法;
- 掌握幼儿园常见传染病的消毒方法。

- 幼儿园卫生保健制度的具体内容;
- 幼儿园健康检查制度的内容;
- 幼儿园常用的消毒方法;
- 幼儿园常见传染病的消毒方法。

幼儿园卫生保健工作的主要任务是贯彻预防为主、保教结合的工作方针,为儿童创造良好的生活环境,预防控制传染病,降低常见病的发病率,培养健康的生活习惯,保障儿童的身心健康。

幼儿园卫生保健制度包括一日生活安排、膳食管理、体格锻炼、卫生与消毒、健康检查、传染病预防和控制、常见疾病预防和管理、伤害预防、健康教育、卫生保健信息收集的制度。

案例评析

有位母亲,第一次生育,在全家人的期盼下,如愿以偿地生下了可爱的小男孩,于是家人的注意力全集中到如何养育好小男孩身上。奶奶依据自己的经验,给孩子妈妈吃各种好吃的,知识分子的父亲从书上找到了乳母应有的饮食情况,使饮食多样化,吃放置在室温下的水果,喝鸡汤、排骨汤、猪蹄汤等,乳母每日进食量都作了详细安排。由于家中每人的心情都很愉快,所以家庭氛围极好,奶奶、爷爷对孩子的母亲都百般照顾,使其精神愉快。但有一件事刚开始出现了分歧,奶奶爱惜孙子,希望孙子饿了就能吃到奶,而母亲曾在一本书上看到应该给孩子按钟点喂奶,反正都是为了孩子好,最后还是奶奶让了步,毕竟孩子的母亲是个识字人,看的东西多。分析上面一家人的做法,有哪些合理之处,又有哪些不合理之处,为什么?

分析:这家人大部分的做法是对的,比如给孩子的妈妈吃好吃的,使其有合理的营养,这样母亲的乳汁不仅充裕而且质量高,对孩子健康成长十分有利;鸡汤、排骨汤、猪蹄汤都是下奶的好东西;吃放在室温下的水果,对身体有益无损,母亲身体健康,对乳儿十分重要;乳汁是否充裕,与乳母的精神状态有很大关系,该家庭氛围使孩子的母亲精神轻松愉快,母亲的乳汁会很充裕,乳儿也因此会得到合理的营养和母爱。但这家人做得不合理的是给孩子按钟点喂奶,按钟点喂奶,不仅会饿了孩子,而且还会影响乳腺分泌乳汁。正确的做法应该是"早开奶,按需喂哺"。

一、一日生活制度

幼儿园应当根据各年龄段儿童的生理、心理特点,结合本地区的季节变化和本幼儿园的实际情况,制定合理的生活制度。合理的生活制度是对儿童在园一日生活的主要内容,从来园至离园的每个环节在时间、顺序、次数和间隔上进行合理安排,形成条件反射。注意动静结合、集体活动与自由活动结合、室内活动与室外活动结合,不同形式的活动交替进行。

(一)合理安排儿童生活制度的意义

合理安排儿童的一日生活,有利于儿童神经系统、消化系统等的正常发育,培养儿童良好的生活习惯,形成稳定有序的生活秩序。同时也有利于幼儿园各项工作的顺利进行。

(二)制定幼儿园合理生活制度的依据

1. 依据不同年龄儿童的生理心理特点

学前儿童高级神经活动的特点是兴奋过程和抑制过程的不平衡。年龄越小的儿童,兴奋过程越占优势;同一类型的活动持续时间越短,活动量越小;户外活动易疲劳,休息和睡眠的时间越长。所以安排儿童一日生活时,要考虑不同年龄儿童的生理和心理需要,合理分配一日时间(表8-1)。

表8-1 1~6岁儿童一日生活活动时间分配表

活动时间	活动内容
来园~8:00	生活活动(入园)、体育活动(自选活动或早操)
8:00~9:00	生活活动(盥洗、早餐、如厕等)、餐后活动(自主游戏等)
9:00~11:30	学习活动(集体、小组或个别学习)、体育活动(集体活动、自选活动或课间操)、自主游戏活动、生活活动(盥洗、晨点、如厕等)
11:30~12:15	生活活动(盥洗、午餐等)、餐后活动(散步、自主游戏等)
12:15~14:30	生活活动(午睡、如厕等)

续表

活动时间	活动内容
14:30~离园前	学习活动(集体、小组或个别学习)、体育活动(集体活动、自选活动或课间操)、自主游戏活动、生活活动(盥洗、午点、如厕等)
离园	生活活动(离园)

2. 依据地区差异和季节的变化

幼儿园在制定生活制度时,应根据地区特点和季节变化而进行相应调整,如秋季、冬季昼短夜长,早晚气温低,可推迟儿童入园时间,相应缩短午睡时间。寄宿制儿童早晨起床可以迟一些,晚上上床时间可以提前0.5h~1h,这样可利用气候较暖、阳光充足的时间进行户外活动。春季、夏季早晚凉爽,中午气温较高,可安排儿童早晨提早起床,午睡时间可延长1h左右,晚上上床时间可推迟0.5h~1h,进餐时间、离园时间及其他活动时间也作相应调整。

3. 依据家长工作时间的需要

为家长服务是幼儿园的社会功能。因此,幼儿园在制定生活制度时,既要促进儿童的身心发展,又要考虑家长工作时间的实际情况,适当提前或推迟儿童入园和离园的时间,解决家长的后顾之忧(表8-2)。

表8-2 幼儿园一日生活作息时间表

作息时间	活动内容	组织形式	操作提示
8:00~9:00	来园接待运动	预设与生成个别、小组或集体混班、混龄	①热情迎接幼儿,接待家长;②通过观察与询问,了解幼儿身体状况及情绪状态,加强对患病儿和体弱儿的关注;③在预设的体育活动中,集体与分散应交替进行;④教师应给予幼儿充分的选择运动器具、玩具的自由,鼓励幼儿创造性的玩法;⑤在运动前、中、后,应指导幼儿及时穿脱衣服、提醒适量喝水、帮助擦汗等;⑥关注患病儿与体弱儿,运动前需垫好干毛巾,可适当减少运动量;⑦每周五为户外区域大活动
9:00~10:00	游戏(区角游戏)/各室	预设与生成分组与个别	①为幼儿创设开放性的活动空间,满足幼儿游戏的需要;②幼儿自主选择活动内容,教师以观察为主,根据幼儿需要及时调整活动材料;③幼儿吃点心前准备:如厕、用肥皂洗手;④幼儿有序、自助地去生活区吃点心
10:00~10:35	学习活动	以预设为主,分组或集体	①依据学期、周计划和幼儿的兴趣需要预设主题;②尽可能将教师预设的活动和幼儿生成的活动有机结合;③尊重幼儿的个体差异,强调个别探索、小组合作的学习形式;④帮助幼儿用感知、实践、交流等多种方式进行综合学习,积累感性经验
10:35~11:00	自由活动(传统阅读)	生成个别、小组	①让幼儿轻松、自然地进入活动;②给幼儿自主选择的机会,适当与传统文学结合,培养幼儿的阅读兴趣;③鼓励幼儿大胆表达自己的想法

续表

作息时间	活动内容	组织形式	操作提示
11:00~12:00	生活活动(盥洗、散步、安静游戏等)	预设与生成集体与个别	①提醒幼儿正确洗手,做好餐前准备;②营造宽松、温馨的氛围,帮助幼儿养成良好的进餐习惯;③关注患病、体弱等特殊幼儿的进餐情况;④散步时,在幼儿轻松、自由的氛围中,捕捉有价值的信息;⑤天下雨时,可开展安静的自由活动,忌剧烈运动和大声喊叫
14:40~15:30	区角活动/学习活动	预设与生成分组或个别	①依据幼儿兴趣及预设主题活动延伸需要创设区域环境;②尽可能将教师预设的活动和幼儿生成的活动有机结合;③强调个别探索、小组合作的学习形式,及时丰富与调整材料投入;④注重观察,记录幼儿活动内容、状态和行为,以便分析研究,为预设性活动积累素材,为支持幼儿的自发生成活动提供依据
15:30~16:00	户外活动(体育游戏、散步等)	预设与生成个别、小组或集体	①组织幼儿进行传统体育游戏活动,注意动静交替;②注意留意观察幼儿超越自身能力的活动和行为,及时帮助幼儿调节与控制;③根据天气变化,适当组织幼儿散步与安静游戏,避免活动过量
16:00~16:30	学习活动	以预设为主分组或集体	①依据学期、周计划和幼儿的兴趣需要预设主题;②尽可能将教师预设的活动和幼儿生成的活动有机结合;③尊重幼儿的个体差异,强调个别探索、小组合作的学习形式;④帮助幼儿用感知、实践、交流等多种方式进行综合学习,积累感性经验
16:30~16:40	离园准备(谈话与整理)	以预设为主分组或集体	①创设轻松愉悦的氛围,引导幼儿整理自己需带回家的物品并帮助幼儿整理着装;②在谈话活动中,引导幼儿自由交流,给孩子以正面的评价和鼓励;③在与家长交流沟通时,更应关注活动室内外孩子的安全

二、健康检查制度

幼儿园健康检查制度包括儿童入园健康检查、定期健康检查、晨午检及全日健康观察及工作人员健康检查。

（一）儿童入园健康检查

1. 检查目的

学前儿童入园前必须进行健康检查。健康检查可早期发现传染病和其他疾病,防止患病儿童将传染病带入幼儿园,同时了解入园儿童生长发育及健康状况,判断其能否适应集体生活。

2. 检查对象

准备入园的儿童。

3. 入园体检的内容

儿童入园时,幼儿园儿童入园时,幼儿园应当查验"儿童入园(所)健康检查表""0~6岁儿童保健手册""预防接种证"。

入园检查时按"儿童入园健康检查表"中的项目要求进行检查,检查内容主要包括:了解入园儿童既往病史、传染病史、过敏史、家长确认签字;测量身高、体重,并进行评价;检查视力、听力、牙齿、头颅、胸廓、脊柱、四肢、咽部;心、肺、肝、脾、外生殖器等重要脏器的功能检查;辅助检查项目查血红蛋白(Hb)、丙氨酸氨基转移酶(ALT)等。

(二)儿童定期健康检查

1. 检查目的

了解全园儿童生长发育状况,掌握园(所)集居儿童生长发育水平,及时发现疾病或身体异常情况并采取防治措施。

2. 检查对象

在园全体儿童。

3. 定期体检内容

儿童定期健康检查项目包括:测量身高、体重,检查口腔、皮肤、心、肺、肝、脾、脊柱、四肢等,检查视力、听力,检测血红蛋白或血常规。对3岁以下儿童应进行佝偻病检查。

4. 检查次数

对1~3岁儿童每年健康检查2次,每次间隔6个月;对3岁以上儿童每年健康检查1次。对所有儿童每年进行1次血红蛋白或血常规检测。对1~3岁儿童每年进行1次听力筛查;对4岁以上儿童每年检查1次视力。体检后应及时向家长反馈健康检查结果。

5. 建立定期健康检查档案

幼儿园要给每个儿童建立体检档案。

(三)晨检、午检及全日健康观察

1. 检查目的

了解儿童健康状况,及时发现患病儿童早期症状和异常表现并采取措施,以保证在园儿童的健康。

2. 检查对象

在园全体儿童。

3. 检查内容

(1)晨检

晨检工作应采取保健医检查和班上保教老师检查相结合的方式。晨检的主要内容包括"一摸、二看、三问、四查"。日托班晨检在入园时进行,全托班的晨检应在儿童起床前进行。

(2) 午检、晚检

重点检查儿童的体温和皮肤。

(3) 全日健康观察

全日健康观察包括儿童的饮食、睡眠、大小便、精神、情绪、行为等,并作好观察及处理记录。保健人员每日深入班级巡视两次,发现患病、疑似传染病儿童时应当尽快将其隔离并与其家长联系,及时到医院诊治,并追访诊治结果。

4. 健康观察管理

每个班级要建立晨检及全日健康观察登记制度,对检查中发现的异常情况由检查者负责登记并报告保健人员以及时处理。

(四) 工作人员健康检查

幼儿园工作人员上岗前必须经县级以上人民政府卫生行政部门指定的医疗卫生机构进行健康检查,取得《托幼机构工作人员健康合格证》后方可上岗。在岗工作人员必须按照规定项目每年进行1次健康检查。

1. 检查目的

掌握在园工作人员健康状况,杜绝将传染病带入幼儿园而影响儿童健康。

2. 检查对象

在幼儿园工作的全体工作人员。

3. 检查内容

检查内容有体格检查:血压、心、肺、腹部(肝、脾)、皮肤、五官等;辅助检查:丙氨酸氨基转移酶(ALT)、梅毒螺旋体;滴虫、淋球菌、外阴阴道假丝酵母菌;胸片检查等。

4. 健康检查管理

对患有感染性疾病症状、皮肤病、呼吸道和消化道等传染性疾病的工作人员应进行离岗治疗。

治愈后须持县级以上医疗卫生机构出具的诊断证明和健康合格证,方可回园工作。精神病患者或者有精神病史者不应在托幼机构工作。

三、卫生与消毒制度

幼儿园人口密度大,儿童相聚时间长,公共用具多。儿童年龄小、免疫能力差,因此,要加强个人卫生与环境卫生管理,做好消毒工作以预防疾病,尤其是预防传染病的发生和传播。

(一) 常用的消毒方法

1. 机械性消毒法

机械性消毒法即用机械的方法(如清扫、洗刷、擦拭、通风等)消除病原体。它是最普遍、最常用的消毒方法。

2. 物理消毒法

物理消毒法是利用物理因素将病原微生物清除或杀灭的方法。常用的有日晒、紫外线灯、煮沸和高压蒸汽消毒法。

(1) 日晒法。日晒法是利用阳光中的紫外线对物品进行消毒,日晒时间以3~6h为宜,应不断地翻晒,因紫外线的穿透力很弱。日晒法适用于衣物、被褥、书籍、玩具等物品的消毒。

(2) 紫外线灯消毒法。紫外线灯消毒法可用于玩具、室内空气的消毒。紫外线灯可直接照射在物体的表面,也可用于空气消毒,对被污染的房间应照射2h,紫外线杀菌的作用与距离成正比,距离越近,则杀菌力越强。用紫外线消毒时,必须注意室内应清洁无尘土,因紫外线被尘土吸收后,杀菌能力就会减弱。紫外线应在无人的场所使用。

(3) 煮沸法。煮沸法是最简便可行的消毒方法,将被消毒的物品全部浸入水中,水沸腾后再煮10~30min。此法适用于不怕高温、潮湿物品的消毒。

(4) 高压蒸汽灭菌法。高压蒸汽灭菌法是将金属器械、器皿、敷料、被服等放入高压灭菌器中消毒的方法。

3. 化学消毒法

在疾病的预防工作中,常用化学药品的溶液来进行消毒。常用的化学药品有乙醇、碘酊等。

(二) 幼儿园日常消毒

幼儿园日常按要求消毒的各种物品,如玩具、图书、毛巾、水杯、餐具、桌椅、门把手、水龙头,厕所内的便池、坐便器和清洁用具等。

1. 每日消毒

(1) 毛巾的消毒。
- 浸泡。先用自来水浸湿,然后再用洗衣粉或洗涤剂浸泡20min左右。
- 搓洗、漂洗。认真搓洗,特别脏的地方用肥皂搓,然后再漂洗干净。
- 消毒及浸泡。可采用煮沸15~30min或蒸汽消毒10~15min的方法,或用0.5%的洗消净或84消毒液浸泡5~10min,然后用流动的清水冲洗干净。

(2) 水杯的消毒。
- 洗。用百洁布擦拭杯口、杯内(蘸去污粉或洗涤灵),用小刷子洗水杯的把手。
- 冲。用流动水冲洗干净。
- 泡。用0.5%的洗消净或84消毒液浸泡5~10min,然后用流动的清水冲洗干净。

(3) 餐具的消毒。

首先,要洗净餐具。然后,采用合理的方法消毒餐具。常用的餐具消毒方法是煮沸法和蒸汽消毒法或放入电子消毒柜内消毒。

(4) 门把手、水龙头、桌椅等的消毒。

每天用0.5%的洗消净或84消毒液擦拭2~3遍,滞留10min。

(5) 厕所内的便池和坐便器的消毒。

用 10%～21% 的漂白粉乳剂浸泡 15min 或洁厕净浸泡 10min,然后刷洗干净。

(6) 抹布的消毒。

- 使用抹布后,用水将附在抹布上的污物冲洗掉。
- 将抹布用肥皂或洗涤剂洗净。
- 用 84 消毒液或 0.5% 的漂白粉澄清液浸泡 2min,然后用清水将抹布洗干净。

2. 定期消毒

(1) 玩具的消毒。每次用 0.5% 的洗消净或 84 消毒液浸泡 1min,每周 1 次。

(2) 图书的消毒。经常在阳光下翻晒 3～6h。

(3) 清洁用具的消毒。每次用后及时洗净,保持干燥。

(4) 被褥、床单的消毒。全托班每 2 周换洗床单、枕头套和枕巾 1 次。日托班每月换洗 1 次。被褥每月晒 1 次,拆洗被套 1 次。如遇尿床、呕吐等特殊情况时,应随即换洗。

3. 注意事项

(1) 使用消毒剂后,用清水将消毒剂的残余擦掉。

(2) 保育员在对毛巾、水杯消毒后,应使用消毒过的夹子将其夹出,放在架子上,或将手洗净,把物品归位,尽量避免用不清洁的手触摸而造成污染。

(3) 毛巾、水杯及餐具消毒,应先清洗黏附在上面的污物,然后进行各种形式的消毒;抹布、拖把、水桶等要专用,用后要及时清洗,保持其干燥。

(4) 循环使用的餐具和餐巾,每次使用后应消毒。

(三) 传染病的消毒

在保健医生指导下并配合保健医生进行传染病消毒,掌握常见传染病的消毒方法。

1. 呼吸道传染病的消毒

(1) 开窗通风消毒。婴幼儿的居室除每天坚持按照幼儿园规定的开窗通风时间外,在呼吸道传染病(流感、风疹、腮腺炎、水痘等)发生后,保育员应开窗通风 3h。

(2) 紫外线灯消毒。应在保健医的指导下,定期使用紫外线灯进行照射消毒。

(3) 使用药物对室内空气消毒。呼吸道传染病发生后,可以采用对室内空气进行消毒的方法。

- 过氧乙酸消毒。传染病发生后保育员应在保健医生的指导下,用 0.2%～0.5% 的过氧乙酸对空气喷雾,每立方米的空间约喷雾 30ml,之后关闭门窗 30min。
- 漂白粉澄清液消毒。传染病发生后保育员应在保健医生的指导下,用 1%～3% 的漂白粉澄清液喷雾,直至喷到地面湿透为止。

2. 消化道传染病的消毒

(1) 按照幼儿园的规定,做好幼儿园的日常消毒工作。

(2) 传染病发生后的消毒工作如下。

- 被褥。在紫外线照射下,翻晒 6h。
- 食具。传染病发生后,保育员应在保健医生的指导下用煮沸的方法或漂白粉澄清液浸泡的方法对食具进行消毒。

3. 注意事项

（1）传染病发生后应及时隔离患儿,自发病之日算起隔离时间为15d,并做好终末消毒工作。

（2）在传染病流行期间,保健人员应在全日观察中重点观察婴幼儿的细微变化,发现异常时,应及时送医务室诊断。

（3）保教人员接触呼吸道传染病的患儿后,应在室外晒晒太阳、吹吹风,再接触健康孩子。

（4）保育员护理患儿时应戴口罩,护理患儿后应洗手。

托幼机构环境和物品预防性消毒方法,如附录10所示。

四、卫生保健信息收集的制度

（一）建立健康档案

托幼机构应当建立健康档案,应当包括:托幼机构工作人员健康合格证、儿童入园健康检查表、儿童健康检查表或手册、儿童转园(所)健康证明。

（二）卫生保健工作记录

托幼机构应当对卫生保健工作进行记录,包括:出勤、晨午检及全日健康观察、膳食管理、卫生消毒、营养性疾病、常见病、传染病、伤害和健康教育等记录。

（三）卫生保健资料统计

托幼机构应定期对儿童出勤、健康检查、膳食营养、常见病和传染病等进行统计分析,掌握儿童健康及营养状况。

有条件的托幼机构可应用计算机软件对儿童体格发育评价、膳食营养评估等卫生保健工作进行管理。

知识窗

行走时怎样注意交通安全:

(1) 在道路上行走,要走人行道;没有人行道的道路,要靠路边行走。

(2) 集体外出时,最好有组织、有秩序地列队行走;结伴外出时,不要相互追逐、打闹、嬉戏;行走时要专心,注意周围情况,不要东张西望、边走边看书报或做其他事情。

(3) 在没有交通民警指挥的路段,要学会避让机动车辆,不与机动车辆争道抢行。

(4) 在雾、雨、雪天,最好穿着色彩鲜艳的衣服,以便于机动车司机尽早发现目标,提前采取安全措施。在一些城市中,小学生外出均头戴小黄帽,集体活动时还手持"让"字牌,也是为了使机动车及时发现、避让,这种做法应当提倡。

故事会

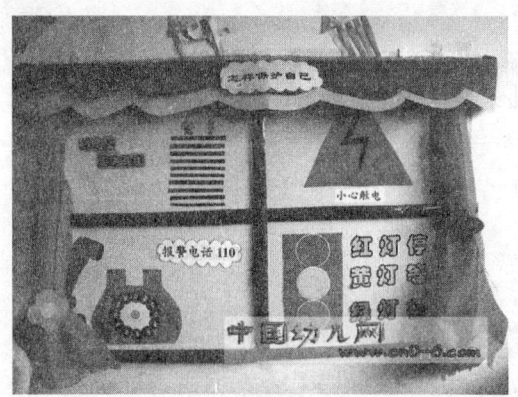

 实训练习

观察并记录幼儿园各种物品的消毒方法。

消毒对象	消毒用品	消毒时间	消毒方法
餐具			
水杯			
口杯架			
擦手巾			
餐桌			
活动室、睡眠室、走廊、楼梯			
被套			
枕套			
洗手台、水龙头			
卫生巾			
扫除工具			
玩具、图书			

 思考练习

(1) 幼儿园卫生保健制度包括哪些内容？
(2) 制定幼儿园合理生活制度的依据是什么？
(3) 应从哪些方面对幼儿园进行全日健康观察？
(4) 简述呼吸道、消化道传染病的消毒方法。

第九章

托幼机构的建筑与设备卫生

- 了解幼儿园的规划；
- 掌握室内采光、照明、通风、采暖、场地及各种常用设备、用具的卫生要求。

- 幼儿园的规划；
- 室内采光、照明、通风、采暖、场地及各种常用设备、用具的卫生要求。

托幼机构的物质环境，主要包括园内的建筑物以及室内外各种设施、设备与用具。一个良好的、符合卫生要求的物质环境，是保证学前儿童正常的生长发育和健康发展的基础，也是做好托幼机构保教工作的重要前提。

托幼机构的物质环境建设必须以保证学前儿童健康、促进学前儿童发展为目的，从安全、保健、教育等基本点出发，创设出既符合学前儿童发展水平，又能促进学前儿童身心健康发展的最佳环境，使学前儿童能在园所中安全、健康、愉快地进行生活、游戏和学习。

案例评析

从2003年开始，安徽阜阳有170多名婴儿陆续患上一种怪病。本来出生健康的孩子，在喂养期间，变成了身体瘦弱、脑袋偏大的"大头娃娃"，甚至有13名孩子不幸死亡。经医生诊断，他们患的病是"营养不良综合征"。究其原因，是这些婴儿所喂奶粉全部都不符合国家标准，尤其是蛋白质含量非常低，只有2‰～3‰，甚至只有0.37％。这些婴儿摄入的蛋白质过少，导致了低蛋白血症，婴儿的细胞、组织液和血液中的蛋白质含量很低。而我们机体维持正常弹性需要有一个渗透压，患有低蛋白血症的时候，人体的渗透压低，水分容易在细胞和组织中积聚，以至于出现水肿。而且其他营养素也缺乏，阻碍了人体对钙的吸收，使骨骼钙化障碍，婴儿出现了佝偻病并发症，即头部特别肿大。蛋白质的缺乏严重影响了大脑的正常发育，过了婴幼儿大脑发育的关键时期，再怎么补充营养，也永远赶不上其他营养摄入正常的孩子。

第一节 托幼机构的建筑卫生

一、托幼园所的规划

在规划新的居民区或新建托幼园所时,必须考虑托幼园所的合理布局和园址的选择。

1. 布局

托幼园所宜位于居民区集中的地方,以方便学前儿童上学。避开省、市、镇交通要道,离开铁路线至少 500 米以上,使学前儿童途中安全。

2. 园址选择

(1) 场地干燥,排水通畅,环境优美或者接近城市绿化地带,能为建筑功能分区、出入口、室外游戏场地的布置提供必要条件。

(2) 毗连地界南边无高大建筑物,避免处在高楼的阴影之下,遮挡阳光。活动室、卧室、盥洗室和室外活动场地有充足的日照和良好的通风。

(3) 有足够的用地面积。除房舍用地外,应有足够的场地供绿化和体育活动之用。

(4) 避开工厂、码头、飞机场等噪音源,远离垃圾处理填埋场和有污染源的企业或单位等。

(5) 应方便家长接送,避免交通堵塞等干扰。

二、托幼园所场地和房舍

(一) 场地

1. 室外活动场地

学前儿童在托幼园所有 1/4 或者 1/3 的时间在室外活动或游戏,因此,各国托幼机构都为不同年龄的儿童设置了各种设施完善、富有童趣的室外活动场地,如沙地、水池、器械、球类与草地等游戏场地,这些游戏场地设施能激发学前儿童的兴趣,使托幼园所成为儿童乐而忘返的游戏场地。

我国托幼机构的户外游戏场地按《现行建筑设计规范大全》中规定:必须设置各班专用的室外活动场地,面积不宜过大也不宜过小,一般按每班 30 名儿童计算,游戏场地的面积应在 $60\sim80m^2$ 为宜。班级活动场地上应设有沙坑、跷跷板、摇马等小型玩具,有小片的绿化种植;应有全园公共的室外游戏场地。面积和形状应满足儿童集体游戏及活动的需求。公共活动场地面积为室外公共游戏场地面积$(m^2)=180+20(N-1)$。其中 180、20、1 为常数,N 为班数(乳儿班不计)。另外,室外共用游戏场地应考虑设置游戏器具、30m 跑道、沙坑、洗手池和贮水深度不超过 0.3m 的戏水池等。室外活动场地应有充足的阳光和良好的通风条件;室外活动场地应有方便排雨水、污水的管道和设施,活动场地应保持清洁。铺装材料一般为草坪及铺面两种,场地应以草坪为主,室外场地草坪与铺面的面积比例一般为 1.5~2∶1;固定的游戏器械应设在绿地、塑胶地面或沙土地面上,并满足活动器械围护设施所需的面积要求。植物配置严禁种植有毒、有刺植物等。如果托幼园所场地较为宽阔,在场地的边缘,还可以设置一些凉亭、回廊、坡缓的小山坡等,便于学前儿童休息和满足学前儿童各种活动的需要;同时也应注意,不宜把户外空间塞得过满,以免影响学前儿童自由奔跑与活动。

2. 绿化用地

绿化用地是指为美化、净化托幼园所的环境,在幼儿园种植的可供观赏、观察的树木花草等所占用的土地,也包括托幼园所的师生用于教学的种植园土地。托幼园所的绿化面积包括花坛、草地、花地、松墙和树冠的覆盖面等。

托幼园所的绿化是一项非常重要的工作。绿化不仅能美化环境,还可以净化周围空气,改善微小气候,附着地面土地,减少尘埃、废气,降低噪音,增加遮阳面积,有利于学前儿童产生愉悦的情绪,还可以在夏日浓荫下开展夏季户外活动,引导学前儿童认识各种树木花草,培养学前儿童对大自然的兴趣和热爱。托幼机构应有一定的绿化带,绿化用地在园所用地总体设计中应按每生平均不少于 $2m^2$ 的标准考虑。一般来说,绿化面积应占全园土地面积的 40%~50%。在种植的树木与花草中,最好既包括常绿树,又包括落叶树,以便园所内一年四季都能见到绿色,体会到季节的变化,有条件的园所,应铺设一定面积的草坪,学前儿童很喜欢在草坪上追逐和玩耍。

(二)房舍

1. 托幼园所房舍的配置及其卫生原则

(1)托幼园所房舍的配置。托幼建筑的房间组成应根据托儿所、幼儿园的性质、分类、规模、标准及地区的差异和条件,以及主办托儿所、幼儿园单位的要求等因素确定,一般应设置下列用房。

生活用房,即活动室、寝室、乳儿室、配乳室、喂奶室、盥洗室(包括厕所、盥洗、洗浴)、衣帽贮藏室、音体活动室等。全日制托儿所、幼儿园的活动室与寝室宜合并设置。

服务用房主要包括医务保健室、隔离室、晨检室、资料室、保育员值宿室、教职工办公室、会议室、值班室(包括收发室)及教职工厕所、浴室等。全日制托儿所、幼儿园不设保育员值宿室。

供应用房主要包括幼儿厨房、消毒室、烧水间、库房等。

随着幼儿教育事业的发展,为开发智力,进一步促进幼儿身心健康成长,幼儿园可设置电教室、计算机室、音乐教室、美工室及图书室等专用房间。

(2)托幼园所房舍配置的卫生原则。除了必须考虑适合于不同年龄阶段学前儿童发展的特点以外,托幼园所的房舍配置还应该遵守以下几项基本的卫生原则。

房舍建筑应安全、牢固,能保证学前儿童身心的健康发展。托幼园所的生活用房应安排在园所最好的日照方位,保证室内光线充足和房屋的冬暖夏凉。在温暖地区、炎热地区的生活用房应避免朝西,否则应设遮阳设施。

托幼园所儿童直接用房与附近的高层建筑物之间应保持一定的距离:西北方向与邻近建筑物的距离不少于最高建筑物高度的 1.5 倍,东南方向与邻近建筑物之间的距离不少于最高建筑物高度的 2 倍。楼梯宽不应小于 120cm,楼梯台阶每级高度不应大于

15cm,深度不应小于26cm,楼梯应有保护栏和扶手,护栏的高度不得低于90cm。如果是栏杆式的护栏,栏杆垂直间的净距不应大于11cm,扶手的高度不应大于60cm。外阳台墙的高度不应低于120cm,二楼及以上的窗户要有保护措施。

房舍的配置要便于控制传染病在园所内蔓延或流行。托幼园所的生活用房应设计成每班独立使用的生活单元,包括活动室、寝室、盥洗室、贮藏室等,其中以活动室为主干,其他各室分别与之相互连接,各单元应有自己单独的出入口以及通向户外活动场地的过道。这种配置既便于保教人员组织儿童活动以及进行日常生活照顾与管理,在传染病流行期间,也便于班级之间采取隔离措施,若遇到紧急情况,也有利于疏散。

2. 托幼园所基本用房的卫生要求

(1)活动室。活动室是供学前儿童室内游戏、进餐、上课等日常活动的用房,学前儿童大部分时间都在这里生活。活动室的卫生要求有面积要求:活动室的面积应根据每班儿童人数以及开展各种活动的需要来确定,活动室设计必须宽敞,通风良好,有足够的活动面积和空气容量。每间活动室的使用面积为 $50m^2 \sim 60m^2$,且不应小于 $50m^2$;每名幼儿所占面积不应小于 $2.5m^2$,室内净高不低于 3.3m。这样,可使每名幼儿得到空气容量约为 $8m^3$,另外活动室的设计必须遵守防火规范的有关规定,房间最远一点到门的距离应不小于 14m。

日照要求:活动室应有良好的朝向和日照条件,冬季满窗日照不少于3小时,夏季应尽量减少日光直射,否则应有遮阳设施。天然采光可以用侧窗和天窗,窗地面积比不小于1:5,窗高不低于 2.8m,窗台距地面高度可为 50~60cm。双侧采光时不应低于 1/4,单侧采光时不应低于 1/2。另外活动室玻璃要保持清洁,有灰尘的玻璃可以阻挡 70%~80%的光线通过。

照明要求:照明是指用人工光源获取视觉效果的方法。采光和照明的目的是为了形成良好的视觉环境,保证用眼的安全卫生。活动室做到光线充足就要保证采光充分。这不仅能减少学前儿童的视觉疲劳,预防和减少近视,还会影响到学前儿童的心理状态,使儿童感到舒适和心情愉快。适宜的自然光线,还具有杀灭细菌、净化空气、促进学前儿童新陈代谢的功能。当遇到阴雨天或早晚间活动时,由于自然采光不足,就需要使用人工照明来调节室内光线。根据我国建筑标准,幼儿园活动室内各桌面平均照度至少要达到 150LUX,但不应大于 300LUX;照度均匀合理,要求不小于 0.7。

通风要求:如果活动室的空气较混浊,含氧量不足,再加上闷热以及湿度过大或过小,都有可能造成学前儿童机体缺氧,引起儿童疲劳、精神不振、注意力不集中等现象,也较容易导致某些疾病的传播,影响学前儿童的生长发育。因此,活动室内应保持空气畅通,不断输入新鲜的室外空气。活动室通风的形式主要有两种。一种是自然通风,即利用自然风力、气流的通风形式;另一种是人工通风,即利用电风扇等电器产品进行通风的方法。活动室的通风应以经常敞开窗户这一主要形式来实现,把窗户全部打开,一般10分钟左右就可换气一次。为了保证室内空气新鲜,活动室应建立起每日合理的通风制度:儿童入园前、到户外活动时、进寝室睡眠时以及离园时,打开所有的窗户通风换气。幼儿在室内活动期间,应根据季节的不同以及活动室窗户的具体设计情况,定时开启全部或部分窗户进行通风换气。同时,应避免让学前儿童在穿堂风中活动。通风换气时间

的长短可根据室内外气温的状况来决定。一般而言,若室外和室内温度相差较大,通风换气的速度就相应较快,这时,通风换气的时间可以相对短一些,反之,则应相对长一些。

地面保暖要求:活动室的地面宜为暖性、弹性地面,其中以铺设木制的地板为佳,这样有利于保暖、防潮和打扫,而且地板具有一定的弹性,学前儿童活动时比较安全。另外,活动室应用低温热水集中采暖,供暖的散热器必须采取防护措施。采用局部式采暖时,一定要采取适当的防火措施以及相应的通风与排烟措施,以防火灾以及有害气体等对学前儿童机体的影响。

(2)寝室。充足的睡眠对学前儿童的健康成长十分重要,寝室是保证学前儿童充足睡眠的基本保障条件。托幼园所寝室卫生要求有面积要求:每间寝室的使用面积一般为$50\sim60m^2$,寄宿制幼儿园以及有条件的全日制托幼园所最好单设幼儿寝室,如果将寝室与活动室合并设置,面积可按两者面积之和的80%计算。

家具与设备要求:寝室的主要家具是床,每名儿童应使用自己专用的小床。儿童床的大小、长短以及结构应适合学前儿童的身材,具体来说,学前儿童床的长度应为儿童的身长再加宽15～25cm,床的宽度应为儿童肩宽的2～2.5倍。为了保证学前儿童睡眠的安全以及便于学前儿童自己上下床,儿童床的高度一般为30～40cm,不宜过高,床的周围应设有栏杆,在床的一侧可留有上下床的空隙。学前儿童使用的床不宜过软,最好是木板床或棕绷床、藤绷床,这一类床有利于学前儿童脊柱的正常发育。学前儿童枕头的高低以及软硬程度直接影响儿童的健康,应选用较扁平、较柔软的枕头,过高或过低的枕头都会影响学前儿童脊柱和颈椎的正常发育,也易引起学前儿童落枕。学前儿童床的摆设要避免拥挤,床行间距要达到90cm。

日照采光要求:寝室的卫生与安全要求与活动室基本相同,但是天然采光要求可略低,窗地面积不小于1/6。窗上应配置颜色较深的窗帘,有利于儿童午睡。

地面保暖要求:地面最好铺设木制地板,增加保温性。在冬季采暖设施方面,其安全与卫生的要求与活动室的要求基本一致。寄宿制幼儿园的寝室还应设置夜间供保育员巡视用的照明设施。

通风要求:寝室内应保持整洁与安静,经常开窗通风,保持空气流通与新鲜,即使在较寒冷的冬季,也应在儿童进入寝室进行午睡前,开窗换气10分钟左右。如果是开窗睡眠,应避免穿堂风或让风直接吹到儿童身上。儿童起床以后,保教人员应开窗、通风换气约10分钟,之后再将被子叠起。有条件的托幼园所,可以在寝室里安装紫外线灭菌灯,便于经常进行室内的空气消毒,尤其是在传染病流行期间,其所起的作用将更加有效与重要。

(3)盥洗室。盥洗室是儿童进行洗漱以及排泄的生活用房。盥洗室应临近活动室和寝室,盥洗和厕所应分间或分隔。儿童厕所的使用面积不小于$15m^2$,厕所至少应设置大便器(槽)4个(位)、小便槽4位,盥洗龙头6～8个,淋浴2位,污水池1个。一般保教人员不得使用儿童的厕所,若保教人员的厕所设置在儿童的盥洗室内,应与儿童的厕所分隔开。幼儿园应实行男女分厕。盥洗室的地面应为易清洗、不渗水、防滑的地面。盥洗室中应有直接的自然通风,并始终保持干燥与通风。

由于学前儿童的身材矮小,动作及能力的发展还较差,因此儿童盥洗设备的大小、高矮以及结构、种类等的选择,均应适合儿童的身材特点以及能力水平。3~5岁幼儿用的盥洗台,以50cm为宜;6~7岁幼儿以60cm为宜。年龄较小的幼儿可以使用儿童便盆,小婴儿使用的便盆最好放在便盆架上,以防婴儿坐盆时歪倒。年龄较大的儿童可以使用宽窄与高矮都较合适的蹲式便池或坐式便器,男幼儿可以使用低矮的小便池。

学前儿童应使用流动水洗手,故水槽的宽度、高度以及水龙头的高度等应与学前儿童的身材相适应,以便儿童能较容易地进行盥洗。水龙头的出水高度,3~5岁以65cm为宜;6~7岁以75cm为宜。每个水龙头旁边可以放置一块肥皂或悬挂一个肥皂袋,供儿童洗手时使用。由于学前儿童的皮肤比较娇嫩,保护机能较差,很容易受到损伤,因而学前儿童使用的肥皂应选用刺激性较小的种类。

盥洗室内儿童使用的镜子以及放置盥洗用具的柜子和架子等,其高度与大小应适合儿童的身材。卫生间内的各种设备与用具应经常进行必要的清洗和消毒。盥洗用具除肥皂以外都应该是专人专用。

学前儿童使用的毛巾也应选用质地较柔软的棉织品,以免擦伤学前儿童娇嫩的肌肤,尤其是年龄较小的婴儿,更需格外注意。另外,幼儿使用毛巾不宜太厚,以利于幼儿自己动手盥洗。寄宿制幼儿园中幼儿的洗脸毛巾与洗脚毛巾应分开使用,女幼儿还应有专用的清洗外阴的毛巾。儿童每次盥洗后,保教人员应将毛巾搓洗干净然后晾挂,保持毛巾的清洁与干燥。毛巾架应使每条毛巾之间保持一定的距离,保证通风干燥和避免相互接触,并且经常搬到室外,放在日光下暴晒消毒。

学前儿童应使用儿童型牙刷,刷牙后,须彻底清洗干净,甩干,然后再把牙刷毛端朝上、牙刷柄端朝下放置于刷牙杯中,以保持牙刷的干燥。学前儿童使用的牙膏最好选用含氟的牙膏,含氟的牙膏对于防止学前儿童龋齿具有一定作用,但一定要提醒儿童将牙膏沫吐干净,不要吞食,以防止儿童吞食氟过多而引起氟中毒。刷牙杯要定期进行清洗和消毒,牙刷应定期进行更换。

设计师应从儿童的需要出发,用童心去设计、创造舒适、有趣而为儿童所喜爱的室内外空间。托幼园所的建设,必须以保证儿童健康、促进儿童发展为目的,从安全、保健、教育等基本点出发,创设出既符合儿童发展水平,又能促进儿童身心健康发展的最佳环境,使儿童能在园所中安全、健康、愉快地进行生活、游戏和学习。

第二节 托幼机构设备用具的卫生

托幼园所的各种设备与用具是学前儿童生活以及开展各种活动所必需的物质条件,为保证儿童的身心健康与发展,这些设备与用具必须适合学前儿童的年龄特点,符合基本的卫生要求。

一、玩具卫生

玩具是托幼园所必备的教育材料,对促进儿童身体、智力、情绪情感的发展和塑造健全的人格具有积极的作用。玩具是儿童接触最为密切的外部环境之一。在托幼园所中,玩具为集体儿童所用,不符合卫生标准和要求的玩具或对玩具的管理不善,很容易引起

学前儿童卫生与保健

儿童身体受损,导致疾病的传播。因此,托幼园所在选购和管理玩具时必须符合卫生要求。

1. 不易传染疾病,易于保洁与消毒

玩具的种类繁多,材料也各有不同,其基本卫生要求是便于洗涤和消毒。一般来说,用塑料制成的玩具容易保持清洁,不易污染,便于消毒;用金属和木材制成的玩具也较好;用布料和毛皮制成的玩具最容易受污染,且不易消毒,在幼儿园中不宜选用,即便是使用也要保证其填充物无毒、质软。

2. 材质与涂料无毒

儿童常喜将玩具放入口中,所以玩具的材质与涂料不应含铅、砷、汞、铬等有毒物质,具体表现是无臭、无异味,不溶于水或唾液,在涂料上应有2~3层透明膜。

3. 玩具表面光滑,无锐利的尖角或棱角

玩具对儿童应是安全的,不会使儿童发生外伤,所有的玩具应无锐利的棱角或锯齿。木制玩具表面必须平滑,无尖刺、无裂纹;金属玩具即使在损坏的情况下也不能出现锋利的切口,不应有任何外露的钉子、螺旋、插栓等。

4. 玩具的大小、轻重适合幼儿使用

玩具的大小重量应适合学前儿童使用。积木、拼板、串珠等玩具不应过小,以免儿童误吞。为了适合儿童的体力,积木应是空心的,每块积木的重量不应超过1kg,幼儿园大班儿童使用的积木也不应超过2kg。

用口吹响的玩具,如口琴、口哨、喇叭等,必须专人专用,因此不宜在托幼机构使用。塑料袋、薄质织物袋不宜当玩具,防儿童将其套在头上,口鼻被紧裹而造成窒息。

5. 玩具必须定期清洁消毒

玩具必须定期清洁消毒,通常可以采用温水和肥皂水清洗或使用消毒液清洗,也可以根据玩具材质采用蒸煮或者日光暴晒等方式进行消毒,以保证玩具的清洁卫生。自制玩具必须在经过消毒以后方可使用,各班的玩具只限本班使用,在班级之间进行交换时必须经过彻底的消毒。

在玩具选择或者使用时应注意对儿童身心健康方面的关照与良好行为习惯的养成。所选购的玩具,在外形和功能上应能吸引儿童的注意,能引起学前儿童良好的情绪与情感感受,具有较好的教育作用,而不应选购容易引起儿童视觉、听觉、触觉不安的玩具或不利于正确教育的玩具,例如,不应选购看上去可怕、恐怖的玩具,不应选购响声过大或色彩过于鲜艳的玩具,以免过强刺激影响儿童身体机能的发展。使用玩具时,应指导儿童正确使用各种玩具玩法,培养儿童爱护玩具、保持玩具清洁的良好习惯。

二、书籍卫生

1. 文字排版符合卫生要求

学前儿童读物的文字要大而清晰,字行间距不宜太近;图画色彩鲜明、大小适宜,色调要协调柔和,不应对视觉产生过分刺激;印刷清晰,文字与纸张颜色之间要有鲜明的对比,用黑色的油墨印刷,可选用白纸;学前儿童使用图书的字不应过小。

2. 纸张要结实、平滑

纸张质地要求结实耐用,要求纸张不宜太薄,纸面平滑而不闪光。

3. 开本形状、重量要合理

学前儿童用书以 32 开本为佳,不宜太大,重量不应超过 300g。

4. 装订合理

装订要求翻页时,书页不致自动卷回。

5. 内容健康

学前儿童读物不应涉及暴力、色情、恐怖、迷信等内容。

6. 管理要合理

图书管理的卫生要求:图书定期消毒,纸张清洁,已脏破的书籍应停止使用。培养儿童用书的卫生行为和习惯,不在强光或暗光下阅读,保持书本与眼睛之间的恰当距离,教育儿童不要用手指蘸唾液翻书页。

三、文具卫生

学前儿童的文具主要包括练习纸、蜡笔、图画颜料、铅笔等。文具的卫生要求:纸张颜色应是白色的或浅色的,避免眼睛疲劳;笔杆上的颜料表面应有一层不易脱落、不溶于水或唾液的透明黏膜;儿童文具不应含有毒物质;铅笔的笔芯应软硬适中,以 HB 为宜;笔杆不宜过细,直径为 7~8mm;书包以双肩背的形式为好,重量不宜超过幼儿体重的 1/10。儿童在进行绘画或阅读时,保教人员还应注意把握好儿童绘画及看书的时间,不宜过于疲劳。同时,帮助学前儿童掌握正确的用笔姿势、看书姿势,培养使用文具的卫生习惯,不乱涂乱画。用完文具及时归位等。

四、黑板卫生

黑板是幼儿教师在教学中经常会用到的辅助教具,黑板的卫生不仅影响到教学质量,而且也影响到学前儿童的生理健康。黑板的卫生要求:黑板应表面平整、无裂缝、不反光;书写在黑板上的字,必须让所有儿童都看得清楚,尽量使用无尘粉笔或者油性笔;在使用贴绒教具的时候,也应注意贴绒板与直观教具之间颜色的反差度。

五、电视卫生

1. 电视的尺寸大小适宜

电视的尺寸要求不应小于 21 英寸。

2. 电视的摆放高度适宜

电视摆放的高度要求:当儿童坐在椅子上时,两眼与电视屏幕中心点齐平。所以电视摆放的高度应该与儿童的坐高持平。一般情况下,对 3~6 岁的幼儿来说,电视摆放高度在 54~64cm 之间比较适宜。

3. 电视机与幼儿距离合理

最近距离不小于2m,最远距离不大于5m。

4. 看电视时间不宜过长

每周一般看电视1～2次为宜,3～4岁儿童每次不得超过10～15分钟,5～7岁儿童每次不得超过25～30分钟。

5. 节目内容健康

节目内容不能涉及黄色、暴力、迷信等不健康内容,不能将电视看作是照看儿童的"保育员",而应该通过电视使儿童受到教育和娱乐。看完电视后,教师可以跟儿童一起讨论所播放的内容。

六、桌椅卫生

学前儿童进行游戏、绘画、进餐等活动以及休息时都离不开桌椅,合适的桌椅有助于儿童保持良好的坐姿,避免疲劳,预防近视和脊柱异常弯曲的发生。

2002年国家教育部颁布《学校课桌椅功能尺寸(GB/T3976-2002)》规定:儿童桌面不要倾斜,桌面下勿用搁板、抽屉等;幼儿园、托儿所不采用钢木结构桌椅;也不采用折叠式或翻板式桌椅。儿童桌椅的外表和内表以及儿童手指可触及的隐蔽处,均不得有锐利的棱角、毛刺以及小五金部件露出的锐利尖端;儿童桌椅的涂层、漆膜,不含有过量的有毒物质,符合国家玩具安全规范GB6675－2003,色调浅淡,柔和;一把儿童椅的质量,在幼儿园不超过2.5kg,在托儿所不超过2.0kg。

1. 桌椅尺寸要符合儿童的身高及身体各部的比例(表9-1)

表9-1 儿童桌椅各型号的标准身高、身高范围及颜色标志　　　　单位:cm

桌椅型号	桌面高	座面高	标准身高	学生身高范围	颜色标志
幼1号	52	29	120.0	113～	紫
幼2号	49	27	112.5	105～119	白
幼3号	46	25	105.0	98～112	橙
幼4号	43	23	97.5	90～104	白
幼5号	40	21	90.0	83～97	白
幼6号	37	19	82.5	75～89	白

(1)椅高。椅高是椅面前缘最高点距离地面的垂直高度。合适的椅高应与儿童的小腿长相适应,使儿童在就座时,大腿与小腿之间的夹角基本上能保持在90°,这样,儿童的下肢便可着力于整个脚掌上,不会出现明显的压迫感,而且,下肢可以较自然地往前后或左右方向移动。

若儿童使用的椅子太低,儿童大腿前部就会向上抬起,致使支撑儿童身体的面积减少,容易引起脊椎变形。若椅子太高,儿童两脚就会处于悬吊状态,致使下肢的血管和神经受到压迫;而且,由于足部失去了支持力,儿童坐时会感到不舒服,便会很自然地将臀部前移或倾斜椅面,以致形成不稳定的姿势,使儿童容易疲劳或摔倒。

(2) 椅深。椅深是指椅面前后的深度。儿童使用桌椅椅深应为儿童大腿长的 2/3～3/4,以便儿童在就座时,大腿的后 3/4 部分都能置于椅面上。椅面过宽,会压迫腿下神经和血管;过窄则减少了支撑面。

(3) 椅宽。椅宽是指椅面左右的宽度。适宜的椅宽应为儿童臀部的宽度再加 5～6 cm,保证儿童臀部对身体支撑作用的发挥。

(4) 椅背。椅背的高度应略高于儿童肩胛骨的下部,椅背的下端离椅面应留有一定的空隙,以便使儿童臀部能前后移动,椅背应适当地向后倾斜 7°左右。

(5) 桌面。学前儿童应使用平面桌,桌面的面积可大、可小,可以两人坐,也可以四人坐、六人坐等。无论是几个人共同使用一张桌子,在儿童进行桌面活动时,其采光的方向以及光线的强弱均应符合基本的卫生要求。此外,桌子的下方不宜设有抽屉或横栏,避免影响儿童下肢的正常摆放与活动。

(6) 桌椅高度差。桌椅高度差是指桌面与椅面的高度之差。合适的桌椅高度差应等于椅高。高度差合适的课桌椅,儿童就座时,两肩不上端也不下沉,肘部弯曲,平放于桌面上,不肩负上体的重量,眼睛和书本的距离合适。桌椅高度差太大,会使幼儿在就座时耸肩或单肩提高,易造成脊柱异常弯曲;桌椅高度差太小,除了容易造成脊椎侧弯外,还容易使胸骨变形,脊椎后凸,形成驼背或近视。

(7) 桌椅间距。桌椅间距是指椅背到桌边的距离。合适的桌椅间距应当是儿童胸腔的厚度再加 3～5cm,相当于椅面前缘接触桌面内缘垂直线的距离。桌椅间距过窄,胸部受挤压,上身活动就不方便;桌面间距太宽,看书、绘画时,上身倾斜,容易造成疲劳。

学前儿童桌椅配置的依据应是儿童的身高,而不是儿童的年龄,因此,每一个班最好备有三种不同尺寸大小的桌椅。儿童身高相差 10cm 以内者,可以使用同一尺寸大小的桌椅。同时,还应该注意根据儿童身高的变化,不断调整桌椅,使之始终适应于儿童的需要。

2. 椅子重量和颜色要适宜

桌椅的重量应适中,不宜超过 2.5kg,便于学前儿童自己安全搬运。桌椅的颜色应选用浅色,但不应使用白色,因为白色的反光性较强,会对儿童的眼睛产生较强的刺激,损伤眼睛。

3. 有合理的桌椅清洁消毒制度

桌椅的清洁消毒卫生要求是一天至少三次。用于进餐的桌子,在每次使用前,均应使用专用的抹布进行擦拭和进行必要的消毒,以保证儿童进餐时的卫生。

七、体育器械卫生

学前儿童用的体育器械种类繁多,有大中型的体育器械,如滑梯、秋千、转椅、荡船、攀登架、摇马、投掷架、平衡木等,也有小型体育器械,如木马、皮球、沙包、塑料圈、哑铃、跳绳等。

体育器械卫生要求主要包括:各种体育器械应坚固耐用、平滑、高矮、大小、坡度等均

适合于儿童的年龄特点。大型体育器械的使用应有专门的保护措施,如设有沙坑或软垫,确保儿童的安全。对器械定期进行检修,加强安全与清洁管理,发现运动器械有破损、脱落、生锈等现象时,应立即停止使用。教师使用体育器械前要检查,绝对禁止使用坏的或不安全的器械。

> **知识窗**
>
> **托幼园所的规模**
>
> 托儿所、幼儿园是对幼儿进行保育和教育的机构。接纳3周岁以下幼儿的为托儿所,接纳3~6岁幼儿的为幼儿园。
>
> (1) 幼儿园的规模(包括托、幼合建的)分为:
> - 大型:10~12个班。
> - 中型:6~9个班。
> - 小型:5个班以下。
>
> (2) 单独的托儿所规模以不超过5个班为宜。
>
> (3) 托儿所、幼儿园每班人数:
> - 托儿所:乳儿班及托儿小、中班15~20人,托儿大班21~25人。
> - 幼儿园:小班20~25人,中班26~30人,大班31~35人。

 故事会

 思考练习

(1) 我们应如何为托幼园所选址?

(2) 托幼园所为什么要有绿化用地?

(3) 托幼园所有哪些基本用房?各有何卫生要求?

(4) 为学前儿童选购玩具应注意什么?

附 录

附录1 中国7岁下儿童生长发育参照标准

表1　7岁以下男童身高(长)标准值(cm)

年龄	月龄	－3SD	－2SD	－1SD	中位数	＋1SD	＋2SD	＋3SD
出生	0	45.2	46.9	48.6	50.4	52.2	54.0	55.8
	1	48.7	50.7	52.7	54.8	56.9	59.0	61.2
	2	52.2	54.3	56.5	58.7	61.0	63.3	65.7
	3	55.3	57.5	59.7	62.0	64.3	66.6	69.0
	4	57.9	60.1	62.3	64.6	66.9	69.3	71.7
	5	59.9	62.1	64.4	66.7	69.1	71.5	73.9
	6	61.4	63.7	66.0	68.4	70.8	73.3	75.8
	7	62.7	65.0	67.4	69.8	72.3	74.8	77.4
	8	63.9	66.3	68.7	71.2	73.7	76.3	78.9
	9	65.2	67.6	70.1	72.6	75.2	77.8	80.5
	10	66.4	68.9	71.4	74.0	76.6	79.3	82.1
	11	67.5	70.1	72.7	75.3	78.0	80.8	83.6
1岁	12	68.6	71.2	73.8	76.5	79.3	82.1	85.0
	15	71.2	74.0	76.9	79.8	82.8	85.8	88.9
	18	73.6	76.6	79.6	82.7	85.8	89.1	92.4
	21	76.0	79.1	82.3	85.6	89.0	92.4	95.9
2岁	24	78.3	81.6	85.1	88.5	92.1	95.8	99.5
	27	80.5	83.9	87.5	91.1	94.8	98.6	102.5
	30	82.4	85.9	89.6	93.3	97.1	101.0	105.0
	33	84.4	88.0	91.6	95.4	99.3	103.2	107.2
3岁	36	86.3	90.0	93.7	97.5	101.4	105.3	109.4
	39	87.5	91.2	94.9	98.8	102.7	106.7	110.7

续表

年龄	月龄	－3SD	－2SD	－1SD	中位数	＋1SD	＋2SD	＋3SD
	42	89.3	93.0	96.7	100.6	104.5	108.6	112.7
	45	90.9	94.6	98.5	102.4	106.4	110.4	114.6
4岁	48	92.5	96.3	100.2	104.1	108.2	112.3	116.5
	51	94.0	97.9	101.9	105.9	110.0	114.2	118.5
	54	95.6	99.5	103.6	107.7	111.9	116.2	120.6
	57	97.1	101.1	105.3	109.5	113.8	118.2	122.6
5岁	60	98.7	102.8	107.0	111.3	115.7	120.1	124.7
	63	100.2	104.4	108.7	113.0	117.5	122.0	126.7
	66	101.6	105.9	110.2	114.7	119.2	123.8	128.6
	69	103.0	107.3	111.7	116.3	120.9	125.6	130.4
6岁	72	104.1	108.6	113.1	117.7	122.4	127.2	132.1
	75	105.3	109.8	114.4	119.2	124.0	128.8	133.8
	78	106.5	111.1	115.8	120.7	125.6	130.5	135.6
	81	107.9	112.6	117.4	122.3	127.3	132.4	137.6

注：表中 3 岁前为身长，3 岁及 3 岁后为身高

表2　7岁以下女童身高（长）标准值（cm）

年龄	月龄	－3SD	－2SD	－1SD	中位数	＋1SD	＋2SD	＋3SD
出生	0	44.7	46.4	48.0	49.7	51.4	53.2	55.0
	1	47.9	49.8	51.7	53.7	55.7	57.8	59.9
	2	51.1	53.2	55.3	57.4	59.6	61.8	64.1
	3	54.2	56.3	58.4	60.6	62.8	65.1	67.5
	4	56.7	58.8	61.0	63.1	65.4	67.7	70.0
	5	58.6	60.8	62.9	65.2	67.4	69.8	72.1
	6	60.1	62.3	64.5	66.8	69.1	71.5	74.0
	7	61.3	63.6	65.9	68.2	70.6	73.1	75.6
	8	62.5	64.8	67.2	69.6	72.1	74.7	77.3
	9	63.7	66.1	68.5	71.0	73.6	76.2	78.9
	10	64.9	67.3	69.8	72.4	75.0	77.7	80.5
	11	66.1	68.6	71.1	73.7	76.4	79.2	82.0
1岁	12	67.2	69.7	72.3	75.0	77.7	80.5	83.4
	15	70.2	72.9	75.6	78.5	81.4	84.3	87.4

续表

年龄	月龄	−3SD	−2SD	−1SD	中位数	+1SD	+2SD	+3SD
	18	72.8	75.6	78.5	81.5	84.6	87.7	91.0
	21	75.1	78.1	81.2	84.4	87.7	91.1	94.5
2岁	24	77.3	80.5	83.8	87.2	90.7	94.3	98.0
	27	79.3	82.7	86.2	89.8	93.5	97.3	101.2
	30	81.4	84.8	88.4	92.1	95.9	99.8	103.8
	33	83.4	86.9	90.5	94.3	98.1	102.0	106.1
3岁	36	85.4	88.9	92.5	96.3	100.1	104.1	108.1
	39	86.6	90.1	93.8	97.5	101.4	105.4	109.4
	42	88.4	91.9	95.6	99.4	103.3	107.2	111.3
	45	90.1	93.7	97.4	101.2	105.1	109.2	113.3
4岁	48	91.7	95.4	99.2	103.1	107.0	111.1	115.3
	51	93.2	97.0	100.9	104.9	109.0	113.1	117.4
	54	94.8	98.7	102.7	106.7	110.9	115.2	119.5
	57	96.4	100.3	104.4	108.5	112.8	117.1	121.6
5岁	60	97.8	101.8	106.0	110.2	114.5	118.9	123.4
	63	99.3	103.4	107.6	111.9	116.2	120.7	125.3
	66	100.7	104.9	109.2	113.5	118.0	122.6	127.2
	69	102.0	106.3	110.7	115.2	119.7	124.4	129.1
6岁	72	103.2	107.6	112.0	116.6	121.2	126.0	130.8
	75	104.4	108.8	113.4	118.0	122.7	127.6	132.5
	78	105.5	110.1	114.7	119.4	124.3	129.2	134.2
	81	106.7	111.4	116.1	121.0	125.9	130.9	136.1

注：表中3岁前为身长，3岁及3岁后为身高

表3　7岁以下男童体重标准值（kg）

年龄	月龄	−3SD	−2SD	−1SD	中位数	+1SD	+2SD	+3SD
出生	0	2.26	2.58	2.93	3.32	3.73	4.18	4.66
	1	3.09	3.52	3.99	4.51	5.07	5.67	6.33
	2	3.94	4.47	5.05	5.68	6.38	7.14	7.97
	3	4.69	5.29	5.97	6.70	7.51	8.40	9.37
	4	5.25	5.91	6.64	7.45	8.34	9.32	10.39
	5	5.66	6.36	7.14	8.00	8.95	9.99	11.15

续表

年龄	月龄	－3SD	－2SD	－1SD	中位数	＋1SD	＋2SD	＋3SD
	6	5.97	6.70	7.51	8.41	9.41	10.50	11.72
	7	6.24	6.99	7.83	8.76	9.79	10.93	12.20
	8	6.46	7.23	8.09	9.05	10.11	11.29	12.60
	9	6.67	7.46	8.35	9.33	10.42	11.64	12.99
	10	6.86	7.67	8.58	9.58	10.71	11.95	13.34
	11	7.04	7.87	8.80	9.83	10.98	12.26	13.68
1 岁	12	7.21	8.06	9.00	10.05	11.23	12.54	14.00
	15	7.68	8.57	9.57	10.68	11.93	13.32	14.88
	18	8.13	9.07	10.12	11.29	12.61	14.09	15.75
	21	8.61	9.59	10.69	11.93	13.33	14.90	16.66
2 岁	24	9.06	10.09	11.24	12.54	14.01	15.67	17.54
	27	9.47	10.54	11.75	13.11	14.64	16.38	18.36
	30	9.86	10.97	12.22	13.64	15.24	17.06	19.13
	33	10.24	11.39	12.68	14.15	15.82	17.72	19.89
3 岁	36	10.61	11.79	13.13	14.65	16.39	18.37	20.64
	39	10.97	12.19	13.57	15.15	16.95	19.02	21.39
	42	11.31	12.57	14.00	15.63	17.50	19.65	22.13
	45	11.66	12.96	14.44	16.13	18.07	20.32	22.91
4 岁	48	12.01	13.35	14.88	16.64	18.67	21.01	23.73
	51	12.37	13.76	15.35	17.18	19.30	21.76	24.63
	54	12.74	14.18	15.84	17.75	19.98	22.57	25.61
	57	13.12	14.61	16.34	18.35	20.69	23.43	26.68
5 岁	60	13.50	15.06	16.87	18.98	21.46	24.38	27.85
	63	13.86	15.48	17.38	19.60	22.21	25.32	29.04
	66	14.18	15.87	17.85	20.18	22.94	26.24	30.22
	69	14.48	16.24	18.31	20.75	23.66	27.17	31.43
6 岁	72	14.74	16.56	18.71	21.26	24.32	28.03	32.57
	75	15.01	16.90	19.14	21.82	25.06	29.01	33.89
	78	15.30	17.27	19.62	22.45	25.89	30.13	35.41
	81	15.66	17.73	20.22	23.24	26.95	31.56	37.39

表4　7岁以下女童体重标准值（kg）

年龄	月龄	－3SD	－2SD	－1SD	中位数	＋1SD	＋2SD	＋3SD
出生	0	2.26	2.54	2.85	3.21	3.63	4.10	4.65
	1	2.98	3.33	3.74	4.20	4.74	5.35	6.05
	2	3.72	4.15	4.65	5.21	5.86	6.60	7.46
	3	4.40	4.90	5.47	6.13	6.87	7.73	8.71
	4	4.93	5.48	6.11	6.83	7.65	8.59	9.66
	5	5.33	5.92	6.59	7.36	8.23	9.23	10.38
	6	5.64	6.26	6.96	7.77	8.68	9.73	10.93
	7	5.90	6.55	7.28	8.11	9.06	10.15	11.40
	8	6.13	6.79	7.55	8.41	9.39	10.51	11.80
	9	6.34	7.03	7.81	8.69	9.70	10.86	12.18
	10	6.53	7.23	8.03	8.94	9.98	11.16	12.52
	11	6.71	7.43	8.25	9.18	10.24	11.46	12.85
1岁	12	6.87	7.61	8.45	9.40	10.48	11.73	13.15
	15	7.34	8.12	9.01	10.02	11.18	12.50	14.02
	18	7.79	8.63	9.57	10.65	11.88	13.29	14.90
	21	8.26	9.15	10.15	11.30	12.61	14.12	15.85
2岁	24	8.70	9.64	10.70	11.92	13.31	14.92	16.77
	27	9.10	10.09	11.21	12.50	13.97	15.67	17.63
	30	9.48	10.52	11.70	13.05	14.60	16.39	18.47
	33	9.86	10.94	12.18	13.59	15.22	17.11	19.29
3岁	36	10.23	11.36	12.65	14.13	15.83	17.81	20.10
	39	10.60	11.77	13.11	14.65	16.43	18.50	20.90
	42	10.95	12.16	13.55	15.16	17.01	19.17	21.69
	45	11.29	12.55	14.00	15.67	17.60	19.85	22.49
4岁	48	11.62	12.93	14.44	16.17	18.19	20.54	23.30
	51	11.96	13.32	14.88	16.69	18.79	21.25	24.14
	54	12.30	13.71	15.33	17.22	19.42	22.00	25.04
	57	12.62	14.08	15.78	17.75	20.05	22.75	25.96
5岁	60	12.93	14.44	16.20	18.26	20.66	23.50	26.87
	63	13.23	14.80	16.64	18.78	21.30	24.28	27.84
	66	13.54	15.18	17.09	19.33	21.98	25.12	28.89

续表

年龄	月龄	−3SD	−2SD	−1SD	中位数	+1SD	+2SD	+3SD
	69	13.84	15.54	17.53	19.88	22.65	25.96	29.95
6岁	72	14.11	15.87	17.94	20.37	23.27	26.74	30.94
	75	14.38	16.21	18.35	20.89	23.92	27.57	32.00
	78	14.66	16.55	18.78	21.44	24.61	28.46	33.14
	81	14.96	16.92	19.25	22.03	25.37	29.42	34.40

表5　7岁以下男童头围标准值(cm)

年龄	月龄	−3SD	−2SD	−1SD	中位数	+1SD	+2SD	+3SD
出生	0	30.9	32.1	33.3	34.5	35.7	36.8	37.9
	1	33.3	34.5	35.7	36.9	38.2	39.4	40.7
	2	35.2	36.4	37.6	38.9	40.2	41.5	42.9
	3	36.7	37.9	39.2	40.5	41.8	43.2	44.6
	4	38.0	39.2	40.4	41.7	43.1	44.5	45.9
	5	39.0	40.2	41.5	42.7	44.1	45.5	46.9
	6	39.8	41.0	42.3	43.6	44.9	46.3	47.7
	7	40.4	41.7	42.9	44.2	45.5	46.9	48.4
	8	41.0	42.2	43.5	44.8	46.1	47.5	48.9
	9	41.5	42.7	44.0	45.3	46.6	48.0	49.4
	10	41.9	43.1	44.4	45.7	47.0	48.4	49.8
	11	42.3	43.5	44.8	46.1	47.4	48.8	50.2
1岁	12	42.6	43.8	45.1	46.4	47.7	49.1	50.5
	15	43.2	44.5	45.7	47.0	48.4	49.7	51.1
	18	43.7	45.0	46.3	47.6	48.9	50.2	51.6
	21	44.2	45.5	46.7	48.0	49.4	50.7	52.1
2岁	24	44.6	45.9	47.1	48.4	49.8	51.1	52.5
	27	45.0	46.2	47.5	48.8	50.1	51.4	52.8
	30	45.3	46.5	47.8	49.1	50.4	51.7	53.1
	33	45.5	46.8	48.0	49.3	50.6	52.0	53.3
3岁	36	45.7	47.0	48.3	49.6	50.9	52.2	53.5
	42	46.2	47.4	48.7	49.9	51.3	52.6	53.9
4岁	48	46.5	47.8	49.0	50.3	51.6	52.9	54.2

续表

年龄	月龄	−3SD	−2SD	−1SD	中位数	+1SD	+2SD	+3SD
	54	46.9	48.1	49.4	50.6	51.9	53.2	54.6
5岁	60	47.2	48.4	49.7	51.0	52.2	53.6	54.9
	66	47.5	48.7	50.0	51.3	52.5	53.8	55.2
6岁	72	47.8	49.0	50.2	51.5	52.8	54.1	55.4

表6　7岁以下女童头围标准值（cm）

年龄	月龄	−3SD	−2SD	−1SD	中位数	+1SD	+2SD	+3SD
出生	0	30.4	31.6	32.8	34.0	35.2	36.4	37.5
	1	32.6	33.8	35.0	36.2	37.4	38.6	39.9
	2	34.5	35.6	36.8	38.0	39.3	40.5	41.8
	3	36.0	37.1	38.3	39.5	40.8	42.1	43.4
	4	37.2	38.3	39.5	40.7	41.9	43.3	44.6
	5	38.1	39.2	40.4	41.6	42.9	44.3	45.7
	6	38.9	40.0	41.2	42.4	43.7	45.1	46.5
	7	39.5	40.7	41.8	43.1	44.4	45.7	47.2
	8	40.1	41.2	42.4	43.6	44.9	46.3	47.7
	9	40.5	41.7	42.9	44.1	45.4	46.8	48.2
	10	40.9	42.1	43.3	44.5	45.8	47.2	48.6
	11	41.3	42.4	43.6	44.9	46.2	47.5	49.0
1岁	12	41.5	42.7	43.9	45.1	46.5	47.8	49.3
	15	42.2	43.4	44.6	45.8	47.2	48.5	50.0
	18	42.8	43.9	45.1	46.4	47.7	49.1	50.5
	21	43.2	44.4	45.6	46.9	48.2	49.6	51.0
2岁	24	43.6	44.8	46.0	47.3	48.6	50.0	51.4
	27	44.0	45.2	46.4	47.7	49.0	50.3	51.7
	30	44.3	45.5	46.7	48.0	49.3	50.7	52.1
	33	44.6	45.8	47.0	48.3	49.6	50.9	52.3
3岁	36	44.8	46.0	47.3	48.5	49.8	51.2	52.6
	42	45.3	46.5	47.7	49.0	50.3	51.6	53.0
4岁	48	45.7	46.9	48.1	49.4	50.6	52.0	53.3
	54	46.0	47.2	48.4	49.7	51.0	52.3	53.7

续表

年龄	月龄	－3SD	－2SD	－1SD	中位数	＋1SD	＋2SD	＋3SD
5岁	60	46.3	47.5	48.7	50.0	51.3	52.6	53.9
	66	46.6	47.8	49.0	50.3	51.5	52.8	54.2
6岁	72	46.8	48.0	49.2	50.5	51.8	53.1	54.4

表7 45～110cm身长的体重标准值（男）

身长(cm)	体重(kg)						
	－3SD	－2SD	－1SD	中位数	＋1SD	＋2SD	＋3SD
46	1.80	1.99	2.19	2.41	2.65	2.91	3.18
48	2.11	2.34	2.58	2.84	3.12	3.42	3.74
50	2.43	2.68	2.95	3.25	3.57	3.91	4.29
52	2.78	3.06	3.37	3.71	4.07	4.47	4.90
54	3.19	3.51	3.87	4.25	4.67	5.12	5.62
56	3.65	4.02	4.41	4.85	5.32	5.84	6.41
58	4.13	4.53	4.97	5.46	5.99	6.57	7.21
60	4.61	5.05	5.53	6.06	6.65	7.30	8.01
62	5.09	5.56	6.08	6.66	7.30	8.00	8.78
64	5.54	6.05	6.60	7.22	7.91	8.67	9.51
66	5.97	6.50	7.09	7.74	8.47	9.28	10.19
68	6.38	6.93	7.55	8.23	9.00	9.85	10.81
70	6.76	7.34	7.98	8.69	9.49	10.38	11.39
72	7.12	7.72	8.38	9.12	9.94	10.88	11.93
74	7.47	8.08	8.76	9.52	10.38	11.34	12.44
76	7.81	8.43	9.13	9.91	10.80	11.80	12.93
78	8.14	8.78	9.50	10.31	11.22	12.25	13.42
80	8.49	9.15	9.88	10.71	11.64	12.70	13.92
82	8.85	9.52	10.27	11.12	12.08	13.17	14.42
84	9.21	9.90	10.66	11.53	12.52	13.64	14.94
86	9.58	10.28	11.07	11.96	12.97	14.13	15.46
88	9.96	10.68	11.48	12.39	13.43	14.62	16.00
90	10.34	11.08	11.90	12.83	13.90	15.12	16.54
92	10.74	11.48	12.33	13.28	14.37	15.63	17.10

续表

身长(cm)	体重(kg)						
	−3SD	−2SD	−1SD	中位数	+1SD	+2SD	+3SD
94	11.14	11.90	12.77	13.75	14.87	16.16	17.68
96	11.56	12.34	13.22	14.23	15.38	16.72	18.29
98	11.99	12.79	13.70	14.74	15.93	17.32	18.95
100	12.44	13.26	14.20	15.27	16.51	17.96	19.67
102	12.89	13.75	14.72	15.83	17.12	18.64	20.45
104	13.35	14.24	15.25	16.41	17.77	19.37	21.29
106	13.82	14.74	15.79	17.01	18.45	20.15	22.21
108	14.27	15.24	16.34	17.63	19.15	20.97	23.19
110	14.74	15.74	16.91	18.27	19.89	21.85	24.27

表8 80～140cm身高的体重标准值（男）

身长(cm)	体重(kg)						
	−3SD	−2SD	−1SD	中位数	+1SD	+2SD	+3SD
80	8.61	9.27	10.02	10.85	11.79	12.87	14.09
82	8.97	9.65	10.41	11.26	12.23	13.34	14.60
84	9.34	10.03	10.81	11.68	12.68	13.81	15.12
86	9.71	10.42	11.21	12.11	13.13	14.30	15.65
88	10.09	10.81	11.63	12.54	13.59	14.79	16.19
90	10.48	11.22	12.05	12.99	14.06	15.30	16.73
92	10.88	11.63	12.48	13.44	14.54	15.82	17.30
94	11.29	12.05	12.92	13.91	15.05	16.36	17.89
96	11.71	12.50	13.39	14.40	15.57	16.93	18.51
98	12.15	12.95	13.87	14.92	16.13	17.54	19.19
100	12.60	13.43	14.38	15.46	16.72	18.19	19.93
102	13.05	13.92	14.90	16.03	17.35	18.89	20.74
104	13.52	14.41	15.44	16.62	18.00	19.64	21.61
106	13.98	14.91	15.98	17.23	18.69	20.43	22.54
108	14.44	15.41	16.54	17.85	19.41	21.27	23.56
110	14.90	15.92	17.11	18.50	20.16	22.18	24.67
112	15.37	16.45	17.70	19.19	20.97	23.15	25.90

续表

身长(cm)	体重(kg)						
	−3SD	−2SD	−1SD	中位数	+1SD	+2SD	+3SD
114	15.85	16.99	18.32	19.90	21.83	24.21	27.25
116	16.33	17.54	18.95	20.66	22.74	25.36	28.76
118	16.83	18.10	19.62	21.45	23.72	26.62	30.45
120	17.34	18.69	20.31	22.30	24.78	27.99	32.34
122	17.87	19.31	21.05	23.19	25.91	29.50	34.48
124	18.41	19.95	21.81	24.14	27.14	31.15	36.87
126	18.97	20.61	22.62	25.15	28.45	32.96	39.56
128	19.56	21.31	23.47	26.22	29.85	34.92	42.55
130	20.18	22.05	24.37	27.35	31.34	37.01	45.80
132	20.84	22.83	25.32	28.55	32.91	39.21	49.23
134	21.53	23.65	26.32	29.80	34.55	41.48	52.72
136	22.25	24.51	27.36	31.09	36.23	43.78	56.20
138	23.00	25.40	28.44	32.44	37.95	46.11	59.62
140	23.79	26.33	29.57	33.82	39.71	48.46	62.96

表 9　45～110cm 身长的体重标准值（女）

身长(cm)	体重(kg)						
	−3SD	−2SD	−1SD	中位数	+1SD	+2SD	+3SD
46	1.89	2.07	2.28	2.52	2.79	3.09	3.43
48	2.18	2.39	2.63	2.90	3.20	3.54	3.93
50	2.48	2.72	2.99	3.29	3.63	4.01	4.44
52	2.84	3.11	3.41	3.75	4.13	4.56	5.05
54	3.26	3.56	3.89	4.27	4.70	5.18	5.73
56	3.69	4.02	4.39	4.81	5.29	5.82	6.43
58	4.14	4.50	4.91	5.37	5.88	6.47	7.13
60	4.59	4.99	5.43	5.93	6.49	7.13	7.85
62	5.05	5.48	5.95	6.49	7.09	7.77	8.54
64	5.48	5.94	6.44	7.01	7.65	8.38	9.21
66	5.89	6.37	6.91	7.51	8.18	8.95	9.82
68	6.28	6.78	7.34	7.97	8.68	9.49	10.40

身长(cm)	体重(kg)						
	-3SD	-2SD	-1SD	中位数	+1SD	+2SD	+3SD
70	6.64	7.16	7.75	8.41	9.15	9.99	10.95
72	6.98	7.52	8.13	8.82	9.59	10.46	11.46
74	7.30	7.87	8.49	9.20	10.00	10.91	11.95
76	7.62	8.20	8.85	9.58	10.40	11.34	12.41
78	7.93	8.53	9.20	9.95	10.80	11.77	12.88
80	8.26	8.88	9.57	10.34	11.22	12.22	13.37
82	8.60	9.23	9.94	10.74	11.65	12.69	13.87
84	8.95	9.60	10.33	11.16	12.10	13.16	14.39
86	9.30	9.98	10.73	11.58	12.55	13.66	14.93
88	9.67	10.37	11.15	12.03	13.03	14.18	15.50
90	10.06	10.78	11.58	12.50	13.54	14.73	16.11
92	10.46	11.20	12.04	12.98	14.06	15.31	16.75
94	10.88	11.64	12.51	13.49	14.62	15.91	17.41
96	11.30	12.10	12.99	14.02	15.19	16.54	18.11
98	11.73	12.55	13.49	14.55	15.77	17.19	18.84
100	12.16	13.01	13.98	15.09	16.37	17.86	19.61
102	12.58	13.47	14.48	15.64	16.98	18.55	20.39
104	13.00	13.93	14.98	16.20	17.61	19.26	21.22
106	13.43	14.39	15.49	16.77	18.25	20.00	22.09
108	13.86	14.86	16.02	17.36	18.92	20.78	23.02
110	14.29	15.34	16.55	17.96	19.62	21.60	24.00

表 10　80～140cm身高的体重标准值（女）

身长(cm)	体重(kg)						
	-3SD	-2SD	-1SD	中位数	+1SD	+2SD	+3SD
80	8.38	9.00	9.70	10.48	11.37	12.38	13.54
82	8.72	9.36	10.08	10.89	11.81	12.85	14.05
84	9.07	9.73	10.47	11.31	12.25	13.34	14.58
86	9.43	10.11	10.87	11.74	12.72	13.84	15.13
88	9.80	10.51	11.30	12.19	13.20	14.37	15.71

续表

身长(cm)	体重(kg)						
	-3SD	-2SD	-1SD	中位数	+1SD	+2SD	+3SD
90	10.20	10.92	11.74	12.66	13.72	14.93	16.33
92	10.60	11.36	12.20	13.16	14.26	15.51	16.98
94	11.02	11.80	12.68	13.67	14.81	16.13	17.66
96	11.45	12.26	13.17	14.20	15.39	16.76	18.37
98	11.88	12.71	13.66	14.74	15.98	17.42	19.11
100	12.31	13.17	14.16	15.28	16.58	18.10	19.88
102	12.73	13.63	14.66	15.83	17.20	18.79	20.68
104	13.15	14.09	15.16	16.39	17.83	19.51	21.52
106	13.58	14.56	15.68	16.97	18.48	20.27	22.41
108	14.01	15.03	16.20	17.56	19.16	21.06	23.36
110	14.45	15.51	16.74	18.18	19.87	21.90	24.37
112	14.90	16.01	17.31	18.82	20.62	22.79	25.45
114	15.36	16.53	17.89	19.50	21.41	23.74	26.63
116	15.84	17.07	18.50	20.20	22.25	24.76	27.91
118	16.33	17.62	19.13	20.94	23.13	25.84	29.29
120	16.85	18.20	19.79	21.71	24.05	26.99	30.78
122	17.39	18.80	20.49	22.52	25.03	28.21	32.39
124	17.94	19.43	21.20	23.36	26.06	29.52	34.14
126	18.51	20.07	21.94	24.24	27.13	30.90	36.04
128	19.09	20.72	22.70	25.15	28.26	32.39	38.12
130	19.69	21.40	23.49	26.10	29.47	33.99	40.43
132	20.31	22.11	24.33	27.11	30.75	35.72	42.99
134	20.96	22.86	25.21	28.19	32.12	37.60	45.81
136	21.65	23.65	26.14	29.33	33.59	39.61	48.88
138	22.38	24.50	27.14	30.55	35.14	41.74	52.13
140	23.15	25.39	28.19	31.83	36.77	43.93	55.44

附录2 中国居民膳食营养素参考摄入量表（DRIs）

表1 能量和蛋白质的每日推荐摄入量（RNIs）及脂肪供能比

年龄/岁	能量的 RNIs/(MJ/kg·d)# 男		女		蛋白质的 RNIs/(g)* 男	女	脂肪占能量百分比/(%)
0~	0.4(95)*						45~50
0.5~	0.4(95)*				1.5~3.0(g/kg·d)		35~40
1~	4.60	(1 100)	4.40	(1 050)	35	35	
2~	5.02	(1 200)	4.81	(1 150)	40	40	30~35
3~	5.64	(1 350)	5.43	(1 300)	45	45	
4~	6.06	(1 450)	5.83	(1 400)	50	50	
5~	6.70	(1 600)	6.27	(1 500)	55	55	
6~	7.10	(1 700)	6.67	(1 600)	55	55	
7~	7.53	(1 800)	7.10	(1 700)	60	60	25~30
8~	7.94	(1 900)	7.53	(1 800)	65	65	
9~	8.36	(2 000)	7.94	(1 900)	65	65	
10~	8.80	(2 100)	8.36	(2 000)	70	65	
11~	10.04	(2 400)	9.20	(2 200)	75	75	
14~	12.00	(2 900)	9.62	(2 400)	85	80	25~30
18~							20~30
体力活动 PAL▲							
轻	10.03	(2 400)	8.80	(2 100)	75	65	
中	11.29	(2 700)	9.62	(2 300)	80	70	
重	13.38	(3 200)	11.30	(2 700)	90	80	
孕妇			+0.84	(+200)	+5, +15, +20△		
乳母			+2.09	(+500)	+20		
50~							20~30
体力活动 PAL▲							
轻	9.62	(2 300)	8.00	(1 900)			
中	10.87	(2 600)	8.36	(2 000)			
重	13.00	(3 100)	9.20	(2 200)			
60~					75	65	20~30
体力活动 PAL▲							
轻	7.94	(1 900)	7.53	(1 800)			
中	9.20	(2 200)	8.36	(2 000)			
70~					75	65	20~30
体力活动 PAL▲							
轻	7.94	(1 900)	7.10	(1 700)			
中	8.80	(2 100)	8.00	(1 900)			
80~	7.74	(1 900)	7.10	(1 700)	75	65	20~30

注：# 各年龄组的能量的 RNI 与其 EAR 相同，（）内为 RNI/kcal 值；* 为 AI，非母乳喂养应增加 20%；▲PAL，体力活动水平；△表示孕早、中、晚期分别增加 5、15、20。凡表中数字缺如之处表示未制定该参考值。

表2 常量和微量元素的每日推荐摄入量或适宜摄入量

年龄/岁	适宜摄入量（AI）						推荐摄入量（RNI）			适宜摄入量（AI）				
	钙Ca (mg)	磷P (mg)	钾K (mg)	钠Na (mg)	镁Mg (mg)	铁Fe (mg)	碘I (μg)	锌Zn (mg)	硒Se (μg)	铜Cu (mg)	氟F (mg)	铬Cr (μg)	锰Mn (mg)	钼Mo (mg)
0~	300	150	500	200	30	0.3	50	1.5	15(AI)	0.4	0.1	10		
0.5~	400	300	700	500	70	10	50	8.0	20(AI)	0.6	0.4	15		
1~	600	450	1 000	650	100	12	50	9.0	20	0.8	0.6	20		15
4~	800	500	1 500	900	150	12	90	12.0	25	1.0	0.8	30		20
7~	800	700	1 500	1 000	250	12	90	13.5	35	1.2	1.0	30		30
						男 女		男 女						
11~	1 000	1 000	1 500	1 200	350	16 18	120	18.0 15.0	45	1.8	1.2	40		50
14~	1 000	1 000	2 000	1 800	350	20 25	150	19.0 15.5	50	2.0	1.4	40		50
18~	800	700	2 000	2 200	350	15 20	150	15.0 11.5	50	2.0	1.5	50	3.5	60
50~	1 000	700	2 000	2 200	350	15	150	11.5	50	2.0	1.5	50	3.5	60
孕妇														
早期	800	700	2 500	2 200	400	15	200	11.5	50					
中期	1 000	700	2 500	2 200	400	25	200	16.5	50					
晚期	1 200	700	2 500	2 200	400	35	200	16.5	50					
乳母	1 200	700	2 500	2 200	400	25	200	21.5	65					

注：凡表中数字缺如之处表示未制定该参考值。

表3　脂溶性和水溶性维生素的每日推荐摄入量或适宜摄入量

年龄/岁	推荐摄入量(RNI) 维生素A (μgRe)	推荐摄入量(RNI) 维生素D (μg)	适宜摄入量(AI) 维生素E (mg)	推荐摄入量(RNI) 维生素B_1 (mg)	推荐摄入量(RNI) 维生素B_2 (mg)	推荐摄入量(RNI) 烟酸 (mgNE)	适宜摄入量(AI) 维生素B_6 (mg)	适宜摄入量(AI) 维生素B_{12} (mg)	推荐摄入量(RNI) 叶酸 (μgDFE)	推荐摄入量(RNI) 维生素C (mg)	适宜摄入量(AI) 泛酸 (mg)	适宜摄入量(AI) 生物素 (μg)	适宜摄入量(AI) 胆碱 (mg)
0~	400(AI)	10	3	0.2(AI)	0.4(AI)	2(AI)	0.1	0.4	65(AI)	40	1.7	5	100
0.5~	400(AI)	10	3	0.3(AI)	0.5(AI)	3(AI)	0.3	0.5	80(AI)	50	1.8	6	150
1~	500	10	4	0.6	0.6	6	0.5	0.9	150	60	2.0	8	200
4~	600	10	5	0.7	0.7	7	0.6	1.2	200	70	3.0	12	250
7~	700	10	7	0.9	1.0	9	0.7	1.2	200	80	4.0	16	300
11~	700	10	10	1.2	1.2	12	0.9	1.8	300	90	5.0	20	350
	男　女			男　女	男　女	男　女							
14~	800　700	5	14	1.5　1.2	1.5　1.2	15　12	1.1	2.4	400	100	5.0	25	450
18~	800　700	5	14	1.4　1.3	1.4　1.2	14　13	1.2	2.4	400	100	5.0	30	500
50~	800　700	10	14	1.3	1.4	13	1.5	2.4	400	100	5.0	30	500
孕妇													
早期	800	5	14	1.5	1.7	15	1.9	2.6	600	100	6.0	30	500
中期	900	10	14	1.5	1.7	15	1.9	2.6	600	130	6.0	30	500
晚期	900	10	14	1.5	1.7	15	1.9	2.6	600	130	6.0	30	500
乳母	1 200	10	14	1.8	1.7	18	1.9	2.8	500	130	7.0	35	500

注：DFE 为膳食叶酸当量；凡表中数字缺如之处表示未制定该参考值。

表4　某些营养素的每日可耐受最高摄入量(ULs)

年龄/岁	钙 Ca(mg)	磷 P(mg)	镁 Mg(mg)	铁 Fe(mg)	碘 I(μg)	锌 Zn(mg)	硒 Se(μg)	铜 Cu(mg)	氟 F(mg)	铬 Cr(μg)	锰 Mn(mg)	钼 Mo(μg)
0~				10			55		0.4			
0.5~				30		13	80		0.8			
1~	2 000	3 000	200	30		23	120	1.5	1.2	200		80
4~	2 000	3 000	300	30		23	180	2.0	1.6	300		110
7~	2 000	3 000	500	30	800	28	240	3.5	2.0	300		160
						男　女						
11~	2 000	3 500	700	50	800	37　34	300	5.0	2.4	400		280
14~	2 000	3 500	700	50	800	42　35	360	7.0	2.8	400		280
18~	2 000	3 500	700	50	1 000	45　37	400	8.0	3.0	500	10	350
50~	2 000	3 500▲	700	50	1 000	37　37	400	8.0	3.0	500	10	350
孕妇	2 000	3 500	700	60	1 000	35	400					
乳母	2 000	3 500	700	50	1 000	35	400					

年龄/岁	维生素A (μgRE)	维生素D (μg)	维生素B_1 (mg)	维生素C (mg)	叶酸 (μgDFE)	烟酸 (mgNE)	胆碱 (mg)
0~				400			600
0.5~				500			800
1~			50	600	300	10	1 000
4~	2 000	20	50	700	400	15	1 500
7~	2 000	20	50	800	400	20	2 000
11~	2 000	20	50	900	600	30	2 500
14~	2 000	20	50	1 000	800	30	3 000
18~	3 000	20	50	1 000	1 000	35	3 500
50~	3 000	20	50	1 000	1 000	35	3 500
孕妇	2 400	20		1 000	1 000		3 500
乳母		20		1 000	1 000		3 500

注：＊NE 为烟酸当量；＃DEF 为膳食叶酸当量；▲60岁以上磷的 UL 为 3 000 mg（表中数字缺如之处表示未制定该参考值）。

附录3　学前儿童常见急性传染病的传播途径、主要症状和护理

病　名	传播途径	主要症状	护　理
水痘	经飞沫传播	低热,初为红色丘疹,渐成水疱,水疱干缩结痂	注意皮肤清洁,剪短指甲以免抓破水疱继发感染
流行性感冒	经飞沫传播	起病急,高热、畏寒、全身酸痛,与感冒比较,呼吸道症状较轻	多喝水,适当降温,避免高热惊厥
麻疹	经飞沫传播	病初2～3天发热、咳嗽、眼怕光流泪,颊黏膜上可出现白色小点(科氏斑)。继而出皮疹、高热	注意口腔、眼的护理,室内空气新鲜,饮食宜富于营养而好消化
流行性腮腺炎	经飞沫传播	发热1～2天后腮腺肿痛(以耳垂为中心,向前、向后、下方肿大,边缘不清),吃酸性食物时甚痛	保持口腔清洁,饮食以流质、软食为宜,避免酸辣的食物
猩红热	经飞沫传播为主,少数可经被污染的食物、日用品传播	发热、咽痛1～2天内全身皮肤发红,并广泛分布着针尖大小的皮疹,舌乳头红肿、凸出,退疹后脱皮	卧床休息,保持口腔清洁,病后2～3周检查尿,因少数病人可并发肾炎
流行性脑脊髓膜炎	经飞沫传播	起病急,高热、头痛、神志淡漠,喷射性呕吐,皮肤上有瘀点、瘀斑(压之不褪色的皮下出血),惊厥,昏迷	病初似感冒,在冬春季流脑流行季节,应注意观察病情,以免耽误诊治
流行性乙型脑炎	蚊虫叮咬	高热,剧烈头痛,喷射性呕吐,嗜睡,惊厥,昏迷	夏秋季为乙脑流行季节,发现小儿高热、头痛、喷射性呕吐,应及时治疗
细菌性痢疾	经饮食传播	发热,腹痛,腹泻,大便呈脓血样,里急后重(有排不净大便的感觉)	发热时应卧床休息,饮食以流质或半流质为主,注意便盆的消毒
传染性肝炎	甲型肝炎主要经饮食传播,乙型肝炎主要经日常生活接触及医源性传播	食欲减退,厌油,恶心,呕吐,乏力,尿色加深,部分病人巩膜、皮肤黄染	卧床休息,病情好转后可轻微活动。饮食宜少脂肪,适量的蛋白质和碳水化合物,多吃水果、绿叶蔬菜,注意隔离及消毒

附录4 学前儿童常见出疹性传染病的鉴别要点

	麻疹	风疹	幼儿急疹	猩红热	水痘	手—足—口	药物疹
常见发病年龄	6月~5岁	1~5岁	6月~2岁	2~8岁	6月~3岁	4岁以下	有药物史,服药2~3天后出现,停药2~3天后消失;可见各种类型皮疹,斑疹、斑丘疹、疱疹、荨麻疹或溃疡,分布不一;出疹无规律
发热与出疹关系	发热3~4天出疹	发热1~2天出疹	发热3~5天出疹,热退疹出	发热1天左右出疹	发热1~2天出疹	发热同时出疹或多不发热	
出疹顺序	耳后—颜面—躯干—四肢,3~4天出齐	面部—躯干—四肢,1天内布满全身	躯干—全身,1天出齐,次日疹退。	颈部—前胸—躯干—四肢,颜面部无疹1天出齐	呈向心性分布,躯干多于四肢,头皮多于颜面	手掌、足趾较多,四肢、躯干少	
疹型	口腔可见柯氏斑,暗红色斑丘疹,疹间有正常皮肤,也可融合。	淡红色、细小均匀、斑丘疹,3天左右消退	玫瑰色斑丘疹,1~2天消退。	皮肤呈弥漫性潮红,点状红疹,压之褪色	丘疹—疱疹—结痂,分批出现,同一部位可见各期皮疹。	斑丘疹—疱疹,圆形或椭圆形,较水痘皮疹小,质地硬	
脱屑	糠秕样	细糠样或无	无	糠屑状至大片脱皮	无	无	
色素沉着	无	无	无	无	无	无	
淋巴结肿大	颈部	耳后、颈部、枕后	颈部、耳后、枕后	颈部、颌下	浅表淋巴结	无	
并发症	肺炎、脑炎、喉炎	少见	少见	少数于病后2~3周并发肾炎或风湿热	皮肤感染、肺炎、脑炎、心肌炎	无	
白细胞	减少	减少	减少	增高	正常		

附录5　儿童入园（所）健康检查表

姓名		性别		年龄		出生日期	年　　月　　日	
既往病史		1.先天性心脏病		2.癫痫		3.高热惊厥	4.哮喘	5.其他
过敏史						儿童家长确认签名		
体格检查	体重	kg	评价		身长(高)	cm	评价	皮肤
体格检查	眼	左	视力	左	耳	左	口腔	牙齿数
体格检查	眼	右	视力	右	耳	右	口腔	龋齿数
体格检查	头颅		胸廓		脊柱四肢		咽部	
体格检查	心肺		肝脾		外生殖器		其他	
辅助检查	血红蛋白(Hb)				丙氨酸氨基转移酶(ALT)			
辅助检查	其他							
检查结果					医生意见			

医生签名：　　　　　　　　　　　　　检查单位：
体检日期：　　年　　月　　日　　　　　　　　　（检查单位盖章）

附录6 儿童转园（所）健康证明

儿童姓名		性别		出生日期	年　月　日
离园日期		转入新园名称			
既往病史		目前健康状况			
家长签名					

卫生保健人员签名：

日　期：　　年　月　日　　　　　　转出单位：

　　　　　　　　　　　　　　　　　　　　（转出单位盖章）

备注：自儿童离园之日起有效期3个月。

附录7　托幼机构工作人员健康检查表

姓名		性别		年龄		婚否		编号		照片
单位				岗位				民族		
既往史	1.肝炎　　2.结核　　3.皮肤病　　4.性传播性疾病 5.精神病　　6.其他　　　　受检者确认签字：_____									
身份证号										

体格检查	血压		心肺		肝脾	
	皮肤		五官		其他	

化验检查	丙氨酸氨基转移酶(ALT)		滴虫	
	淋球菌		梅毒螺旋体	
	外阴阴道假丝酵母菌 (念珠菌)		其他	

胸片检查	
其他检查	

检查结果		医生意见	

医生签名：　　　　　　　　　　　　　　检查单位：
体检日期：　　年　　月　　日　　　　　（检查单位盖章）

备注：1.滴虫、外阴阴道假丝酵母菌指妇科检查项目。
　　　2.胸片检查只限于上岗前及上岗后出现呼吸系统疑似症状者。
　　　3.凡体检合格者，由健康检查单位签发健康合格证。

附录8 卫生保健工作记录（登记）表

表1 晨午检及全日健康观察记录表

日期	姓名	班级	晨午检情况	全日健康观察（症状与体检）	处理	检查者
			家长主诉与检查			

备注：记录晨午检和全日健康观察中发现的儿童异常情况。

表2 在园（所）儿童带药服药记录表

日期	班级	姓名	药物名称	服用剂量和时间	家长签字	喂药时间及签字

表3 儿童出勤登记表

班级：　　　　　　　　年　月

姓名	日期							备注
	1	2	3	4	5	……	31	

备注：1. "√"代表出勤，"•"代表缺勤；
　　2. 缺勤儿童查明原因后在"•"内补全相应的符号："×"代表病假，"—"代表事假；
　　3. 因病缺勤，需在备注栏注明疾病名称。

表4 儿童传染病登记表

姓名	性别	年龄	发病日期	传染病名称								诊断单位	诊断日期	处置
				手足口病	水痘	流行性腮腺炎	猩红热	急性出血性结膜炎	痢疾	麻疹	风疹	传染性肝炎	其他			
合计																

备注：患某种传染病在该栏内划"√"。

表5　儿童营养性疾病及常见疾病登记表

班　级	姓　名	疾病名称	确诊日期	干预与治疗	转　归

备注：登记范围包括营养不良、贫血、单纯性肥胖、先心病、哮喘、癫痫、听力障碍、视力低常、龋齿等。

表6　班级卫生消毒检查记录表

日期	班级（中班）	消毒物体										
		开窗通风15分钟	餐桌	床围栏	门把手	水龙头	图书晾晒	玩具	被褥晾晒	厕所	其他

备注：以"√"的方式完成此表。

表7　健康教育记录表

日　期	地　点	对　象	形　式	内　容

备注：1.对象是指儿童、家长、保教人员等；
　　　2.形式是指宣传专栏、咨询指导、讲座、培训、发放健康教育资料等；
　　　3.内容是指园（所）内各项健康教育活动的主要内容。

表8　膳食委员会会议记录表

时间：

出席会议人员：

主持人：

会议议题：

会议记录：

备注：1.由负责召开膳食委员会会议的人员记录；
　　　2.会议议题，简单注明主要讨论及需解决的问题；
　　　3.会议记录，记录围绕会议议题讨论的主要内容。

表9　儿童伤害登记表
　　　　年　　月　　日

姓名：　　　　性别：　　　　年龄：　　　　班级：

伤害发生日期：　年　月　日　　伤害发生时间：___：___（用24小时记时法）

当班责任人：　　　　　　　填表人：

伤害类型：
1－交通事故　　2－跌伤(跌、摔、滑、绊)　　3－被下落物击中(高处落下物)
4－锐器伤(刺、割、扎、划)　　5－钝器伤(碰、砸)
6－烧烫伤(火焰、高温固/液体、化学物质、锅炉、烟火、爆竹炸伤)
7－溺水(经医护人员救治存活)　　8－动物伤害(狗、猫、蛇等咬伤,蜜蜂、黄蜂等刺蜇)
9－窒息(异物、压、闷、捂窒息,鱼刺/骨头卡喉)
10－中毒(药品、化学物质、一氧化碳等有毒气体,农药、鼠药、杀虫剂,腐败变质食物除外)
11－电击伤(触电、雷电)　　12－他伤/攻击伤

伤害发生地点：
1－户外活动场　　2－活动室　　3－寝室　　4－卫生间　　5－盥洗室　　6－其他(请说明_____)

伤害发生时活动：
1－玩耍娱乐　　2－吃饭　　3－睡觉　　4－上厕所　　5－洗澡　　6－行走　　7－乘车
8－其他(请说明_____)　　9－不知道

伤害发生时和谁在一起：
1－独自一人　　2－老师　　3－小伙伴　　4－其他(请说明_____)　　5－不知道

受伤后处理方式(最后处理方式)：
1－自行处理(保健人员)且未再就诊　　2－医疗卫生机构就诊　　3－其他(请说明_____)

如果就诊,诊断是：_____

因伤害休息多长时间(包括节日、假期及周末)：_____天

转归：1－痊愈　　2－好转　　3－残疾　　4－死亡

简述伤害发生经过(对损伤过程作综合描述)：

附录9 卫生保健资料统计表

表1 儿童考勤统计分析表

托幼机构名称：_____

年份	月份	在册儿童数(1)	应出勤日数(2)	出勤情况			缺勤原因分析					
				应出勤人次数(3)	实际出勤人次数(4)	出勤率(%)(5)	缺勤人次数(6)	因病	因事	寒暑假	长期占床	其他
	9月											
	10月											
	11月											
	12月											
	1月											
	2月											
	3月											
	4月											
	5月											
	6月											
	7月											
	8月											

注：
1. 出勤率(5)＝(4)×100%/(3)；缺勤人次数(6)＝(3)－(4)。
2. 各项百分率要求保留小数点后1位。

表2 ＿＿＿＿学年（上、下）儿童健康检查统计分析表

托幼机构名称：＿＿＿＿＿＿＿＿＿

年龄组	在册人数	管理人数	体检人数	体检率（%）	体格评价（人数）				血红蛋白			视 力		听 力		龋 齿	
					低体重	生长迟缓	消瘦	肥胖	检测人数	轻度贫血人数	中重度贫血人数	检查人数	视力不良人数	检查人数	听力异常人数	检查人数	患龋人数
0岁~																	
1岁~																	
2岁~																	
3岁~																	
4岁~																	
5岁~																	
6~7岁																	
总 计																	

注：管理人数，指在本园所内进行定期查体的儿童数。

表3 传染病发病统计表

托幼机构名称：_____

年份	月份	在册儿童数	传染病发病数	各类传染病发病人数								
				手足口	水痘	流行性腮腺炎	猩红热	急性出血性结膜炎	菌痢	麻疹	风疹	传染性肝炎	其他
	9月												
	10月												
	11月												
	12月												
	1月												
	2月												
	3月												
	4月												
	5月												
	6月												
	7月												
	8月												
合计													

表4 膳食营养分析表

一、平均每人进食量

年　　月

食物类别	细粮	杂粮	糕点	干豆类	豆制品	蔬菜总量	绿橙蔬菜	水果	乳类	蛋类	肉类	肝	鱼	糖	食油
数量(g)															

二、营养素摄入量

	热量(千卡)	热量(千焦)	蛋白质(克)	脂肪(克)	视黄醇当量(微克)	维生素A(微克)	胡萝卜素(微克)	维生素B_1(毫克)	维生素B_2(毫克)	维生素C(毫克)	钙(毫克)	锌(毫克)	铁(毫克)
平均每人每日													
DRIs													
比较 %													

三、热量来源分布　　　　　四、蛋白质来源　　　　　五、膳食费使用：
　　　　　　　　　　　　　　　　　　　　　　　　　　当月膳食费：/人

摄入量	脂肪		蛋白质	
	要求	现状	要求	现状
(千卡)				
(千焦)				

摄入量(克)	优质蛋白质		
	要求	动物性食物	豆类

本月总收入：　　元
本月支出：　　　元
盈亏：　　　　　元
占总收入：　　　%

附录10　托幼机构环境和物品预防性消毒方法

消毒对象	物理消毒方法	化学消毒方法	备注
空气	开窗通风每日至少2次；每次至少10～15分钟		在外界温度适宜、空气质量较好、保障安全性的条件下，应采取持续开窗通风的方式
	采用紫外线杀菌灯进行照射消毒每日1次，每次持续照射时间60分钟		1. 不具备开窗通风空气消毒条件时使用 2. 应使用移动式紫外线杀菌灯。按照每立方米1.5瓦计算紫外线杀菌灯管需要量 3. 禁止紫外线杀菌灯照射人体体表 4. 采用反向式紫外线杀菌灯在室内有人环境持续照射消毒时，应使用无臭氧式紫外线杀菌灯
餐具、炊具、水杯	煮沸消毒15分钟或蒸汽消毒10分钟		1. 对食具必须先去残渣、清洗后再进行消毒 2. 煮沸消毒时，被煮物品应全部浸没在水中；蒸汽消毒时，被蒸物品应疏松放置，水沸后开始计算时间
	餐具消毒柜、消毒碗柜消毒 按产品说明使用		1. 使用符合国家标准规定的产品 2. 保洁柜无消毒作用。不得用保洁柜代替消毒柜进行消毒
毛巾类织物	用洗涤剂清洗干净后，置阳光直接照射下曝晒干燥		曝晒时不得相互叠夹。曝晒时间不低于6小时
	煮沸消毒15分钟或蒸汽消毒10分钟		煮沸消毒时，被煮物品应全部浸没在水中；蒸汽消毒时，被蒸物品应疏松放置
		使用次氯酸钠类消毒剂消毒 使用浓度为有效氯250～400 mg/L浸泡消毒20分钟	消毒时将织物全部浸没在消毒液中，消毒后用生活饮用水将残留消毒剂冲净
抹布	煮沸消毒15分钟或蒸汽消毒10分钟		煮沸消毒时，抹布应全部浸没水中；蒸汽消毒时，抹布应疏松放置
		使用次氯酸钠类消毒剂消毒 使用浓度为有效氯400mg/L浸泡消毒20分钟	消毒时将抹布全部浸没在消毒液中，消毒后可直接控干或晾干存放；或用生活饮用水将残留消毒剂冲净后控干或晾干存放

续表

消毒对象	物理消毒方法	化学消毒方法	备注
餐桌、床围栏、门把手、水龙头等物体表面		使用次氯酸钠类消毒剂消毒 使用浓度为有效氯100~250mg/L消毒10~30分钟	1.可采用表面擦拭、冲洗消毒方式 2.餐桌消毒后要用生活饮用水将残留消毒剂擦净 3.家具等物体表面消毒后可用生活饮用水将残留消毒剂去除
玩具、图书	每两周至少通风晾晒一次。		适用于不能湿式擦拭、清洗的物品 曝晒时不得相互叠夹。曝晒时间不低于6小时
		使用次氯酸钠类消毒剂消毒 使用浓度为有效氯100~250mg/L 表面擦拭、浸泡消毒10~30分钟	根据污染情况,每周至少消毒1次
便盆、坐便器与皮肤接触部位、盛装吐泄物的容器		使用次氯酸钠类消毒剂消毒。使用浓度为有效氯400~700mg/L 浸泡或擦拭消毒30分钟	1.必须先清洗后消毒 2.浸泡消毒时将便盆全部浸没在消毒液中 3.消毒后用生活饮用水将残留消毒剂冲净后控干或晾干存放
体温计		使用75%~80%乙醇溶液浸泡消毒3~5分钟	使用符合《中华人民共和国药典》规定的乙醇溶液

备注:1.表中有效氯剂量是指使用符合卫生部《次氯酸钠类消毒剂卫生质量技术规范》规定的次氯酸钠类消毒剂;
    2.传染病消毒根据国家法规《中华人民共和国传染病防治法》规定,配合当地疾病预防控制机构实施。

参考文献

[1] 韦小明,王丽莉. 学前儿童卫生学[M]. 南京:南京大学出版社,2013.
[2] 刘凤英,戴海南. 学前儿童卫生与保育[M]. 湖南:湖南大学出版社,2012.
[3] 邓祖丽颖,李元奇. 学前儿童卫生与保育[M]. 郑州:郑州大学出版社,2014.
[4] 张兰香,潘秀萍. 学前儿童卫生与保健[M]. 北京:北京师范大学出版社,2011.
[5] 金扣干. 学前保健学[M]. 上海:复旦大学出版社,2011.
[6] 刘迎新,贺永琴. 学前营养学[M]. 上海:人民卫生出版社,2005.
[7] 冯江平. 儿童心理问题咨询与矫治[M]. 杭州:浙江教育出版社,2000.
[8] 冯志坚. 幼儿生理卫生与健康[M]. 长春:东北师范大学出版社,2000.
[9] 李长明,王凤兰. 全国托幼机构保健医务人员岗位培训教材[M]. 北京:中国中医药出版社,1999.
[10] 王言. 宝宝意外伤害防救全方案[M]. 北京:中国妇女出版社,2010.
[11] 夏宣禄,孟玄明,付德华,段万贤等. 儿童意外伤害救治指南[M]. 北京:人民军医出版社,2008.
[12] 托儿所. 幼儿园建筑设计规范(试行).